Hidroponia

PARA

DUMMIES™

Hidroponia

PARA

DUMMIES™

Gloria Samperio

Adaptación de portada: Alejandra Ruiz Esparza Fernández
Formación tipográfica: Víctor M. Montalvo
Corrección de estilo y revisión de textos: Martha Baranda
Fotografía de interiores y de portada: Gloria Samperio
Ilustraciones y diagramas: Gonzalo Murguía Ponce
Planos de proyectos hidropónicos: Gloria Rodríguez S.
Asesoría en investigación de control biológico: Ana Cristina Rodríguez S.

www.hidroponia.org.mx
www.hidroponiainternacional.com

Impreso en los talleres de Litográfica Ingramex, S.A. de C.V.
Centeno núm. 162, colonia Granjas Esmeralda, México, D.F.
Impreso en México – *Printed in Mexico*

¡La fórmula del éxito!

Tomamos un tema de actualidad y de interés general, añadimos el nombre de un autor reconocido, montones de contenido útil y un formato fácil para el lector y a la vez divertido, y ahí tenemos un libro clásico de la serie ...para Dummies.

Millones de lectores satisfechos en todo el mundo coinciden en afirmar que la serie ...para Dummies ha revolucionado la forma de aproximarse al conocimiento mediante libros que ofrecen contenido serio y profundo con un toque de informalidad y en lenguaje sencillo.

Los libros de la serie *...para Dummies* están dirigidos a los lectores de todas las edades y niveles del conocimiento interesados en encontrar una manera profesional, directa y a la vez entretenida de aproximarse a la información que necesitan.

www.paradummies.com.mx

¡Entra a formar parte de la comunidad Dummies!

El sitio web de la colección ...para Dummies está pensado para que tengas a mano toda la información que puedas necesitar sobre los libros publicados. También te permite conocer las últimas novedades antes de que se publiquen.

Desde nuestra página web, también, puedes ponerte en contacto con nosotros para resolver las dudas o consultas que te puedan surgir.

Asimismo, en la página web encontrarás muchos contenidos extra, como por ejemplo los audios de los libros de idiomas.

También puedes seguirnos en Facebook (facebook.com/dummiesmx), un espacio donde intercambiar tus impresiones con otros lectores de la colección ...para Dummies.

10 cosas divertidas que puedes hacer en www.paradummies.com.mx y en nuestra página de Facebook:

1. Consultar la lista completa de libros ...para Dummies.
2. Descubrir las novedades que vayan publicándose.
3. Ponerte en contacto con la editorial.
4. Recibir noticias acerca de las novedades editoriales.
5. Trabajar con los contenidos extra, como los audios de los libros de idiomas.
6. Ponerte en contacto con otros lectores para intercambiar opiniones.
7. Comprar otros libros de la colección en línea.
8. ¡Publicar tus propias fotos! en la página de Facebook.
9. Conocer otros libros publicados por Grupo Planeta.
10. Informarte sobre promociones, presentaciones de libros, etcétera.

Sobre la autora

Gloria Samperio Ruiz es una de las expertas en el campo de los cultivos hidropónicos con reconocimiento internacional. Su capacitación académica (contador público certificado en la Universidad Autónoma de Morelos) le proporcionó las herramientas necesarias para implementar varios proyectos de negocios. Es presidenta de la Asociación Hidropónica Mexicana y está a cargo de la organización del Congreso Internacional de Hidroponia en México; asimismo, es presidenta de la Asociación Internacional de Consultores de Hidroponia.

Entre sus acreditaciones, destacan:

Instituto Nacional de Investigación y Tecnología Agraria Alimentaria. Ministerio de Agricultura, Pesca y Alimentación de España y Centro Iberoamericano de Formación (AECI). *Curso de Formación de Formadores sobre Horticultura Protegida y Semiprotegida.*

Especialización en cultivos sin suelo en Almería, España.

Especialización en Cultivos Protegidos e Hidroponia en Arizona, EUA.

Universidad Politécnica de Cartagena, España. *Especialización en Cultivos Protegidos.*

Universidad de Ciencias Aplicadas de Dresde, Alemania. *Curso de Hidroponia.*

Universidad Agronómica de Berlín. *Aplicación de luz artificial en plantas.*

Academia de Ciencias Agrícolas de Shanghái, China. *Especialización en cultivos sin suelo.*

Instituto Superior de Cultivos Vegetales y Ornamentales de Grossbeeren, Alemania. *Especialización en Nutrición Mineral.*

Sociedad Americana de Hidroponia. EUA. *Avances tecnológicos hidropónicos.*

http://www.hidroponia.org.mx

Dedicatoria

Con profundo amor dedico este libro a mis hijas Goyis y Ana Cristy, a mi nieta Anilú, a mi bisnieto Jerónimo y a mi esposo Gonzalo.

Agradecimientos

Dr. Fritz Gerald Schroeder. University of Applied Sciences in Dresden. Faculty of Agriculture/Landscape Management. Dresden, Germany.

Abdulaziz Alharbi, P.H.D. Plant Production Science Department, Faculty of Food and Agricultural Sciences. King Saud University. Saudi Arabia.

Miguel Urrestarazú Gavilán, doctor en Ciencias Biológicas y profesor de la Universidad de Almería, España.

Dietmar Schwarz. P.H.D., scientist and group leader, Institute of Vegetal and Ornamental Crops. Institute of the Wissenschaftsgemeinschaft Gottfried Wilheim Leibnitz. Grossbeeren, Deutschland.

Ing. Dieter Oellerich Researcher at Scientist Crops of Chopert Light. Berlin, Germany.

Dr. Alfredo Rodríguez Delfín. Universidad Agraria La Molina y Centro de Investigación en Hidroponia y Nutrición Mineral. Lima, Perú.

Lynnete Morgan. P.H.D. Researcher of Plant Nutrition Science. Massey University. New Zealand.

Simmon Lennard. Horticultural Science. Massey University. New Zealand.

Ing. Gloria Rodríguez S. Universidad Autónoma del Estado de México.

Filósofa y química Ana Cristina Rodríguez S. Universidad Autónoma del Estado de México.

Q. Carlos R. Arano. Universidad de Buenos Aires, Argentina.

Ing. Mecánico Gonzalo Munguía P. Universidad Autónoma del Estado de México.

Lic. Martha Hilda González Calderón. Universidad Autónoma del Estado de México.

Lic. Juan Ignacio Samperio Montaño. Universidad Nacional Autónoma de México.

Peter Adams, doctor en Química Agrícola. Investigador del Glasshouse Crops Research Institute of Little Hampton, U.K.

Cees Sonneveld, P.H.D. Researcher of Floriculture and Horticulture Nutrition. Nijkerk, Netherlands.

Wignarajah Kanapathipillai, P.H.D., N.A.S.A., United States.

Mi gratitud al sello Diana de Grupo Planeta, a través del licenciado Daniel Mesino y a su excelente equipo, que nos brinda la oportunidad de compartir la forma de producir suficiente alimentación para una humanidad cada vez más numerosa, reactivar la economía y darle mayor vigencia a nuestro hábitat.

También mis sinceros agradecimientos a todos mis lectores, ahora ya convertidos en cultivadores de pequeña, mediana y gran escala de producción hidropónica. A los futuros lectores que con su entusiasmo, su conciencia ecológica y su amor al planeta podrán satisfacer la creciente demanda alimentaria, porque la población aumenta y el planeta no.

Afectuosamente,

Gloria

Hidroponia para Dummies™

Guía rápida

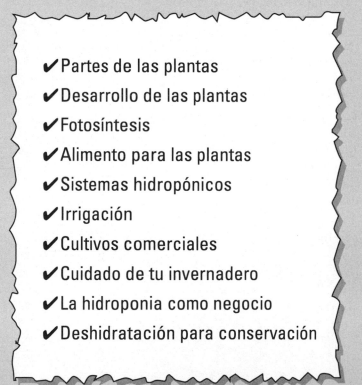

- ✔ Partes de las plantas
- ✔ Desarrollo de las plantas
- ✔ Fotosíntesis
- ✔ Alimento para las plantas
- ✔ Sistemas hidropónicos
- ✔ Irrigación
- ✔ Cultivos comerciales
- ✔ Cuidado de tu invernadero
- ✔ La hidroponia como negocio
- ✔ Deshidratación para conservación

Sumario

· ·

Introducción

● ●

¡Hola!

Te dedico este libro con proyectos, producción y conservación de tus vegetales para llevarlos hasta un producto final que puede elevar aún más su valor comercial. En este manual hablaremos sobre hortalizas, hierbas de olor, flores, algunos frutos y su proceso de siembra, cultivo, cosecha y deshidratación.

Los proyectos han sido desarrollados con el fin de que realices tu propio negocio, porque estoy segura de que eres valiente, entusiasta, audaz e ingeniosamente capaz; creo con toda firmeza que, si es necesario nadar contra la corriente, lo haces y logras tus objetivos; también estoy convencida de que cada uno de los proyectos aquí plasmados es un triunfo que está a tu alcance.

Lo que ahora comparto contigo es la experimentación, los desarrollos y resultados de más de quince años de cultivar, transmitir mis experiencias y orientar a un buen número de cultivadores en la hidroponia.

Tú podrás elegir dentro de estos proyectos el que se ajuste a tu expectativa; si lo llevas a cabo lograrás incrementar tu economía, mejorar la salud de quienes te rodean, embellecer tu entorno, ayudar a la conservación de los recursos naturales y otra cosa también muy importante: enseñar el camino para lograr una autosuficiencia alimentaria casi total a las futuras generaciones.

Decídete a emprender un negocio rentable; puedes iniciar tu proyecto con base en la consideración de algunas de las razones y ventajas que te ayudarán a lograr tu objetivo: una fábrica de plantas.

Hay una frase muy generalizada y cierta: "Los humanos podemos prescindir de todo, menos de comer". Esta idea nos lleva a reflexionar sobre lo siguiente: podemos producir alimentos; es una excelente alternativa rentable, además de ser una imperiosa necesidad que también podemos satisfacer.

La población mundial crece en forma exponencial y no así el planeta, razón por la cual los alimentos se encarecen y escasean por temporadas. Esta situación convierte a la actividad hidropónica en una opción para un negocio rentable, sobre todo si lo hacemos con un buen proyecto que esté debidamente fundamentado.

En este libro encontrarás proyectos para producción hidropónica con diferentes dimensiones aproximadas, desde 120 m², 500 m², 1000 m² y hasta una hectárea (10,000 m²). Cada uno de ellos contiene la información necesaria para realizarlo: desde la correcta ubicación de tu invernadero, el área total de cultivo y hasta el número de plantas que puedes sembrar.

Debo comentarte que este no es un texto clásico de biología, agronomía, sanidad o ecología; es solo un libro de información hidropónica actualizada y constituye un esfuerzo por unificar aspectos estructurales y funcionales aplicables a la técnica hidropónica para alcanzar el éxito.

El estudio, la constancia, la imaginación, la creatividad, el trabajo y el deseo de ayudar a otros son los instrumentos que han permitido que esta información se convierta en un libro práctico.

Espero que este manual y nuestras voluntades sirvan para construir un puente entre cultivador y autor, para intercambiar experiencias y ayudarte en la medida de lo posible.

Recuerda que solo se aprende lo que se practica.

Te deseo éxito y te aseguro que los triunfos nacen cuando nos atrevemos a comenzar.

Tu amiga,

Gloria

Sobre este libro

El objetivo de este libro es mostrarte las diferentes técnicas hidropónicas para que puedas producir vegetales para tu consumo y, ¿por qué no?, ¡para hacer negocios! El alcance de esta información es tan amplio como tu imaginación y tus aspiraciones. ¡Tú decides hasta dónde quieres llegar!

Todos los libros ...*para Dummies* pueden leerse de un tirón desde el primero hasta el último de los capítulos. También puedes hojearlos y saltar capítulos hasta encontrar los que más te interesen. Dado que la hidroponia es un conjunto de técnicas de producción vegetal que se adapta a las condiciones y necesidades de cada productor, puedes elegir los temas de tu interés e incorporar los procesos que sean más convenientes para ti. ¡La hidroponia es flexible y acepta con gusto las aportaciones de tu creatividad! Tú ya sabes que la práctica hace al maestro, así que depende de ti que pronto te conviertas en experto en este sistema de cultivo.

Cómo está organizado este libro

Este libro consta de siete partes que puedes leer en el orden que desees, aunque mi recomendación es que las leas todas en secuencia para reforzar tus conocimientos y aprovechar al máximo los recursos que comparto contigo.

Parte I: ¡Tú puedes hacerlo!

En esta parte te recuerdo que la hidroponia está a tu alcance, sin importar tus condiciones o la escala de tu proyecto. Para enamorarte de esta técnica, te explico cuáles son sus ventajas y el impacto benéfico que puede tener en todos los ámbitos: la sociedad, el ambiente y hasta tu economía.

Parte II: Señoras y señores, las estrellas del espectáculo: ¡las plantas!

Aquí vamos a recordar qué son las plantas, cuáles son las partes que las conforman, cómo se reproducen, la importancia del agua y de su alimento y cómo elaborar soluciones nutritivas para que tus plantas alcancen su desarrollo óptimo.

Parte III: ¡Comencemos!

En esta parte entraremos de lleno en los diferentes sistemas hidropónicos, algunos de los cuales ni siquiera se te han ocurrido. ¡Es increíble cómo la vida busca las situaciones propicias más sorprendentes para manifestarse y tú puedes participar en ese maravilloso proceso creativo! Aquí aprenderás lo que son los sustratos y cómo crear el ambiente más adecuado para tus plantas, en tu entorno y con tus recursos.

Parte IV El agua en la hidroponia. Riegos en general

Tú sabes que las plantas necesitan agua para vivir, así que en esta parte destacaremos la importancia de este elemento en la hidroponia y aprenderemos cuáles son los mejores sistemas de irrigación para tu producción. Por último, ¡te invitaremos a cambiar tus plantas de tierra al sistema hidropónico!

Parte V El negocio de la hidroponia. Los cultivos más comerciales

Hablemos ahora de negocios. ¿Cuáles son los cultivos más comerciales? Desde vegetales hasta flores de ornato y hierbas medicinales, estoy segura de que estos procedimientos concretos para cada producto van a seducirte y querrás probarlos todos, una vez que identifiques cuáles son más viables en tu región y condición. La hidroponia, además de ser una ocupación fascinante, puede hacerte ganar dinero. ¿No es fabuloso?

Parte VI ¡Precaución! Cuida tu invernadero hidropónico

Ahora vamos a aprender cómo cuidar un invernadero hidropónico. Como sabes, la ventaja de un invernadero es que puedes controlar todas las variables que inciden en una producción vegetal, como temperatura, humedad, luz solar, composición química del agua, etcétera. No te asustes, ¡puedes crear un invernadero en los espacios más insospechados!

Parte VII: Los decálogos

Como un buen libro ...para Dummies, cierro este volumen con una serie de listas que además de reforzar el potencial de negocios de las producciones hidropónicas y las ganancias económicas que pueden significar para ti, quiero compartir contigo otros procesos para conservar tus vegetales, flores y hierbas. Por si fuera poco, voy a sugerirte algunos proyectos hidropónicos, solo para empezar, ¡porque apuesto a que en poco tiempo serás capaz de crear los tuyos!

Iconos que se usan en este libro

Es una sugerencia que puede servirte en el punto donde te encuentres.

Es información importante que debes tener presente cuando trabajes con tus cultivos hidropónicos.

Este icono te indica una situación con la cual debes ser cauteloso o prestarle atención especial.

Es una técnica con bases científicas, así que este icono te indicará las nociones que conforman los fundamentos teóricos de cada proceso hidropónico. La hidroponia

Esta es información que forma parte del conocimiento de la humanidad y puede aplicarse en numerosos ámbitos. ¡También en la hidroponia!

Con este icono voy a señalar datos curiosos que posiblemente no sepas o no se te haya ocurrido que tienen relación con la hidroponia.

Y ahora, ¿qué sigue?

Puedes leer este libro de principio a fin, que es lo que yo recomiendo; también puedes curiosear en las partes que llamen tu atención. Sin embargo, mi sugerencia es que no intentes un procedimiento antes de tiempo; es decir, antes de contar con toda la información necesaria. ¿Por qué? Las plantas son seres vivos y merecen recibir un trato respetuoso; no se vale que por inexperiencia las lastimes. Mi intención es que este libro sea didáctico y dinámico, para que tu aprendizaje se combine con tus experiencias individuales y puedas darle tu toque personal a tus cultivos hidropónicos.

Parte I

¡Tú puedes hacerlo!

En esta parte...

Te recuerdo que la hidroponia está a tu alcance, sin importar tus condiciones o la escala de tu proyecto. Para enamorarte de esta técnica, te explico cuáles son sus ventajas y el impacto benéfico que puede tener en todos los ámbitos: la sociedad, el ambiente y hasta tu economía.

Capítulo 1

Ventajas de la hidroponia

· ·

En este capítulo

▶ Aquí la palabra clave es "alto rendimiento". ¿Qué significa? Aprovechar al máximo las ventajas de lo que tenemos y extraer de ello todo su potencial. La hidroponia se adapta a tus condiciones y siempre es productiva. Estos son sus antecedentes... ¡Empecemos!

· ·

El doctor William F. Gerike, profesor de fisiología vegetal de la Universidad de California, recopiló investigaciones anteriores y realizó experimentos con el cultivo sin tierra, tema de su artículo titulado "Acuacultura, un medio para producir cosechas" (1929). Más tarde realizó cultivos sin tierra a gran escala y con gran éxito; fue entonces cuando decidió cambiar la palabra "acuacultura" y unió dos vocablos griegos: *hydro* "agua" y *ponos* "trabajo", para formar la palabra "Hydroponic", la cual comenzó a utilizarse en lengua inglesa.

El científico alemán y químico de profesión Justus von Liebig (1803-1873), por sus grandes contribuciones a la química, obtuvo el título de barón en Berlín. Él rompió en definitiva con la teoría del humus y estableció que las plantas solo absorben compuestos inorgánicos solubles. Su extraordinaria contribución establece las bases para los desarrollos de nutrición vegetal. También le debemos la aplicación de la química a la agricultura, experimentó con éxito en el campo de los fertilizantes e introdujo el empleo de los abonos minerales. Además comprobó que las plantas transforman la materia inorgánica de la tierra y de la atmósfera en materia orgánica. En 1840 publicó su libro *Química orgánica y su aplicación a la agricultura y a la fisiología*, con el cual revolucionó la ciencia agrícola.

Todas las técnicas de cultivo sin tierra son herramientas para elevar la producción de vegetales, mediante sistemas intensivos de alto rendimiento que se ajustan a los recursos con los que cuenta cada productor. Estas técnicas ponen al alcance de los productores los componentes tecnológicos necesarios para aumentar la rentabilidad y disminuir los costos de producción de su negocio.

Para ello hemos desarrollado desde métodos de muy baja inversión (se utilizan materiales reciclados, sustratos baratos, etcétera) hasta técnicas y sistemas como el *Nutrient Film Technique*, raíz flotante, aeroponia y *New Growing System*, para aquellos que cuentan con mayores recursos. Así pues, la hidroponia ofrece grandes ventajas competitivas en todos los niveles de producción para las micro, medianas y grandes empresas; además pueden hacerse instalaciones automatizadas, computarizadas y también robotizadas.

Figura 1-1: Pared de plantas aromáticas en invernadero hidropónico automatizado en Shangái, China.

Capítulo 2

Por qué la hidroponia es conveniente para la sociedad, para el ambiente, ¡y para tu bolsillo!

- - - - - - - - - - - - - - - - -

En este capítulo

▶ ¿Por qué es conveniente optar por los cultivos hidropónicos? ¿Sabes cómo beneficias al ambiente con la hidroponia? ¿Se te había ocurrido que cualquier persona puede practicar esta técnica? ¿Sabías que puedes convertir a la hidroponia en un buen negocio con sorprendentes ganancias económicas para ti? ¡Te invito a leer este capítulo!

- - - - - - - - - - - - - - - - -

Ahora vamos a revisar los niveles de sustentabilidad de la hidroponia:

Económico

✔ Permite la utilización de todo tipo de terrenos y espacios y vuelve productivos incluso los suelos pedregosos, acidificados, empobrecidos, áridos o plagados.

✔ Mediante las técnicas de hidroponia es posible cultivar en ciudades y lograr que pequeños espacios (azoteas, traspatios, etcétera) se vuelvan altamente rentables.

✔ Al no depender de los fenómenos meteorológicos, la inversión queda asegurada. La hidroponia permite producir cosechas fuera de estación (temporada) y de esta manera es posible mejorar los precios de los productos.

✔ Esta tecnología constituye una considerable reducción en los costos de producción, pues se basa en la utilización eficiente del agua y los nutrientes.

✔ No se requiere maquinaria agrícola (tractores, rastras, etcétera), con lo cual se reducen los gastos que ello implica. La implementación de un manejo integral tiene un bajo costo de control sanitario y de plagas; además son nulos los gastos de control de malezas.

✔ Mayor control de calidad en el producto final, gracias a la limpieza e higiene en el manejo del cultivo, desde la siembra hasta la cosecha. Esta tecnología ofrece productos libres de parásitos, bacterias, hongos y contaminación. Además es posible crear un valor agregado por las cualidades nutricionales de los productos.

✔ Alta rentabilidad, debido a que en los cultivos hidropónicos se tiene mejor control tanto de la nutrición mineral como de las condiciones ambientales y de la sanidad del producto. Sin duda, este control mejora la calidad, cantidad y uniformidad de la producción, además de permitir una cosecha y rotación más rápidas de los cultivos.

✔ Con la tecnificación a escala en los cultivos hidropónicos es posible empezar con métodos rústicos y tecnificar poco a poco, hasta lograr la sistematización y automatización de la producción. De esta manera, la disminución en los costos de producción, el aumento en la producción y el valor agregado son mecanismos para obtener tanto una rápida recuperación de la inversión como un seguro fortalecimiento de los productores.

Social

✔ Generación de fuentes de empleo. Dado que la implementación de la tecnología de los cultivos hidropónicos se adapta a los recursos y conocimientos de los productores en todos los niveles, es una importante fuente de generación de empleo, que puede ir desde el autoempleo hasta la contratación de personal previamente capacitado. Lo anterior implica el arraigo de la gente a su lugar de origen, cuando encuentra oportunidades de trabajo bien remunerado en su localidad.

✔ Alternativa para grupos vulnerables. La asociación de productores como un medio de desarrollo para la seguridad alimentaria y laboral y el potencial de la hidroponia son herramientas para la generación de empleos e ingresos en las poblaciones de escasos recursos. Dado que la técnica es de fácil manejo para mujeres, niños, personas de la tercera edad o con capacidades diferentes, es posible la formación de cooperativas hidropónicas incluyentes de pequeña y mediana escala en zonas rurales, urbanas y suburbanas.

✔ La cultura emprendedora instruye a los pequeños y medianos productores para mejorar sus procesos de producción y promueve la autosuficiencia, pues motiva a la gente de escasos recursos a producir sus propios vegetales. Así, la hidroponia contribuye a mejorar las condiciones económicas y el bienestar general de la población.

Ambiental

✔ No provoca riesgos de erosión, desgaste o daño a la microbiología de la tierra. También permite la recuperación de la tierra que será destinada a la producción de los diversos vegetales.

✔ Importante ahorro de agua y nutrientes. La hidroponia permite utilizar los recursos naturales, como el agua y los minerales, de manera más eficiente y racional. Así evitamos la alcalinización o acidificación de los suelos como consecuencia del uso de fertilizantes.

✔ Ayuda a solucionar el problema de producción en zonas áridas o frías; además, a largo plazo mejora las condiciones ambientales generales de la región, dado que la planta consume el dióxido de carbono y libera el oxígeno, por un lado, y por otro lado refresca el ambiente, lo humecta y hasta cierto grado ayuda a la regulación de la temperatura.

✔ Uso nulo de agentes nocivos para el medioambiente a través de la implementación de buenas prácticas de control de plagas, para evitar el uso de pesticidas.

✔ Aprovecha algunos desechos que en otras condiciones generarían contaminación o suciedad (recipientes plásticos, llantas viejas, etcétera).

Por estos motivos, las técnicas hidropónicas son amigables y tienen un impacto positivo en el medioambiente.

Expectativas de cambio

El conocimiento de las técnicas de cultivo hidropónico intensivo permitirá a los productores:

• Asegurar su inversión.

- Mejorar la calidad sanitaria y nutricional de los productos.

- Obtener más cosechas por año.

- Obtener y ofrecer mejores precios de mercado.

Todo lo anterior se traduce en un incremento en sus ingresos.

Con la implementación de cualquiera de los sistemas de cultivo hidropónico es posible:

- Utilizar de manera eficiente el espacio, el agua, los nutrientes y la mano de obra, al tiempo que se evitan desperdicios de insumos.

- Reducir los gastos de control sanitario.

- Tener un mejor control y planificación de los insumos.

- Proyectar los procesos de producción, cosecha y venta.

La finalidad del desarrollo de la tecnología hidropónica y ramas afines es:

- Controlar las variables que influyen en el desarrollo de los cultivos.

- Minimizar los riesgos en el proceso de cultivo mediante una instrucción adecuada.

- Difundir el valor agregado del cultivo hidropónico (libre de sustancia residuales, microorganismos y contaminación, además de tener alto valor nutritivo).

- Aumentar el potencial productivo de la planta.

Estas consideraciones incrementan tanto la producción como la rentabilidad por unidad de producción.

Al difundir las técnicas hidropónicas, de manera indirecta logramos concientizar y sensibilizar a los demás sobre la responsabilidad de conservar el medioambiente. De igual manera, contribuimos a generar una cultura emprendedora.

Entonces, ya te has dado cuenta de que las metas de este libro son:

✔ Promover la implementación de tecnologías hidropónicas agroindustriales que logren una producción intensiva cíclica de alimentos sanos y nutritivos, mediante la integración de contenidos multidisciplinarios y la realización de un servicio concreto.

✔ Fomentar la micro, mediana y gran empresa con el empleo adecuado de insumos de bajo costo y desarrollo de tecnología propia.

✔ Crear fuentes de trabajo primarias en aquellos sectores donde no hay fácil acceso al empleo estable.

✔ Generar y promover actitudes positivas en proyectos productivos.

✔ Dar a las personas de avanzada edad o con limitaciones físicas o mentales la posibilidad de sentirse útiles y valiosas para su familia, para su comunidad y para sí mismas.

✔ Despertar y fortalecer el interés de los niños por las actividades familiares y el trabajo en equipo.

Dado el impacto socioeconómico, ambiental, cultural y comunitario que puede tener la implementación de la hidroponia, es de suma importancia que los futuros profesionales conozcan los fundamentos de esta técnica. Así podrán implementarla en diferentes situaciones y producir alimentos en todas las regiones del mundo.

Figura 2-1:
Invernadero hidropónico, escuela en Toluca, Estado de México, con alumnos de Gloria Samperio.

Figura 2-2:
Macetas hidropónicas a lo largo de vías rápidas en Pudong, China.

Parte 2

Señoras y señores, las estrellas del espectáculo: ¡las plantas!

En esta parte...

Vamos a recordar qué son las plantas, cuáles son las partes que las conforman, cómo se reproducen, la importancia del agua y de su alimento, y cómo elaborar soluciones nutritivas para que tus plantas alcancen su desarrollo óptimo.

Capítulo 3

La planta, su propagación y su desarrollo

En este capítulo

► Aprenderás el verdadero valor de las plantas para la vida del resto de los seres vivos, cuáles son los tipos de reproducción vegetal y para qué sirven las diferentes partes de una planta.

La vida en nuestro planeta tiene como base el proceso de absorción de energía solar, que solo las plantas verdes pueden efectuar; por tanto, todos los demás seres vivos dependemos de las plantas para sobrevivir.

El hombre depende de las plantas para casi todas sus actividades. Desde los primeros estudios antropológicos, económicos, estéticos, literarios, médicos, alimentarios y hasta políticos se ha observado la necesidad que tenemos de ellas.

Sin plantas no habría vida, porque la cadena de alimentación (alimenticia o trófica) empieza con las plantas. Los vegetales son esenciales para la vida en la Tierra; de hecho, los animales tampoco podrían existir si no dispusieran de alimento vegetal.

Las plantas son seres vivos con necesidades específicas para su desarrollo y producción. Ellas absorben y gastan energía, crecen, se reproducen de acuerdo con el medio y también evolucionan.

Su propagación y desarrollo

Para la propagación de una planta contamos con varias técnicas que imitan los procesos de la Naturaleza. La propagación sexual se realiza por medio de semillas (como los seres humanos) y la multiplicación asexual ocurre por medio de una parte de la planta, como son los tallos, brotes, rizomas, injertos, estacas, hijuelos, hojas, acodos, etcétera.

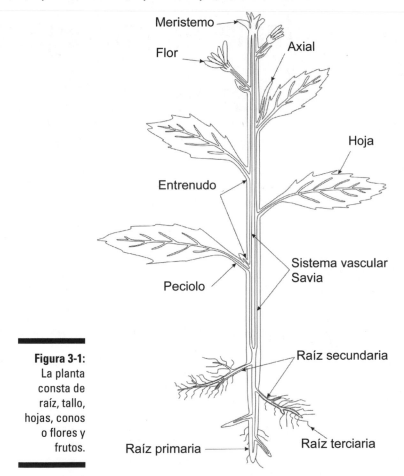

Figura 3-1:
La planta consta de raíz, tallo, hojas, conos o flores y frutos.

Hablemos ahora de las partes de la planta. En primer lugar nos enfocaremos en las semillas, que son la forma más económica y fácil de multiplicar las plantas.

La semilla

La semilla contiene el material genético que determina las características de la planta. Consta del embrión de una nueva planta y suficientes reservas alimenticias, como azúcares, carbohidratos, enzimas, etcétera, para convertirse en una plántula (planta bebé). Para que la semilla brote, solo requiere humedad y una temperatura adecuada (entre 20°C y 25°C).

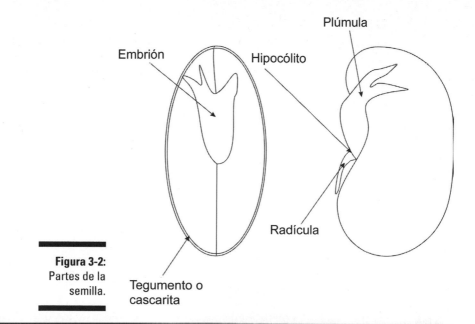

Plúmula

Embrión

Hipocólito

Radícula

Figura 3-2:
Partes de la
semilla.

Tegumento o
cascarita

Viabilidad de la semilla

La mayoría de las semillas conservan su viabilidad o capacidad reproductora durante cuatro o cinco años; sin embargo, algunas plantas, como las orquídeas, solo son viables entre tres y cinco semanas y otras, como el loto de la India, pueden ser viables hasta por 300 años.

La raíz

La raíz tiene como función principal absorber la solución nutritiva (agua y minerales disueltos), conducirla al tallo hasta su parte alta y de ahí derivarla a las diferentes partes de la planta. También participa en el proceso de reproducción y de almacenamiento de agua y nutrientes, además de anclar a la planta en el sustrato.

El Tallo

El tallo y sus hojas son llamados vástagos; crecen ya sobre el sustrato y sus funciones principales son conducir la solución nutritiva de las raíces a las hojas y de las hojas a las raíces; también almacenan nutrientes y otras sustancias, como la savia. El tallo sostiene las hojas, conos o flores y en sus axilas permite el crecimiento de nuevas ramas.

Las hojas

Las hojas son los apéndices de los tallos aplanados de manera bifacial, aciculares o en forma de escamas. Por lo general la hoja esta formada por un tallito (peciolo) y la hoja o lámina; su función principal es elaborar la nutrición de la planta con las sales minerales, el agua, la luz solar y el dióxido de carbono que absorbe del aire.

Por medio de la clorofila, las plantas transforman la energía lumínica en energía química para su crecimiento. En casi todas las plantas, esta sustancia constituye nuestro alimento.

Conos y flores

Los conos y flores son vástagos modificados para la formación de semillas. Las flores cuentan con órganos especializados en los cuales se realizan las funciones reproductoras, con ayuda del polen.

Respecto de la propagación de clones...

La propagación consiste en separar casi cualquiera de los órganos de la planta madre que se desea propagar; estos, de acuerdo con su genética, realizan la reproducción vegetal.

Los clones siempre muestran raíces y yemas adventicias; es decir, que las producen fuera de su lugar de origen. Los horticultores llaman "clonación" a la multiplicación de los descendientes de una sola planta.

Capítulo 4

¿Qué es la fotosíntesis? El agua y cómo respiran las plantas

· ·

En este capítulo

▶ La fotosíntesis es el proceso básico que las plantas realizan para vivir. Además hablaremos sobre la importancia de las condiciones del agua que utilizarás para regar tus plantas. ¡Hay que cuidar cada detalle! ¿Y sabías que las plantas respiran?

· ·

El científico suizo Nicolas-Théodore De Saussure (1767-1845) hizo un importante descubrimiento: el agua y el dióxido de carbono (CO_2) contribuyen a la alimentación de las plantas. Con este postulado, De Saussure realizó la primera investigación sobre la fotosíntesis.

La fotosíntesis

La fotosíntesis es el proceso que se realiza en la planta a través de dos reacciones bioquímicas para la producción de carbohidratos:

1. Los rayos del sol emiten partículas de energía que la planta atrapa en sus hojas a través de sus células llamadas cloroplastos. La planta convierte esta energía lumínica en energía química para realizar sus funciones; así, transforma el dióxido de carbono, el agua y los minerales en azúcares, proteínas, vitaminas y otros nutrientes.

2. La planta fija el carbono en compuestos orgánicos. Esta función es la base de la vida en la Tierra.

La clorofila

La clorofila es una sustancia que absorbe la luz con longitudes de onda que van desde los 380 nanómetros hasta los 760 nanómetros, (un nanómetro es la millonésima parte de un metro); es decir, desde la luz azul hasta la luz roja.

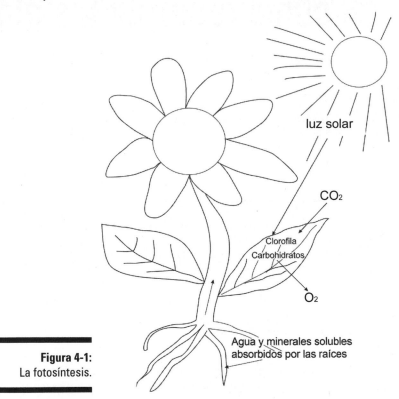

luz solar

CO_2

Clorofila
Carbohidratos

O_2

Agua y minerales solubles absorbidos por las raíces

Figura 4-1:
La fotosíntesis.

La respiración de las plantas

Después de acumular carbohidratos, proteínas, lípidos y otras sustancias a nivel químico, la planta realiza el proceso oxidativo llamado respiración: las moléculas anteriores se transforman en azúcares y ácidos grasos simples; es decir, en moléculas pequeñas utilizables para este proceso.

Las plantas cuentan con enzimas hidrolíticas que actúan como catalizadores en las reacciones bioquímicas, con la ayuda del agua y una temperatura apropiada. En otras palabras, metabolizan los minerales y los hacen disponibles para el consumo.

El agua

La planta esta constituida por entre 85 y 90% de agua. Dado que de este líquido dependen su estructura y funciones, la calidad del agua es relevante.

Las plantas siempre están sujetas a una intensa pérdida de agua, por lo regular a causa de la evapotranspiración; además, por cada molécula de dióxido de carbono que las plantas consumen de la atmósfera, pierden alrededor de diez moléculas de agua.

La falta de agua provoca pérdida de turgencia en la planta y disminución en sus funciones metabólicas. Si la pérdida de agua se prolonga, las plantas pueden morir.

Si los cultivos son a pequeña o mediana escala, el agua potable de la red será suficiente para su consumo, ya que se recicla. En cambio, si piensas en una escala mayor o comercial, necesitas contar con una fuente de abastecimiento y conocer la calidad del agua; para ello, debes realizar un análisis de agua previo a la formulación de la solución nutritiva. Este análisis consiste en identificar los valores de los iones de amonio, nitrato, fosfato, potasio, calcio, sulfato, magnesio, cloruro, hierro, manganeso, boro, cobre y zinc.

Dada la diversidad de los orígenes del abastecimiento, es preciso contar cuando menos con agua blanda o no demasiado salina. El agua de lluvia también es adecuada, aunque después de la primera precipitación.

En las aguas duras existe más concentración de sulfato y cloruro, sustancias que forman las sales de calcio y magnesio y afectan el crecimiento de la planta. En la mayoría de los casos el agua contiene los micronutrientes requeridos y estos también se encuentran en pequeñísimas cantidades en las sales minerales, por lo que la posibilidad de intoxicación de micronutrientes en la planta es casi nula; sin embargo, el boro presente en aguas demasiado salinas sí puede causar intoxicación en la planta.

Lo recomendable es el uso de aguas que tengan una conductividad eléctrica de entre 0.2 y 0.6 mS. En caso de que el agua alcance 1.5 mS, tendrá que recibir un tratamiento que se conoce como ablandamiento. En el caso de contener cantidades excesivas de sodio o cloruro, elementos perjudiciales para la planta y que varían de 4 ppm en adelante, también será necesario tratar el agua.

La adquisición de plantas de tratamiento pequeñas y medianas puede resolver el problema de salinidad y sanidad del agua. También puedes construir una tratadora de agua de tipo doméstico, mediano o industrial. Para ello te muestro algunos ejemplos de nivel básico, que puedes modificar de acuerdo con el tipo y nivel de agua que desees emplear.

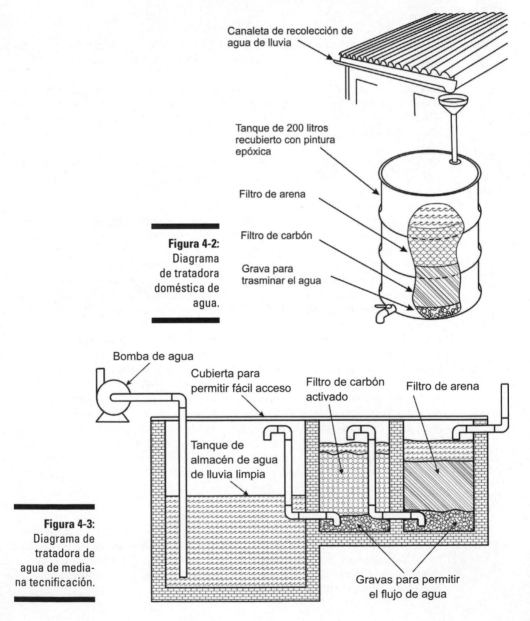

Canaleta de recolección de agua de lluvia

Tanque de 200 litros recubierto con pintura epóxica

Filtro de arena

Figura 4-2: Diagrama de tratadora doméstica de agua.

Filtro de carbón

Grava para trasminar el agua

Bomba de agua

Cubierta para permitir fácil acceso

Filtro de carbón activado

Filtro de arena

Figura 4-3: Diagrama de tratadora de agua de mediana tecnificación.

Tanque de almacén de agua de lluvia limpia

Gravas para permitir el flujo de agua

Figura 4-4:
Fotografía de una planta industrial de tratamiento de agua muy dura o salina.

Figura 4-5:
Aireador para la oxigenación de la solución nutritiva en invernadero hidropónico de diez
hectáreas en China.

Capítulo 5

Las plantas necesitan alimento. La nutrición de las plantas y sus elementos

En este capítulo

▶ No te asustes. Vamos a hablar de elementos minerales, pero te aseguro que con un poco de práctica identificarás a la perfección cuáles de ellos necesitan tus plantas y para qué sirve cada uno.

Está documentado que desde Aristóteles (322-384 a.C.) se investigaron mejores formas para el desarrollo de las ciencias agrícolas. Su discípulo Teofrasto fue quien aportó algunas ideas para mejorar los cultivos.
Después aparecieron otros investigadores interesados en el tema, como el médico y químico alemán Johann Glauder (1604-1668) y el inglés John Mayow (1642-1679). Ambos estudiaron la nutrición vegetal cuantitativa y demostraron la necesidad de las plantas de absorber minerales para desarrollarse.

*N*umerosos científicos de todos los tiempos han estudiado la alimentación de las plantas y han comprobado que requieren 17 minerales básicos, que entran en la planta disueltos en agua.

✔ El agua, además de ser fuente de hidrógeno y oxígeno, es indispensable para la construcción de moléculas orgánicas.

✔ En los análisis de hojas se han encontrado trazas de otros minerales útiles, aunque no son esenciales para el desarrollo de las plantas.

✔ Aunque todas las plantas consumen los mismos minerales, las proporciones varían de acuerdo con sus requerimientos y con base en la edad de la planta.

Los elementos esenciales para la alimentación de las plantas son oxígeno, hidrógeno y carbono, que ellas obtienen a través del agua y el aire.

Algunos de los minerales o elementos ya mencionados son necesarios para la vida de las plantas en mayores o menores cantidades. Por ello han sido clasificados como macronutrientes y micronutrientes que, una vez mezclados con agua, se convierten en "la solución nutritiva".

Tabla 5-1: Elementos esenciales, macronutrientes y micronutrientes.

Elemento esencial	Símbolo	Masa atómica
Oxígeno	O	16.0000
Hidrógeno	H	1.0079
Carbono	C	12.0111
Macronutrientes		
Nitrógeno	N	14.0067
Fósforo	P	30.9738
Potasio	K	39.102
Azufre	S	32.064
Calcio	Ca	40.08
Magnesio	Mg	24.312
Micronutrientes		
Cloro	Cl	35.453
Sílice	SiO_2	28.086
Hierro	Fe	55.847
Manganeso	Mn	54.938
Boro	Bo	10.811
Zinc	Zn	65.37
Molibdeno	Mo	95.94
Cobre	Cu	63.54

El peso o masa atómica es la parte más pequeña de un elemento químico que mantiene todas las propiedades de ese elemento.

La función de los elementos minerales en la planta

Los macronutrientes

El nitrógeno

Combinado con carbono, hidrógeno y oxígeno, y en algunos casos con azufre, el nitrógeno forma aminoácidos, aminoenzimas y ácido nucleico. Interviene en el desarrollo de la planta y en la producción de clorofila y fitoplasma vegetal; además ayuda a la fotosíntesis al permitir la producción de proteínas, hormonas y vitaminas.

Su deficiencia provoca poco desarrollo de la planta y se moviliza de las hojas viejas a las hojas jóvenes, que permanecen verdes por más tiempo; los tallos se tornan delgados, las flores y frutos son pequeños y hay maduración precoz. Menor calidad y menor producción.

Su exceso provoca que en general el follaje de la planta se torne verde oscuro y que sus frutos sean demasiado suculentos. La planta se hace susceptible a infestación y llega a presentar aborto de flores.

El fósforo

Incide en el crecimiento y en la formación de semillas y flores. Es un elemento esencial que constituye las nucleoproteínas, participa en la división celular, ayuda al metabolismo y permite que las flores se transformen en frutos. Es componente de enzimas proteínicas, adenosina, trifosfato y de la información genética de los ácidos ribonucleico y desoxirribonucleico. Está involucrado en varias reacciones de transferencia de energía.

Su deficiencia provoca la acumulación de sustancias grasas, dificulta la transformación de almidones en carbohidratos y demora el crecimiento de la planta. Las hojas viejas se tornan verde oscuro con los márgenes morados; más tarde mueren y el sistema radicular se vuelve gradualmente deficiente.

Su exceso causa deficiencia de zinc, hierro y manganeso, además de interferir en la absorción de calcio.

El potasio

Una de sus funciones es mantener el estatus del agua dentro de la planta, como la turgencia y la presión acuosa dentro de las células. También interviene en la apertura y cierre de los estomas y es necesario para la traslocación de la formación de nuevos carbohidratos. El potasio da origen a la germinación; además ayuda al metabolismo y a la formación de carbohidratos, lo cual mejora los frutos.

Su deficiencia impide que la planta elabore almidones y proteínas; además, la planta produce poca materia seca y presenta deficiente división celular. Los márgenes de las hojas inferiores se vuelven amarillentos y más tarde color castaño (chamuscada). Se presentan también manchas en los nervios y luego en las nervaduras, que después mueren. Aparecen señales corchosas (*scorch*) y la planta se hace muy susceptible a las enfermedades. Por ser el potasio un elemento móvil, los síntomas se presentan primero en los tejidos viejos. Este elemento es sensible a la presencia de amonio.

Su exceso causa que las plantas presenten síntomas de deficiencia de magnesio y calcio, debido a la pérdida de equilibrio en la solución nutritiva.

El calcio

Este elemento desempeña una función clave en el mantenimiento de las células íntegras y de la membrana permeable; también en la producción del polen, germinación, crecimiento y activación de las enzimas para la división celular. Es importante para sintetizar y transferir las proteínas y carbohidratos. Su presencia puede ayudar a desintoxicar a la planta de la presencia de metales pesados.

Su deficiencia eleva la producción de almidones y genera hojas con bordes puntiagudos deformes y color amarillentoso o marrón, raíces color castaño y muerte; un síntoma frecuente es que las hojas nuevas se enchinan y se vuelven marrones. Además debilita el desarrollo de las raíces y aparecen manchas necróticas en la base de los frutos o pudrición apical.

Su exceso causa que la planta consuma mucho nitrógeno, forme demasiadas proteínas y produzca ácidos como el oxálico, por lo cual requiere una mayor cantidad de calcio para contrarrestar la acidez.

El magnesio

Es un importante componente de las moléculas de clorofila y enzimas; participa en la síntesis de proteínas.

Su deficiencia no permite la formación de enzimas ni de pigmento clorofílico. Las hojas no se desarrollan y presentan peciolos cortos, con los nervios y el resto cloróticos. La floración también se retrasa. Por ser un elemento móvil, los síntomas se presentan en las hojas viejas; si la deficiencia continúa, la clorosis también se presenta en las hojas jóvenes y más tarde se necrosan.

Su exceso produce deficiencias de calcio o potasio.

El azufre

Está involucrado en la síntesis de las proteínas y forma parte de los aminoácidos cistina y tiamina; está presente en algunas coenzimas y en las vitaminas A y B. El azufre contribuye al olor y sabor de los vegetales y reduce la incidencia de enfermedades en muchas plantas.

Su deficiencia provoca que la planta muestre al inicio un color amarillento; sus frutos son ligeramente amarillos y poco suculentos. Las raíces son más largas que lo normal y sus tallos presentan carencia ligera de savia. En las leguminosas retarda la maduración y esta carencia puede confundirse con la falta de nitrógeno, aunque la deficiencia de este elemento ocurre en las hojas viejas y la de azufre se presenta en las hojas jóvenes.

Su exceso provoca envejecimiento prematuro de las hojas en general.

Los micronutrientes

El cloro

Está involucrado en la evolución del oxígeno (O_2) en el fotosistema y en el proceso de la fotosíntesis; también incrementa la presión osmótica de la célula, afecta la regulación de los estomas e incrementa la hidratación de la planta.

Su deficiencia provoca clorosis en hojas jóvenes y tallos quebradizos. La planta se torna susceptible al incremento de enfermedades.

Su exceso causa que las hojas se tornen cloróticas y se debiliten con facilidad; además se inhibe la fotosíntesis.

El cobre

Es constituyente de los cloroplastos y las proteínas; también forma parte del electrón que lo transporta como cadena al sistema fotosintético, para intervenir en el proceso de fotosíntesis. El cobre también participa en la fijación del nitrógeno y evita la saturación de grasas y ácidos.

Su deficiencia reduce y distorsiona el crecimiento. Los apicales del meristemo sufren necrosis. También puede provocar blanqueamiento de las hojas jóvenes.

Su exceso puede inducir un crecimiento muy lento y que las raíces se tornen achaparradas.

El cobalto

Es importante para la fijación del nitrógeno. No es esencial, por lo que solo aparecen rastros en las sales minerales.

Su deficiencia reduce la asimilación del nitrógeno y del calcio.

Su exceso no es usual, ya que no se aplica en forma de complemento sino solo como trazas en las sales minerales.

El hierro

Es esencial pues está presente en la mayoría de la plantas. Es un componente importante de las enzimas, como la asociada con la formación de la clorofila, y de las proteínas, como la ferridoxina que propicia el crecimiento de la raíz y el meristemo; también transporta el citocromo y la oxidasa.

Su deficiencia causa clorosis en las hojas jóvenes y debilidad en los tallos. También disminuye el grosor de la piel de los frutos y, sobre todo, el meristemo se torna muy pálido.

Su exceso provoca hojas bronceadas con manchas de color marrón. El elemento se precipita en la solución nutritiva y no está disponible para la planta.

El manganeso

Está involucrado en los procesos de oxi-reducción. Es esencial en el fotosistema, ayuda a la formación de las semillas y complementa al nitrógeno en las funciones metabólicas y respiratorias.

Su deficiencia provoca clorosis entre las nervaduras, lo cual afecta a las hojas inferiores. No interfiere con los elementos esenciales.

Su exceso causa que las hojas viejas presenten manchas cloróticas con forma circular y que más tarde se necrosen.

El molibdeno

Es un componente de las dos enzimas más importantes. Participa como portador de electrones en la conversión de nitrato de amonio y fija el oxígeno; además reduce la acumulación de toxinas y nitratos dentro de la planta.

Su deficiencia hace que las hojas viejas se vuelvan cloróticas y los márgenes se enrollen; se restringe el crecimiento de las flores.

Su exceso por lo regular no ocurre, pero es importante regularlo bien porque puede ser tóxico.

El silicio

Estimula la transportación de los iones de fosfato hacia los lugares importantes y activos de la asimilación; de esta manera, las plantas se hacen más resistentes al ataque de una gran variedad de plagas y las ayuda a desarrollar una barrera casi mecánica contra chupadores.

Las temperaturas templadas favorecen la disolución del silicio dentro de la planta.

<u>Su deficiencia</u> causa desarrollo pobre de la raíz y poca resistencia a cambios de temperatura, enfermedades, hongos e insectos.

<u>Su exceso</u> provoca precipitación en la solución y dificulta su absorción.

El sodio

Es un componente no muy importante pero ayuda a fortalecer las celdas de los tallos.

<u>Su deficiencia</u> provoca clorosis y necrosis; incluso puede impedir la formación de flores.

<u>Su exceso</u> provoca estrés hídrico al impedir la absorción de agua e impide que las hojas absorban potasio.

El zinc

Forma parte de las enzimas y hormonas.

<u>Su deficiencia</u> provoca la aparición de clorosis en las partes interveniales de las hojas nuevas, por lo cual surgen rosetas.

<u>Su exceso</u> dificulta la acción de la clorofila.

Figura 5-1:
Fresa que muestra deficiencia de fósforo (P), deformación del fruto y escasa producción.

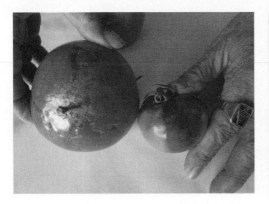

Figuras 5-2 a y b:
Deformaciones y mala coloración
del fruto por falta de potasio (K).

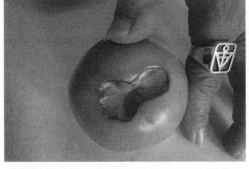

Figura 5-3:
La falta de calcio (Ca) produce pudrición apical
del fruto y también aparecen estos síntomas por
absorción deficiente de calcio.

Figura 5-4:
El manchado y la falta de uniformidad se
presenta en los frutos por la deficiencia de
molibdeno (Mo).

Capítulo 6

¡Preparemos el alimento para las plantas! Solución nutritiva para los cultivos hidropónicos

En este capítulo

▶ Ha llegado el momento de saber cómo preparar la solución nutritiva para tus plantas. Las fórmulas podrán parecerte complejas, pero en poco tiempo vas a dominarlas. Como todo, ¡es cosa de práctica!

El reconocido científico alemán Knop Wilhelm (1817-1891), químico de profesión, desarrolló por primera vez la técnica de cultivo en solución nutritiva, misma que también se utilizó para investigaciones nutricionales de las plantas.

La fórmula puede calcularse con base en gramos/litro (gr/l) o en partes por millón (ppm) de las sales minerales elegidas.

INFORMACIÓN TÉCNICA

Pero, ¿cuánto es una parte por millón?

No te preocupes. Haremos una analogía. Imaginemos un tinaco que mide un metro de profundidad, un metro de ancho y un metro de alto; es decir, un metro cúbico. Llenamos este tinaco con mil litros de agua (como sabemos, la densidad del agua es de un kilogramo por cada litro de agua a 4°C). Un kilogramo está formado por mil gramos, y el gramo es la unidad de medida del Sistema Internacional de Unidades.

Entonces, nuestro contenedor de un metro cúbico tiene un millón de gramos. Si de esta agua tomamos ¼ de litro de agua, es decir, 250 gramos, tenemos 250 partes por millón (ppm) de agua de ese contenedor de un metro cúbico (1 m³). Esto equivale a 1 gr/l (un gramo por litro), que es igual que una parte por millón (1 ppm).

Guía para el uso de las partes por millón (ppm) que son útiles para ti

A lo largo de casi doscientos años de investigaciones y de observación en campo se ha obtenido la siguiente tabla. En ningún caso podríamos considerarla exacta, ya que los requerimientos de las plantas, como seres vivos, pueden variar. Sin embargo, esta tabla puede darnos una guía de cuántas partes por millón de sales minerales necesitan la mayoría de las plantas.

Tabla 6-1: Elementos esenciales, macronutrientes, micronutrientes y su peso molecular

Elemento	Peso molecular	Máximo ppm	Óptimo ppm	Mínimo ppm
N	14.0067	300	200	47
P	30.973762	130	60	30
K	39.0983	600	400	50
Ca	40.078	400	250	50
Mg	24.3247	150	50	25
S	32.065	650	70	50
Fe	55.845	9	5	2
Mn	54.938049	1.6	0.8	0.5
B	10.811	2	0.5	0.25
Cu	63.536	0.1	0.05	0.005
Mo	95.94	1.6	0.8	0.2
Zn	65.409	0.75	0.5	0.05
Si	28.0855	0.05	0.01	0.005
C	12.0107	1500	600	250
O	15.9994			
H	1.00794			
Cl	35.453	4		
Na	22.99	12	0	0

Pasos a seguir para la elaboración de la fórmula hidropónica

1. Contar con una fórmula, que puede ser alguna de las que aparecen en la lista o bien una que tú elabores.

2. Conocer la fórmula química de cada una de las sales minerales que utilizarás.

3. Conocer el peso molecular de cada elemento de la fórmula.

4. Calcular el porcentaje de cada elemento que interviene en la fórmula.

5. Multiplicar el porcentaje obtenido del elemento deseado por los requerimientos que la fórmula te indica.

Sales minerales disponibles y su nombre comercial

La siguiente tabla muestra algunas de las sales minerales que se encuentran en el mercado y que puedes utilizar para fórmulas hidropónicas.

Tabla 6-2: Nombres comerciales de las sales minerales y su fórmula

Nombre comercial de la sal mineral	Fórmula
Ácido bórico	H_3BO_3
Ácido fosfórico	H_3PO_4
Cloruro de calcio	$CaCl_26(H_2O)$
Cloruro de manganeso	$MnCl_24(H_2O)$
Cloruro de potasio	KCl
Cloruro férrico	$FeCl_36(H_2O)$
Dihidrofosfato amónico	$NH_4H_2PO_4$
Fosfato amónico	KH_2PO_4
Fosfato monopotásico	$Ca(H_2PO_4)2H_2O$
Fosfato monocálcico	$(NH_4)6Mo_7O_{24}$
Molibdato amónico	NH_4NO_3
Nitrato amónico	$Ca(NO_3)_2$
Nitrato de calcio	KNO_3
Nitrato de potasio	$(NH_4)_2SO_4$
Sulfato amónico	$CaSO_42(H_2O)$

Tabla 6-2: Nombres comerciales de las sales minerales y sufórmula *(continuación)*

Sulfato cálcico	$(NH_4)SO_4$
Sulfato de amonio	$CuSO_45(H_2O)$
Sulfato de cobre	$FeSO_47(H_2O)$
Sulfato de hierro	$MgSO_47(H_2O)$
Sulfato de magnesio	$MnSO_44(H_2O)$
Sulfato de zinc	$ZnSO_47(H_2O)$
Sulfato potásico	K_2SO_4
Tetraborato sódico	$Na_2B_4O_710(H_2O)$

Peso molecular

De la tabla tomaremos como ejemplo el sulfato de cobre, con fórmula $CuSO_45(H_2O)$. Esta fórmula nos indica que tiene:

Un átomo de cobre	Cu
Un átomo de azufre	S
Cuatro átomos de oxígeno	O_4
Y cinco moléculas de agua	$5(H_2O)$

La molécula es la parte más pequeña de un compuesto químico.

Para obtener el peso molecular de la fórmula:

1. Consideramos el peso atómico de cada elemento.
2. Lo multiplicamos por el número de átomos de cada elemento que está presente en la fórmula.
3. Sumamos los pesos atómicos de cada elemento.
4. Obtenemos el peso de toda la molécula de $CuSO_45(H_2O)$.

Peso del átomo:

Cu	=	63.536 x 1	=	63.536
S	=	32.065 x 1	=	32.065
O	=	15.9994 x 9	=	143.9946
H	=	1.00794 x 10	=	10.0794
	Suma		=	249.675 es el peso de la molécula

Para saber cuánto afecta el peso de cada elemento en nuestra fórmula:

1. Dividimos el peso atómico de cada elemento entre el peso total de la molécula.

2. Multiplicamos el resultado por 100 para obtener un porcentaje.

Cu   =   25.45%

S   =   12.84%

O   =   57.67%

H   =   4.04%

Total = 100.00%

Ahora, todas las unidades son porcentajes y lo mismo haremos con cada uno de los fertilizantes que hay en el mercado. Lo más importante es que puedas conseguirlos con facilidad.

Para desarrollar la solución nutritiva debes recordar que la mayoría de estas fórmulas ha sido obtenida por una serie de investigaciones en campo; por tanto, la experiencia puede indicarnos si la adición o sustracción de un elemento puede mejorar nuestra solución nutritiva.

La mejor solución nutritiva es la más fácil de obtener y la que nos ofrece un mejor costo-beneficio.

Como ejemplo analizaremos la fórmula que funciona muy bien en los tomates. Está expresada en partes por millón: 250 N, 50 P, 250 K, 150 Ca, 30 Mg, 40 S, 1.5 Fe, 0.4 Mn, 0.1 B, 0.1 Zn, 0.05 Cu.

Sales elegidas para su elaboración:

✔ Ácido bórico

✔ Fosfato amónico

✔ Nitrato de calcio

✔ Nitrato de potasio

✔ Sulfato de cobre

✔ Sulfato de hierro

✔ Sulfato de magnesio

✔ Sulfato de manganeso

✔ Sulfato de zinc

Es necesario obtener de cada una de estas sales elegidas, además de sus fórmulas, sus porcentajes (ejemplo anterior), con lo cual obtendremos la siguiente tabla.

Tabla 6-3: Desglose de la fórmula

Nombre de la sal	Fórmula		Porcentaje del elemento que aporta cada mineral	
Ácido bórico	H_3BO_3	B	17.49%	
Fosfato amónico	$(NH_4)_2HPO_4$	P	23.45%	N 21.21%
Nitrato de calcio	$Ca(NO_3)_2$	Ca	24.42%	N 17.07%
Nitrato de potasio	KNO_3	K	38.67%	N 13.86%
Sulfato de cobre	$CuSO_47(H_2O)$	Cu	25.45%	S 12.84%
Sulfato de hierro	$FeSO_47(H_2O)$	Fe	20.09%	S 11.54%
Sulfato de magnesio	$MgSO_47(H_2O)$	Mg	9.87%	S13.01%
Sulfato de manganeso	$MnSO_44(H_2O)$	Mn	24.64%	S 14.38%
Sulfato de zinc	$ZnSO_47(H_2O)$	Zn	22.74%	S 11.15%

Como puedes ver, hemos omitido los valores de hidrógeno y oxígeno porque a partir de este momento ya no son útiles para los cálculos.

• Empezaremos con el Ca. El requerimiento de nuestra fórmula es de 150 ppm:

Nitrato de calcio en gramos = $\dfrac{\text{ppm requeridas de Ca}}{\text{\% de Ca en la fórmula}}$

Nitrato de calcio en gramos = 140 ppm / 24.42%

De lo anterior obtenemos 5.73 gr de nitrato de calcio.

• Ahora veremos cuánto nos aporta de nitrógeno:

ppm de N = (nitrato de calcio en gr) x (% de N en la fórmula)

ppm de N = 5.73 gr x 17.07%

97.8 ppm de N

Como puedes observar, es una cantidad menor que el requerimiento de 250 ppm de N que nos solicita la fórmula. Nos faltan 102.2 ppm, que vamos a agregar con otra de las sales.

• Repetimos el procedimiento con el nitrato de potasio:

Nitrato de potasio en gramos = 250 ppm / 38.67%

Nitrato de potasio en gramos = 6.46

• Veamos cuánto nitrógeno nos aporta el nitrato de potasio:

ppm de N = 6.46 gr x 13.86%

89.5 ppm de N

• Con el fosfato amónico:

Fosfato amónico en gramos = 50 ppm / 23.45%

Fosfato amónico en gramos = 2.13

• Entonces la aportación de nitrógeno es:

ppm de N = 2.13 gr x 21.21%

45.17 ppm de N

Si sumamos todas las aportaciones de nitrógeno, obtenemos:

97.8 + 89.5 + 45.17 = 232.47 ppm de N

Sin embargo, el requerimiento de nuestra fórmula es de 250 ppm; por tanto, nos faltan 17.53 ppm. Necesitamos otra sal que nos aporte ese faltante.

• Podemos usar el nitrato amónico NH_4NO_3, que solo aporta 30% de nitrógeno:

Nitrato amónico en gramos = 17.53 ppm / 30%

Nitrato amónico en gramos = 0.58 gr

• El siguiente elemento será el magnesio, que podemos obtener del sulfato de magnesio (también se conoce como sal de Epson):

Sulfato de magnesio en gramos = 30 ppm / 9.87%

Sulfato de magnesio en gramos = 3.04 gr

• Veamos cuánto nos aporta de azufre:

ppm de S = 3.04 gr x 13.01%

39.55 ppm de S

• Obtenemos el hierro del sulfato ferroso:

Sulfato ferroso en gramos = 1.5 ppm / 20.09%

Sulfato de hierro en gramos = 0.07 gr

• ¿Cuánto aporta de azufre?

ppm de S = 0.07 gr x 11.54%

0.8 ppm de S

• Para obtener manganeso recurrimos al sulfato de manganeso:

Sulfato de manganeso en gramos = 0.4 ppm / 24.64%

Sulfato de manganeso en gramos = 0.016 gr

• ¿Cuánto aporta de azufre?

ppm de S = 0.016 gr x 14.38%

0.23 ppm de S

• El zinc lo obtenemos del sulfato de zinc:

Sulfato de zinc en gramos = 0.1 ppm / 22.74%

Sulfato de zinc en gramos = 0.004 gr

• Su aportación de azufre:

ppm de S = 0.004 gr x 11.15%

0.04 ppm de S

• Obtenemos el cobre del sulfato de cobre:

Sulfato de cobre en gramos = 0.05 ppm / 25.45%

Sulfato de cobre en gramos = 0.002 gr

• ¿Cuánto aporta de azufre?

ppm de S = 0.002 gr x 12.84%

0.0002 ppm de S

• Por último, el boro lo obtenemos del ácido bórico:

Ácido bórico en gramos = 0.1 ppm / 17.49%

Ácido bórico en gramos = 0.005 gr

Si sumamos los aportes de azufre de todas las fórmulas, obtenemos:

39.55 + .8 + 0.23 + 0.04 + 0.002 = 40.622 ppm

Por tanto, nuestra fórmula en gramos requiere:

Nitrato de calcio	5.73 gr
Nitrato de potasio	6.46 gr
Fosfato amónico	2.13 gr
Nitrato amónico	0.58 gr
Sulfato de magnesio	3.04 gr

Sulfato de hierro	0.07 gr
Sulfato de manganeso	0.016 gr
Sulfato de zinc	0.004 gr
Sulfato de cobre	0.002 gr
Ácido bórico	0.005 gr

Como puedes ver, estas cantidades son muy pequeñas, pero no te preocupes: esta proporción es para diez litros de agua, así que podemos multiplicar las cantidades y obtener una fórmula para mil litros.

Calibración de la solución nutritiva

Recordaremos aquellos días en la secundaria, cuando aprendíamos la escala de ácidos y alcalinos. La acidez se mide del 1 al 6 y el 7 es una medida neutra. Del 8 al 14 es la escala de los alcalinos; es decir, lo contrario a los ácidos.

Esta calibración se refiere al potencial de hidrógeno. Existen diversos medidores o calibradores que son útiles para conocer el punto de acidez o alcalinidad de la solución nutritiva.

• El potenciómetro (pH metro)

En los cultivos hidropónicos el agua no se desecha, solo se calibra y se recicla. Una parte de la calibración consiste en medir el pH de la solución nutritiva con el potenciómetro; así conocemos la disponibilidad de los nutrientes para que la planta los absorba. Si el pH es demasiado bajo o demasiado alto, la planta no puede alimentarse; es decir, los nutrientes no están disponibles para su consumo, como puedes observar en la tabla-guía que te muestro en la figura 6-4.

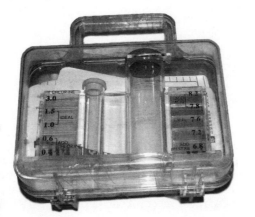
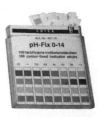

Figura 6-1:
Fotografía de calibradores para la medición del pH.

A través de estudios y experimentación muy puntuales, los científicos lograron establecer mediciones en las cuales puede basarse el cultivador. Nuestro parámetro será de 6.0 a 6.5 en general, aunque según el manejo que deseemos hacer en la planta y ya con suficiente experiencia, podemos llegar al valor de 5.8 (sobre todo en cítricos). En valores de 5.6 o menos, la raíz puede quemarse; en valores más altos que 7.5, la raíz no se alimenta.

Entre los calibradores se encuentran los líquidos, también llamados colorímetros; las tiras de papel, llamadas papel cromático; y los calibradores digitales.

Para darte una mejor idea sobre la disponibilidad de los nutrientes, adjunto una tabla comparativa que te permite analizar cuál rango de pH es conveniente para tus plantas.

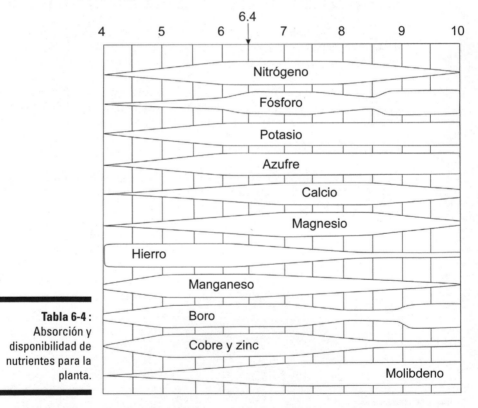

Tabla 6-4 : Absorción y disponibilidad de nutrientes para la planta.

 Conductividad eléctrica (CE). El agua sin sales es mala conductora de energía pero, al agregar minerales, estos permiten el flujo de corriente eléctrica y esta es directamente proporcional a la cantidad de sales (este flujo eléctrico se mide con el conductivímetro), la cual permite la absorción de las sales a través de la raíz de la planta.

El conductivímetro (también conocido en algunos países de habla hispana como conductímetro) es el calibrador o medidor que permite conocer la cantidad de sales minerales disueltas en la solución nutritiva, aunque no indica de cuáles sales se trata; ni cuáles escasean o cuáles están presentes en exceso, pero sí nos indica que a través de esas sales tenemos conducción eléctrica y las cantidades adecuadas de sales minerales para el consumo de la planta. La medición se efectúa en milisiemens por cm (mS/cm).

A continuación te muestro diversos calibradores para la medición de la conductividad eléctrica en la solución.

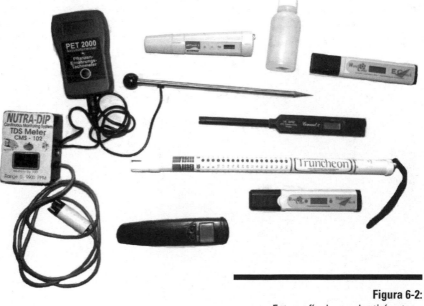

Figura 6-2:
Fotografía de conductivímetros.

El valor se expresa en proporción a la cantidad de sales minerales disueltas en agua: a mayor cantidad (concentración) de sales, mayor conductividad.

La temperatura es un factor que influye en la medición. Por tanto, al hacer una medición comparativa es recomendable que la temperatura de la solución nutritiva se encuentre en un rango entre 20 y 25°C. También podemos considerar la medición del Continente Americano 1.4 Ms/cm= 1ppm (una parte por millón).

La medición conveniente de conductividad eléctrica (CE) en la solución hidropónica para plantas pequeñas es 1.8 ms, en las plantas medianas es 2.0 ms y para las plantas en producción es 2.5 y hasta 3.

Es conveniente calibrar la solución nutritiva cuando menos cada semana para agregar nutrientes o agua, según lo indicado en la medición. La intención es conservar la concentración de acuerdo con la edad de la planta.

Después de la cosecha, la solución nutritiva se habrá empobrecido; es decir, tendrá muy pocos nutrientes. Puedes aplicarla en tu jardín para aprovechar los nutrientes que aún se encuentran presentes o puedes utilizarla de nuevo para hidroponia. Solo necesitas agregar 60% de agua natural y calibrarla para agregar los nutrientes faltantes. En algunas instalaciones el agua se reutiliza hasta por un año o más.

Es conveniente la sustitución de la solución nutritiva cuando utilizas volúmenes pequeños o medianos. En el caso de grandes volúmenes, por ejemplo diez mil litros o más, lo recomendable es hacer un análisis de la solución para identificar los nutrientes presentes y agregar los faltantes.

Parte III

¡Comencemos!

En esta parte...

Conoceremos los diferentes tipos de sistemas hidropónicos y las técnicas que puedes emplear para tu producción; además, definiremos lo que son los sustratos y cómo prepararlos para tus cultivos.

Capítulo 7

Clasificación de los sistemas hidropónicos

• •

En este capítulo

▶ Aprenderemos que los sistemas hidropónicos se diferencian por el método de cultivo elegido para el mejor desarrollo de las plantas y de acuerdo con tus recursos.

• •

La clasificación de los sistemas hidropónicos se basa en la forma de riego utilizado, que en términos básicos son dos: los sistemas cerrados y los sistemas abiertos. A partir de esta división se han derivado las modificaciones que dan nombre a las diferentes formas de cultivo, llamados "sistemas".

El fundamento de todos los cultivos hidropónicos es el mismo: sujetar la planta y alimentarla. El gran secreto hidropónico es oxigenar la raíz.

Cuando la raíz de la planta recibe un nivel pobre de oxigenación, el metabolismo radicular se inhibe, la absorción disminuye y el crecimiento cesa o se reduce. Si esta disminución persiste, las plantas pueden presentar síntomas de algunas deficiencias, como de hierro. Una aportación muy escasa de oxígeno reduce hasta en 50% la absorción nutricional normal de la planta.

El sistema abierto

Es la aplicación de la solución nutritiva o riego que se recolecta cada determinado tiempo.

Este sistema consiste en soportar a la planta en un medio de cultivo llamado sustrato (sustituto de la tierra), donde aplicaremos solución nutritiva en forma intermitente. Siempre haremos una descarga total de la solución nutritiva aplicada antes de efectuar una nueva aplicación.

En un principio, este sistema recibía el nombre de "abierto" porque la solución drenada era enviada al suelo de los invernaderos. Ahora recuperamos la solución nutritiva, aunque respetamos siempre la intermitencia.

Figura 7-1:
Fotografía de cultivo en sustrato en el sistema abierto, con recuperación de solución nutritiva.

El sistema cerrado

Consiste en la constante recirculación de la solución nutritiva sobre la raíz de la planta.

En este sistema, la solución nutritiva circulante se aplica a la planta y al final de su recorrido se colecta en el reservorio, para retornar de inmediato al cultivo. De esta manera, la solución nutritiva siempre estará disponible para la raíz de las plantas.

Algunos ejemplos son el sistema *Nutrient Film Technnique*, NFT, y una modificación de este que se llama *New Growing System*.

• Sistema de riego permanente

Te parecerá curioso que en este sistema las raíces de la planta permanecen sumergidas dentro de la solución nutritiva, desde su trasplante hasta su cosecha. Se considera un sistema cerrado y sus ventajas son:

a) Se evita el riego constante.
b) La evaporación es casi nula.
c) Las plantas no sufren estrés hídrico.

En este sistema el requerimiento indispensable es la oxigenación, para evitar una mala calidad del cultivo o que su carencia ocasione la muerte paulatina de las plantas. El nivel aceptable de oxígeno para la planta es, en promedio, de 8 a 11 ppm.

• Sistema de riego pasivo

Esta forma de riego es por capilaridad; se llama así porque en la base del contenedor siempre habrá una pequeña cantidad de solución nutritiva, disponible para satisfacer las necesidades de la planta, aunque no hay recambios o recirculación de la solución. Es un sistema cerrado del cual se han desarrollado varios métodos que no requieren una estructura sofisticada. Además, tanto la inversión como el mantenimiento son muy económicos.

Las ventajas son:

a) El contenedor siempre tendrá una mínima cantidad de solución nutritiva disponible de alrededor de 7.5 centímetros, dependiendo de su tamaño.
b) Desde el momento del trasplante, las raíces podrán absorber de manera conveniente la solución nutritiva requerida.
c) La planta podrá airearse a través de la profundidad del sustrato que ha quedado fuera de la solución nutritiva.

Este tipo cultivo es recomendable para exteriores.

Modificación de los sistemas hidropónicos en relación con el costo

En términos de inversión, para determinar la conveniencia de una modificación es recomendable hacer algunas consideraciones sobre los beneficios que cada sistema puede aportarnos, porque el monto de la inversión está asociado con la sofisticación aplicada. Es probable que el factor más importante para determinar la inversión sea la comparación del funcionamiento.

El incremento en el costo de los sistemas o sus modificaciones debe estar justificado por:

a) Incremento en producción o calidad.
b) Reducción en el costo de la mano de obra.
c) Reducción en el costo de las operaciones.
d) Reducción en el gasto de insumos.
e) Mejora en tiempo de producción.

Capítulo 8

La raíz flotante

En este capítulo

▶ Aprenderemos cómo formular la solución nutritiva en la cual crecerán las raíces de la planta, cuáles son las bases y los contenedores más recomendables, cómo hacer trasplantes y cuáles son los mejores métodos de oxigenación.

La técnica recibe este nombre porque las raíces de las plantas, desde su trasplante hasta la cosecha de la planta, viven en la misma solución nutritiva; es decir, no hay recambio ni recirculación de solución nutritiva.

*E*n este sistema es importante supervisar la solución nutritiva para agregar los minerales y el agua que la planta consume. Con la oxigenación adicionada, ¡puedes producir entre 32 y 35 lechugas en un metro cuadrado!

Los cultivos comerciales se realizan en albercas de poca profundidad, abastecidas para oxigenar, filtrar y supervisar grandes volúmenes de solución nutritiva.

Motores y poleas manejan las placas de unicel para facilitar la siembra y la cosecha. Es necesario acercar las placas al punto de corte, donde la lechuga se saca del unicel. Luego hay que retirar las hojas basales marchitas y enrollar la raíz sobre parte del tallo. A continuación, las lechugas se introducen en un envase plástico (*blister*) con ambiente modificado para mayor duración en el punto de venta. Estas instalaciones llegan a medir varias hectáreas.

Hablaremos del sistema básico o modificado para facilitar su comprensión, pero puedes utilizar tu ingenio y recursos para incrementarlo a un nivel mayor de producción.

Componentes:

- **Soportes** para los contenedores, a una altura cómoda para el cultivador. Puedes adaptarla para trabajar de pie o sentado.

- **Bases,** que pueden construirse de diversos materiales: madera, metales, tubos de PVC o incluso concreto (cemento, ladrillos). La longitud depende del tamaño del contenedor y la altura debe resultar cómoda para el cultivador.

Figura 8-1:
Dibujo de soportes o patas.

- **Contenedores,** cuya longitud y forma corresponderán a los requerimientos de cada cultivador. Sus características deben ser: inerte, contar o no con un drenaje y una profundidad de entre diez y quince centímetros (esto lo hemos comprobado después de haber cultivado así por 16 años, con excelentes resultados). La profundidad indicada es suficiente para cultivos de hojas como lechuga, albahaca, rúcula, etcétera.

Si piensas construir un contenedor básico, puedes utilizar madera pero deberás cubrirlo con plástico. Lo recomendable es que sea de color blanco en lugares cálidos o templados y de color negro para las regiones frías. A la planta no le preocupa el color, pero esta disposición es la más adecuada para la absorción de luz y calor.

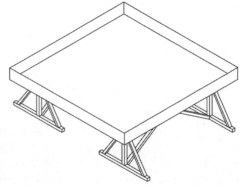

Figura 8-2:
Unicontenedor.

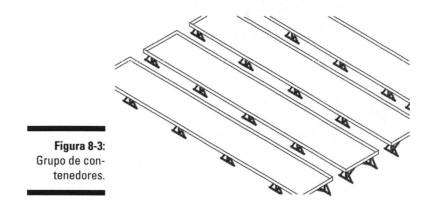

Figura 8-3:
Grupo de con-
tenedores.

- **Tapa del contenedor.** En el sistema original se usó el poliestireno expandido o unicel y todavía se utiliza, aunque en lo personal he empleado placas de PVC, por su duración (alrededor de diez años) y también láminas de acrílico, con buenos resultados. El tramo de unicel debe ser de dos pulgadas de espesor y debe medir medio centímetro menos que el contenedor por cada lado para facilitar su manejo (si usas unicel con espesor de una pulgada corres el riesgo de que la placa se rompa). Luego deberás marcar la misma distancia entre los barrenos para colocar las plántulas. Los barrenos deben tener un diámetro de una pulgada.

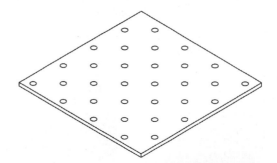

Figura 8-4:
Lámina de unicel (polies-
tireno expandido) de tres
centímetros de espesor.

Figura 8-5:
Trozo de esponja para la germinación de la semilla. La esponja donde se ha sembrado la semilla puede ser redonda o
cuadrada; esto no afecta al desarrollo de la planta. Cuando la
planta ha crecido, se trasplanta.

- **Electrobomba para oxigenación.** Con el objeto de evitar tanto la pudrición de la solución nutritiva como la muerte de la planta, es necesario administrar oxígeno a las raíces. Podemos lograrlo con el empleo de un soplador o turbina, que solo aportan el aire requerido.

Nunca uses un compresor porque solo aporta presión, no volumen de aire.

Si tu instalación es como pasatiempo, puedes usar una bomba para oxigenar peceras. La oxigenación adecuada para este sistema es tres o cuatro veces al día por espacio de quince minutos. En caso de una emergencia, como sería la falta de energía eléctrica o descompostura de la electrobomba, puedes oxigenar solo una vez al día y después restablecer los ciclos.

Trasplante

Para esta operación tenemos dos opciones:

a) Trasplantar a la distancia donde se desarrollará la planta en forma definitiva.

b) Trasplantar a una distancia mínima entre una y otra planta; dos o tres semanas más tarde, hacer un segundo trasplante para ampliar la distancia entre una y otra planta. El objetivo de esta opción es aprovechar los espacios mientras la planta es pequeña y disminuir el gasto de energía eléctrica, pues oxigenamos un volumen menor de solución nutritiva.

Figura 8-6:
Fotografía de raíz flotante sembrada (instalación doméstica).

Figura 8-7:
Raíz flotante en unidades separadas, China.

Figura 8-8:
Siembra comercial de raíz flotante en China.

Capítulo 9

Técnica de película nutritiva (*Nutrient Film Technique* – NFT)

En este capítulo

▶ Descubrirás este sistema basado en canales o tubos de PVC y elegirás la instalación que sea más conveniente para tu producción.

Este sistema de cultivo se desarrolló en 1965, después de la observación y varios trabajos realizados por el científico Allen Cooper, en el Glasshouse Crops Research Institute, en Little Hampton, Inglaterra. Cooper denominó a la técnica *Nutrient Film Technique*, término aplicado para puntualizar la profundidad de la solución nutritiva; es decir, el espesor de una lámina de solución nutritiva que debe bañar las raíces de la planta.

*E*sta forma de cultivo ha pasado por diferentes etapas desde sus inicios y hasta la fecha se han desarrollado varias formas de uso. La instalación original se realizó en canales excavados en la tierra que fueron cubiertos con plástico. Estos canales desembocaban en la cisterna de recolección de la solución hidropónica.

Otra modalidad fue reducir el ancho de los canales para un mejor manejo de las plantas y de los canales mismos, además de experimentar con la longitud. Otra más fue unir los bordes para formar canales inertes con una longitud de hasta 35 metros, como lo diseñó el creador.

En estos canales se colocaban en fila las plántulas desarrolladas y ancladas en cubos de turba o de arcilla prensada; más tarde se utilizaron macetas plásticas en el fondo del canal y se unieron los bordes del polietileno o cartón. Entre estos canales se distribuían pasillos de tamaño suficiente para el tránsito y el manejo de las plantas.

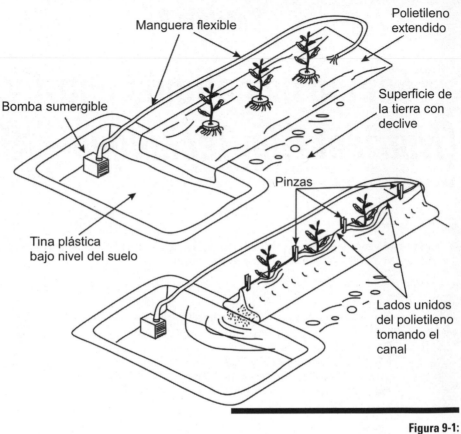

Manguera flexible

Polietileno extendido

Bomba sumergible

Superficie de la tierra con declive

Pinzas

Tina plástica bajo nivel del suelo

Lados unidos del polietileno tomando el canal

Figura 9-1:
Dibujo de *Nutrient Film Technique* (NFT) inicial.

El objetivo era que las raíces se extendieran a lo largo del canal y así recibieran el baño laminar de la solución nutritiva en drenaje óptimo para alimentarlas. De igual manera, al fortalecerse la masa radicular, también servía de anclaje para las plantas. Más tarde se realizaron otras pruebas hasta llegar al desarrollo de camas superficiales anchas y regadas con el flujo laminar. Este sistema de cultivo tuvo que ser modificado, ya que la cercanía de las plantas al suelo presentaba el riesgo de contaminación, en el caso de no contar con un buen aislamiento.

Otra modalidad de este sistema fueron los canales de cartón plastificado, desarrollados para este objetivo por diferentes empresas. Sin embargo, debido a su corta vida, se optó por otros materiales que fueran más duraderos.

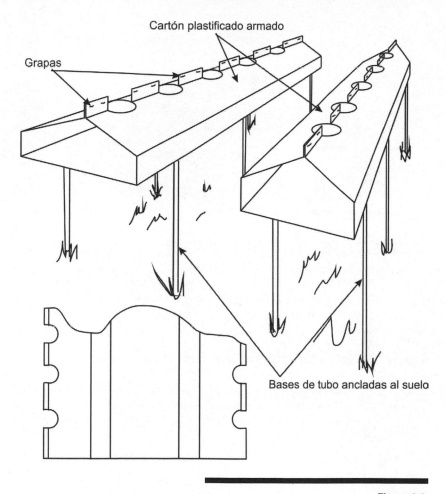

Cartón plastificado armado

Grapas

Bases de tubo ancladas al suelo

Figura 9-2:
Esquema del sistema NFT en cartón con bases.

Algunas empresas incursionaron en la fabricación de canales angostos y plegables de polietileno, para ser colocados en bases planas y asentar macetitas en el fondo. En la actualidad, algunos países, como Australia y Nueva Zelanda, que destacan como los principales productores comerciales a nivel mundial de vegetales cultivados con este sistema, han detonado su propia tecnología: desarrollaron canales construidos en PVC con profundidades diversas, según el tipo de planta a cultivar. En otros países, como España, se fabrican canales de cartón plastificado con el mismo fin. Estos canales pueden distribuir la solución nutritiva de manera automatizada y computarizada por completo.

Figura 9-3:
Sistema NFT comercial en Australia.

Ventajas del sistema

Con este sistema de reciclado se evita la evaporación y solo se gasta el agua que la planta consume. ¡Puedes obtener hasta treinta lechugas por metro cuadrado, mientras que en el cultivo tradicional solo se cosechan de cinco a siete en el mismo espacio!

Componentes básicos del sistema

• **Bases o soportes.** Para su construcción se considera una altura que resulte cómoda para el cultivador, pues lo importante es evitar el cansancio o el doble trabajo de agacharse y levantarse para cada operación.

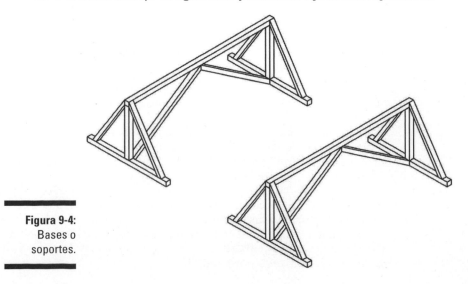

Figura 9-4:
Bases o soportes.

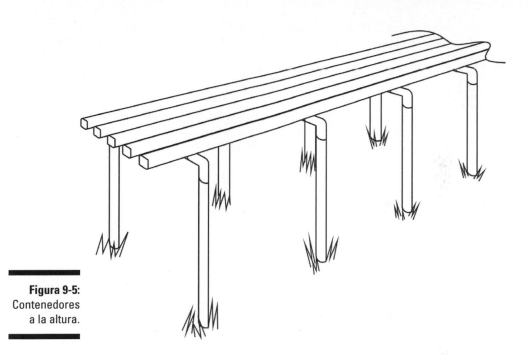

Figura 9-5:
Contenedores
a la altura.

Los cultivadores que padecen alguna discapacidad neuromuscular o usan silla de ruedas deben medir la altura que les resulte más conveniente. Los soportes pueden fabricarse en materiales como PTR, ángulo, madera, concreto o tubería metálica; deben fijarse al piso y ser firmes para que al colocar los canales, puedan soportar el peso del canal o tubo, más la solución nutritiva y la planta.

• **Canales.** Deben tener un fondo plano y sin depresiones para evitar encharcamientos; también deben ser rígidos para soportar el peso de la planta y el paso de la solución nutritiva.

Los canales deben permitir la circulación de la solución nutritiva sin interrupción y en el volumen que marca la técnica; es decir, tiene que ser un flujo laminar. Puedes construir los canales con madera y recubrirlos de plástico o utilizar los ductos cuadrados que sirven para hacer instalaciones eléctricas, siempre y cuando no sean metálicos. También es posible importar los canales de PVC diseñados de manera específica para este sistema. La profundidad de los canales también está determinada por la empresa que los fabrica.

Los canales comerciales cuentan ya con barrenos u orificios para insertar las plantas a las distancias que el fabricante ha considerado convenientes.

• **Tanque o depósito general con la solución nutritiva**, que debe contener de dos a tres veces la cantidad de líquido que el sistema utiliza.

Es conveniente que la velocidad de suministro de la solución nutritiva del
sistema sea de dos litros por minuto.

Este sistema esta integrado por la fuente de abastecimiento, líneas de
conducción de la solución nutritiva hacia los canales, sistema de recolección y bombeo, para el regreso de solución nutritiva hacia la fuente de
abastecimiento.

En hidroponia, la planta siempre depende de ti.

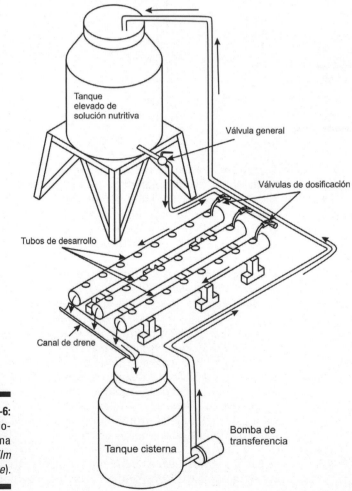

Figura 9-6:
Diagrama del funcio-
namiento del sistema
NFT (*Nutrient Film
Technique*).

La plántula

La elección de las plántulas para el trasplante es de suma importancia. Para ello debes considerar robustez, buen color y salud. De estas características depende que las plantas tengan un buen desarrollo y, por tanto, que tú obtengas una buena producción.

El trasplante al sistema NFT

Puedes haber realizado la germinación de la plántula en sustrato, como gravilla, perlita, vermiculita, agrolita, tezontle, etcétera. Cuando la plántula ha alcanzado una altura conveniente de entre ocho y diez centímetros o cuando ya tiene cuatro hojas verdaderas, debes separarla del sustrato y colocarle un trozo de lana de roca o esponja alrededor del tallo, para soportar la inserción en el canal o la colocación en el fondo del mismo.

Cuando la semilla ha germinado en el trozo de lana de roca o esponja, solo hace falta esperar el crecimiento y que sus raíces asomen fuera del trozo o cubo. Entonces colocarás la plántula dentro del barreno del canal.

Nunca retires el trozo de lana de roca o esponja porque arrancarías las raíces. Además, estos materiales servirán para sujetar a la planta en el barreno de la tapa del canal.

Figura 9-7:
Siembra semi-
comercial de
lechugas en el
sistema NFT en
China.

Figura 9-8:
Sistema de
NFT en tubos
de 4", sem-
brados con
arúgula, en
China.

Figura 9-9:
Tubos de 6" en
el sistema NFT
con acelga
china.

Capítulo 10
Tubos de PVC de diversos diámetros

· ·

En este capítulo

▶ Descubriremos cómo adaptar la técnica a diferentes diámetros de tubos, como alternativa para la NFT, y la importancia de la oxigenación.

· ·

Tubos de PVC de cuatro pulgadas de diámetro

En sustitución de los canales, puedes utilizar tubos de PVC en un sistema NFT modificado. Entonces es conveniente germinar la semilla en un trozo de esponja o lana de roca. Si usas otro sustrato y la plántula ha alcanzado la altura propicia para el trasplante, tendrás que rodear su tallo con un trozo de esponja de baja densidad e insertarla dentro del barreno destinado para su desarrollo. De este modo, la esponja sujetará a la plántula en la superficie del tubo y las raíces recibirán la solución nutritiva recirculante. Como puedes ver, el trasplante se realiza en igual forma que para el sistema en canales.

En este sistema modificado no es posible manejar solo una película o lámina acuosa, pues el tubo de PVC es cóncavo y, por tanto, el flujo mínimo, aunque la raíz llegue al fondo del tubo, será de cuatro a cinco centímetros la profundidad de solución nutritiva.

Por lo anterior, es necesario que a medida que la raíz se alarga y baja al fondo del tubo, disminuyas el volumen de líquido dentro del tubo. Así darás oportunidad a la base de la raíz de tener contacto con la solución nutritiva, mientras el resto de las raíces absorben el aire circundante en el tubo.

En la parte superior de los tubos harás los agujeros o barrenos para el trasplante. Siempre deja un espacio entre los vegetales que sea suficiente para su desarrollo.

- **Diámetro de los barrenos para tubos de cuatro pulgadas de diámetro.** El tubo de cuatro pulgadas cuenta con suficiente espacio para las raíces y el flujo de la solución nutritiva, que en todos los casos debe tener una velocidad óptima de dos litros por minuto. Los barrenos deben tener un diámetro de una pulgada.

Dentro de los cultivos apropiados para tubos de cuatro pulgadas se encuentran lechugas, cilantro, berros, cebollín, espinacas, albahaca, fresa, hierbas de olor, etcétera.

Figura 10-1:
Fotografía de tubos de cuatro pulgadas sembrados en el sistema NFT (Toluca, Estado de México, México).

Tubos de PVC de seis pulgadas de diámetro

Te sugiero el uso de estos tubos para plantas de porte alto y con un desarrollo importante de raíz.

- **Diámetro de los barrenos para tubos de seis pulgadas.** Debes hacerlos de dos pulgadas. Dada la profundidad del tubo, es necesario adicionar oxigenación y para ello debes usar una turbina o soplador (como los que se usan para inflar). Así harás circular el aire a través de la colocación de un poliducto de media pulgada, instalado en el fondo del tubo con barrenos de un milímetro a cada cinco o siete centímetros. Estos aportarán aire mientras las raíces son pequeñas y el volumen de agua es alto. Cuando las raíces lleguen al fondo del tubo, el nivel de solución nutritiva ya habrá descendido hasta quedar solo de cuatro a cinco centímetros de profundidad.

Este sistema es recomendable para plantas como tomate, pimiento, chayote, melón, etcétera.

La temperatura

La temperatura para la solución nutritiva, en ambos casos, no debe ser menor que 12°C ni mayor que 22°C, debido a que el oxígeno disuelto en el agua disminuye a medida que aumenta la temperatura. Cuando la solución nutritiva alcanza entre 17°C y 20°C, la solución puede contener entre ocho y nueve ppm (partes por millón) de oxígeno; pero si se eleva a 30°C, el oxígeno disminuye a cinco ppm, lo cual es dañino para la planta.

Oxigenación

Gran parte del éxito del cultivo en este sistema depende de oxigenar las raíces, por lo cual estas nunca deben estar cubiertas por completo por la solución nutritiva. En otras palabras, debe haber un espacio entre la masa radicular asentada en el fondo del tubo y la raíz saliente de la planta.

Recordemos que las raíces generan gases y por eso es necesario, para su mejor desarrollo en el sistema NFT modificado, que hagas orificios en la superficie del tubo. Haz un orificio de medio centímetro de diámetro a cada metro de longitud del tubo.

Cuando se usan vasitos para la sujeción de la plántula en el tubo que no cuentan con suficientes áreas libres laterales, las raíces quedan confinadas, aunque el vasito cuente con barrenos en su base. Esa limitación disminuye el desarrollo de las raíces, las necrosa (adquieren un color marrón) y también puede provocar fungosis.

Figura 10-2:
Sistema NFT sembrado en canales, Nueva Zelanda.

Figura 10-3:
Siembra de
tubos en NFT
en el techo
y laterales,
China.

Figura 10-4:
Anís hidro-
pónico en el
sistema NFT,
China.

Capítulo 11

Aeroponia

En este capítulo

▶ ¿Te imaginas poder contemplar el crecimiento integral de una planta, modificar su raíz y aprovechar al máximo el espacio disponible? ¡Aquí descubrirás cómo lograrlo!

Este método de cultivo es una modificación del sistema hidropónico cerrado. El sistema para la sujeción de la planta es similar al que se usa en NFT, pues las raíces deben estar colgadas dentro de un contenedor vacío y en completa oscuridad. De esta manera, todas las raíces reciben la solución nutritiva en forma de niebla intermitente.

Las ventajas de este sistema son:

• Es ideal para estudiar de manera visual y táctil la fisiología de la planta, por la disponibilidad del contacto con la raíces.

• Es posible modificar la raíz *in situ*.

• La raíz tiene oportunidad de captar más dióxido de carbono; esto permite que su crecimiento sea cinco por ciento más rápido que con otros sistemas.

• El desarrollo de las plantas es precoz.

• Disminuye extraordinariamente el gasto de agua.

• Se evitan por completo las enfermedades fungosas.

• Si se cultiva en forma piramidal, permite el doble o un poco más de colocación de plantas que en otros sistemas hidropónicos. Así aprovechas más el espacio cúbico disponible de tu invernadero.

En Massey, Nueva Zelanda y Singapur se realizan cultivos comerciales de tomates, fresas, lechugas, papas y hierbas de olor, como perejil, apio o albahaca, con el método aeropónico.

Si conoces las necesidades de la planta, puedes ajustar tanto la intermitencia de los riegos como las temperaturas a las condiciones ambientales. Para el cultivo en este sistema se han desarrollado diferentes tipos de contenedores: verticales, horizontales, piramidales, cónicos, tipo bolsa colgante, etcétera.

Componentes del sistema aeropónico

- **Filtro a la entrada del sistema de nebulización.** Puedes encontrar este aditamento en tiendas que comercializan sistemas de riego. Es recomendable su compra, pues su fabricación artesanal no daría los resultados requeridos. Los hay en diferentes marcas y modelos, pero el más adecuado para el sistema de nebulización es el filtro de mallas. La instalación aeropónica necesita un filtro a la entrada de la línea de alimentación, ya que algunas veces las precipitaciones de las sales minerales o las microalgas obstruyen los aspersores.

Figura 11-1:
Fotografía de filtro de mallas para el sistema aeropónico.

Figura 11-2:
Tanque presurizado de almacenamiento para la solución nutritiva.

- **Tanque de abastecimiento de nutrientes sin electrobomba.** El tanque está diseñado para soportar altas presiones y su interior está compuesto por dos compartimientos: uno almacena aire y el otro almacena agua.

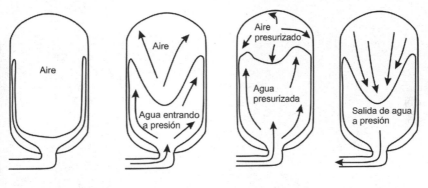

Figura 11-3: Diagrama de tanque presurizado de almacenamiento y su funcionamiento.

La entrada de agua al tanque debe ser impulsada por una electrobomba con capacidad necesaria para el volumen y la presión de la solución nutritiva. El tamaño del tanque debe corresponder al requerimiento de la instalación.

- **Línea presurizada con nebulizadores, con boquillas de aspersión en los extremos.** Las líneas de abastecimiento para la nebulización, tanto las primarias como las secundarias, pueden ser de tubería de PVC o poliducto de media pulgada de diámetro (no metálicas).

Las boquillas están construidas en PVC para resistir la presión, con una salida para la solución nutritiva de un milímetro de diámetro. Esto permite la generación de microgotas.

Figura 11-4: Línea presurizada con nebulizador, con boquilla de riego en el extremo.

- **Bomba hidroneumática presurizadora con tanque.** La bomba hidroneumática debe corresponder a la presión y al volumen de agua requeridos en el sistema aeropónico.

Figura 11-5:
Bomba presu-
rizadora con
tanque para
contener la so-
lución nutritiva.

• **Temporizador que aplica la nebulización intermitente.** Puedes aplicar las nebulizaciones exactas de acuerdo con un programa de cómputo que considere las condiciones ambientales o, en su defecto, se aproxime a la aplicación de dos a cuatro minutos de nebulización cada cinco o seis minutos, lo cual depende de la edad de las plantas, el clima imperante y la luminosidad.

A mayor temperatura y luminosidad, mayor número de nebulizaciones.

Figura 11-6:
Temporizador
que aplica la
nebulización
intermitente.

Existen diferentes tipos de sistemas aeropónicos, pero sus principios son los mismos: puedes construir el contenedor según el espacio y tus recursos. La tapa será de acuerdo con el tipo y medida del contenedor y puedo sugerirte una placa rígida de poliestireno, unicel, acrílico (no transparente) o placa de PVC, de un espesor que resista el peso del cultivo.

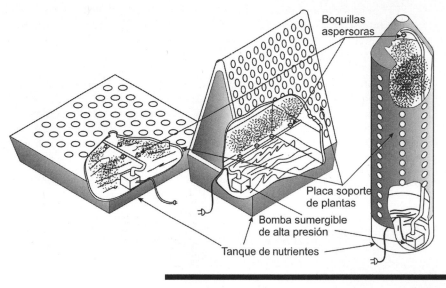

Boquillas
aspersoras

Placa soporte
de plantas

Bomba sumergible
de alta presión

Tanque de nutrientes

Figura 11-7:
Diagrama de contenedores horizontal, piramidal y vertical.

Colocación del sistema de nebulización

Dentro de los contenedores, cualquiera que sea su forma y tamaño, debes colocar en la forma más conveniente una línea de solución hidropónica presurizada, por lo general a 60 psi (libras de presión), con el objeto de nebulizar las raíces en forma intermitente y que la solución nutritiva sobrante se canalice de inmediato al contenedor. Allí se almacenará en un reservorio, bajo el nivel del contenedor, para evitar la acumulación de solución en la base del contenedor.

Materiales útiles para los soportes o bases

Deberás ajustar los apoyos o patas para soportar el contenedor según la altura que sea conveniente para el cultivador. Puedes construirlos de madera, perfil tubular cuadrado, tubulares redondos, concreto, tubos de PVC, ladrillos apilados, etcétera.

Sistema Aeroflu

Se ha desarrollado otro sistema cerrado para la humectación de la planta en el cual solo difiere la forma de riego.

El contenedor puede ser similar o igual a los anteriores. Debes colocar en su interior un tubo o tubos de PVC con aspersores a diez centímetros de distancia entre uno y otro. Pueden ser de mediana presión, no es necesario que sea alta.

Cuando los aspersores liberan la solución nutritiva, esta choca contra la tapa del contenedor y regresa al fondo. En este trayecto produce la humedad enriquecida de nutrientes en torno de la raíz de la planta. Con este sistema, el riego debe ser permanente. En el fondo del contenedor se acumula una cantidad mínima de solución nutritiva, misma que sirve para el reciclado en el sistema Aeroflu.

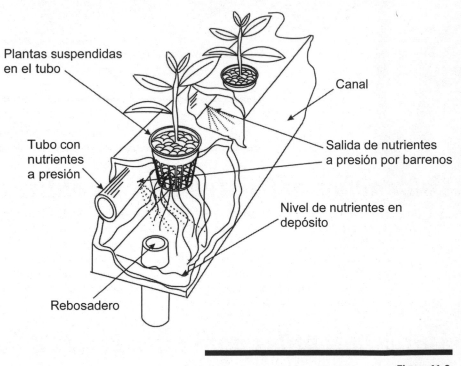

Plantas suspendidas en el tubo

Canal

Tubo con nutrientes a presión

Salida de nutrientes a presión por barrenos

Nivel de nutrientes en depósito

Rebosadero

Figura 11-8:
Diagrama de sistema de riego Aeroflu.

Sistema Airfluit

Otro sistema de fácil manejo y buenos resultados es el llamado Airfluit. La ventaja de este sistema es la excelente aireación que se aporta a la solución nutritiva, al impulsarla a través de la inyección de aire.

Para emplear este sistema, coloca la maceta dentro del contenedor, que en su base contiene solución nutritiva y también tiene la función de recolectarla. De esta manera evitas la evaporación y proporcionas oscuridad a las raíces.

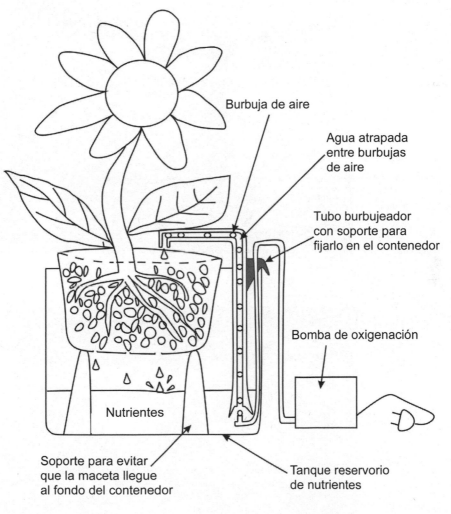

Burbuja de aire

Agua atrapada entre burbujas de aire

Tubo burbujeador con soporte para fijarlo en el contenedor

Bomba de oxigenación

Nutrientes

Soporte para evitar que la maceta llegue al fondo del contenedor

Tanque reservorio de nutrientes

Figura 11-9:
Diagrama de sistema de riego Airfluit.

Figura 11-10:
Sistema Airfluit
a nivel comer-
cial, Shangái,
China.

Figura 11-11:
Detalle de caí-
da de solución
nutritiva.

Capítulo 12

New Growing System

● ●

En este capítulo

▶ Describiremos una nueva manera de hacer hidroponia basada en el sistema NFT, pero con más control de las variables y, por tanto, del cultivo.

● ●

*E*ste sistema esta basado en los principios del sistema NFT; por tanto, está diseñado para funcionar en circuito cerrado. Su característica principal es que cuenta con goteros directos a cada planta y con aplicaciones intermitentes de riego, de acuerdo con las necesidades del cultivo. Con este sistema es posible adicionar calentamiento o enfriamiento para la solución nutritiva.

La solución nutritiva fluye por gravedad hasta la parte baja del cultivo y su automatización corresponde al tamaño de la instalación deseada. El sistema estándar esta formado por tres o más canales de polietileno que pueden ser de diferentes colores y espesores.

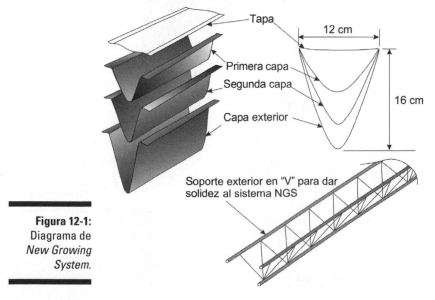

Figura 12-1:
Diagrama de
*New Growing
System.*

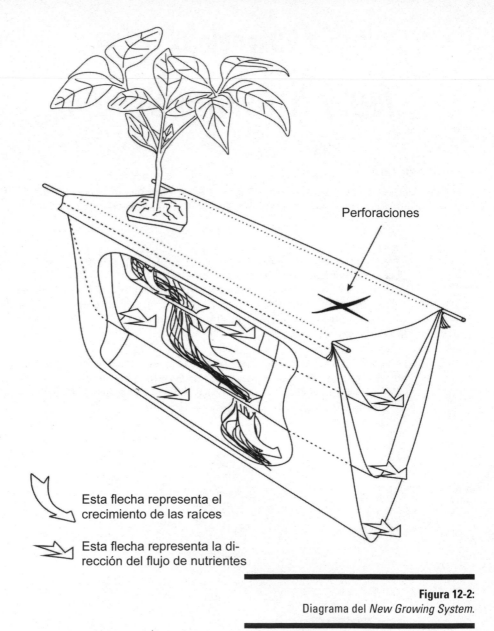

Perforaciones

Esta flecha representa el crecimiento de las raíces

Esta flecha representa la dirección del flujo de nutrientes

Figura 12-2:
Diagrama del *New Growing System*.

La primera capa es la que sirve de tapa y en ella se realiza el trasplante.

Como en todos los sistemas cerrados, es vital colocar filtros de entrada para la solución nutritiva.

Componentes básicos del New Growing System

- **Tanque de solución nutritiva.** Puede ser uno para la solución ya mezclada o para micronutrientes, otro para macronutrientes y un tercero para el control de acidez.

- **Canales para siembra.** En su parte superior cuentan con barrenos equidistantes, de acuerdo con la distancia requerida por la planta.

  En los niveles inferiores de los canales los barrenos servirán para el desarrollo de las raíces y el flujo de la solución, de modo que esta recorre el primer nivel y cae sobre el segundo, que también cuenta con barrenos equidistantes, mismos que permiten el amplio crecimiento de la raíz, mejor aireación y fluidez de la solución nutritiva.

- **Cuerpo o canales de riego.** Se componen de bolsas de plástico colocadas en forma de "V" y superpuestas.

- **Tubería para la distribución de solución.** Después del aporte inicial de solución nutritiva al primer nivel del canal, esta recorre un gran trecho y pasa al segundo nivel, hasta llegar a la última bolsa de recolección. Este recorrido permite una muy buena oxigenación, por la caída y golpeteo del líquido.

- **Tubería de retorno.** Después de hacer el trasplante, las raíces guiadas por el flujo a la pendiente del canal se dirigen hasta el agujero que les permite bajar a la capa inferior. El proceso se repite en todas las capas con las que cuente la instalación.

Como las raíces crecen en su recorrido por las capas plásticas, este sistema permite que su desarrollo sea importante.

Cuando el sistema se automatiza y se adicionan los nutrientes a la entrada del agua natural, debes colocar dosificadores y sensores de pH y CE al inicio del sistema de nutrición.

Las ventajas en los sistemas NFT (*Nutrient Film Technique*) y *New Growing System* son:

a) La planta no está expuesta al estrés hídrico.

b) Evitas la compra y manejo del sustrato.

c) Puedes hacer una nueva siembra o trasplante con mayor rapidez, con solo lavar y desinfectar la instalación.

Figura 12-3:
Instalación de
tomate con *New
Growing System.*

Figura 12-4:
Siembra de lechuga a cielo
abierto en España. Técnica
de *New Growing System.*

Capítulo 13

Cultivemos plantas y frutas en sustratos

En este capítulo

▶ Te sorprenderán las increíbles posibilidades de la hidroponia, porque puedes elegir entre varios sustratos para sustituir la tierra, ¡y tú te encargas de nutrir a tus plantas!

En 1840 los científicos alemanes A. F. Wiegman (1771-1853) y L. Polstroff (1781-1844) realizaron el primer trabajo de cultivo en arena de cuarzo con adición de minerales del cual se tiene registro. También el científico alemán Fürst zu Salmhorstmar (1799-1865) hizo cultivos experimentales en arena y agregó pledras (grava).

Ventajas del cultivo en sustratos

Los materiales inertes, con suficiente porosidad para retener la humedad, pueden ser útiles para el cultivo hidropónico.

• El manejo de un sustrato permite reutilizar el agua hasta que esta haya sido consumida en su totalidad por la planta.

• Al cultivar en un sustrato inerte no es necesario el uso de plaguicidas para combatir las plagas en el cultivo. Tampoco requieres los insecticidas que se aplican a la tierra para desinfectarla antes de la siembra.

• Al realizar la siembra en un sustrato, solo nacerán las semillas útiles para el cultivador; así evitas el nacimiento de malas hierbas y los costos de deshierbe.

• Puedes utilizar diferentes sustratos, como gravilla, arena gruesa, perlita, agrolita, vermiculita, lana de roca, esponja, tezontle, tepojal, espuma de poliuretano, unicel, piedra pómez, gravilla de río, etcétera.

Es recomendable utilizar sustratos nacionales, como los derivados de rocas, porque son muy económicos. La arcilla expandida y la lana de roca son excelentes materiales industrializados; sin embargo, representan un costo mayor porque son importados.

Figura 13-1:
Fotografía de algunos sustratos.

El riego en el sustrato

a) Se aplica la solución nutritiva hasta inundar el sustrato. Puedes hacerlo en forma manual, automatizada o computarizada.

b) Al retirar la solución nutritiva del sustrato, después del tiempo requerido por la planta, este queda impregnado para ofrecer a la planta la humedad y el aire que requiere mientras aplicas el siguiente riego. El aire circundante llena los espacios entre una partícula y otra; por tanto, las raíces reciben de manera natural la aireación que necesitan.

c) En el caso de algún exceso ocasional de sales, la capacidad de tampón del sustrato las filtra. Más tarde puedes aplicar un riego de agua natural para disolver la acumulación de sales.

d) Este sistema es menos exigente en cuanto a la temperatura para la raíz, ya que el volumen del sustrato, además de conservar la humedad, abriga a la raíz. Además le proporciona la oscuridad que necesita y conserva su temperatura.

Diferentes materiales que sustituyen a la tierra en el cultivo hidropónico

Los químicamente inertes

✔ Arena silícea o granítica

✔ Grava de río o de construcción

✔ Roca volcánica

✔ Perlita

✔ Lana de roca

✔ Arcilla expandida

✔ Tezontle

✔ Tepojal

✔ Agrolita

✔ Vermiculita

✔ Zeolitas

Los químicamente activos

✔ Turbas rubias y negras

✔ Cortezas de pino (aserrín)

✔ Fibra de coco

✔ Cascarilla de arroz

✔ Cascarilla de almendras

✔ Paja de cereal

✔ Aserrín

La diferencia entre unos y otros consiste en que los químicamente inertes no reaccionan a las sales minerales; por su parte, los químicamente activos acumulan los nutrientes y forman una reserva de donde la planta puede alimentarse, por su capacidad de intercambio catiónico (CIC).

Los sustratos recomendados para el cultivo hidropónico son los químicamente inertes; es decir, los que no tienen actividad química.

Propiedades de los sustratos

- **Mecánicas.** Son muy útiles los sustratos que en general mantienen su estructura por largo tiempo, su conformación no es pesada y no se degradan con facilidad; es decir, no se convierten en partículas tan pequeñas que afecten la circulación de la solución nutritiva.

- **Físicas.** Son las características que señalan el comportamiento del sustrato en relación con su porosidad, mismas que determinan sus aspectos sólido, líquido y gaseoso y las cantidades de agua y aire disponibles para la planta. De dichas características dependen tanto la alimentación como la respiración radicular y los procesos fisiológicos de la planta.

- **Granulometría.** Es la distribución de las partículas según su tamaño. En la técnica hidropónica no existe una norma única sobre la serie de tamaños a emplear para esta determinación. Un ejemplo de medidas útiles es 16, 8, 4, 2 mm.

  Se consideran materiales gruesos las partículas mayores que un centímetro. Estos sustratos tienen buena aireación, pero escasa retención de agua. Los materiales finos tienen partículas menores que 2.5 mm y, a diferencia de los gruesos, estos retienen mucha agua y su capacidad de aireación es limitada.

- **Porosidad total (PT).** Es el volumen total de sustrato no ocupado por partículas. Se considera como valor óptimo una PT superior a 85%.

  También se distinguen dos tipos de poros abiertos en los sustratos, según su tamaño. Los poros capilares o microporos tienen un diámetro menor que 30 micras, almacenan el agua, y los macroporos, con un diámetro mayor que 30 micras, se llenan de aire después del drenaje.

Cuando el sustrato tiene una parte de porosidad ocluida, es decir, un volumen de poros que se encuentra aislado del exterior, no facilita la distribución de aire y agua para la planta. Este tipo de poros puede producir errores.

- **Agua fácilmente disponible (AFD).** Es el volumen de agua disponible que libera el sustrato al succionar la planta. Se considera óptimo un rango de valores de agua fácilmente disponible de entre 25% y 35% (volumen). El tamaño de los poros tiene enorme importancia en la disponibilidad del agua para la planta, ya que parte del agua total es retenida por el sustrato.

Los poros más pequeños (menores que 30 micras) ofrecen una resistencia excesiva del agua que la succión de la planta no podrá vencer.

Cuando un sustrato no tiene suficiente retención de agua fácilmente disponible, puede deberse a una baja porosidad del sustrato o a que este tiene poros grandes que pierden el agua por gravedad después del riego. Por el contrario, si los poros son muy finos, el agua no estará disponible para las plantas por ser retenida con excesiva tensión.

- **Capacidad de aire en el sustrato.** Es la diferencia entre el volumen de porosidad total y el volumen de agua. En términos empíricos, este volumen coincide con el de poros vacíos de agua cuando, después de saturar el sustrato, se deja drenar. Su nivel óptimo se sitúa entre 10% y 30% (volumen). En este margen se considera que las raíces disponen de suficiente aire para su función respiratoria.

Figura 13-2:
Costales con siembra de tomate hidropónico en sustrato, en Nápoles, Italia.

Figura 13-3:
Fotografía
de cultivo
en sustrato
en sistema
abierto, con
recuperación
de solución
nutritiva.

Figura 13-4:
Calabaza sem-
brada en lana
de roca en los
Países Bajos.

Parte IV

El agua en la hidroponia. Riegos en general

En esta parte...

Daremos al agua el reconocimiento que merece como elemento fundamental para la vida en general y para tus plantas en particular. Aprenderemos diferentes sistemas de riego y tú podrás elegir el que sea más conveniente para ti.

Capítulo 14

Por qué necesitamos construir un sistema de irrigación

. . . .

En este capítulo

▶ Comprenderemos los motivos por los que es importante que diseñes un sistema de irrigación para tus cultivos, con el fin de satisfacer las necesidades de tus plantas y obtener la mejor producción.

. . . .

El objetivo de todos los cultivadores, sin importar el sistema de cultivo que usen, es aportar a la planta la humedad adecuada; es decir, decidir cuándo y cuánto regar (frecuencia y volumen). Para ello, los cultivadores deben calcular la evaporación y transpiración de la planta. Numerosos estudios han intentado estandarizar los riegos programados, sin que hasta el momento haya sido posible encontrar una medida que sirva en todos los casos. ¿Por qué? Porque las plantas son seres vivos y, en muchos casos, son impredecibles.

Para la aplicación del riego es importante considerar las condiciones climáticas, la luminosidad, y la edad de la planta y su genética.

Figura 14-1:
Cabezal controlador para el riego automatizado.

Otro de los objetivos del riego es optimizar la dosificación de sales minerales, para:

• Evitar el desperdicio de solución nutritiva.

• Evitar la contaminación por algún error en la aplicación.

• Aplicar la nutrición óptima para el cultivo, con el fin de brindar la mayor calidad alimenticia posible a los vegetales y, por tanto, obtener la mejor producción.

• Ahorrar considerables cantidades de agua.

• Lograr una automatización completa del riego (cuando el cultivo lo permita).

Riegos activos

a) Riego por goteo

El sistema de riego por goteo o riego localizado es cuando el sistema aporta a la raíz la solución nutritiva gota tras gota, en volúmenes menores y por periodos cortos, pero siempre en forma intermitente. Así humedecemos el entorno de las raíces y esa humedad queda disponible en el sustrato para que la planta la absorba y se alimente.

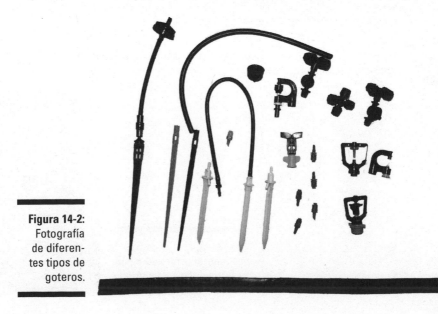

Figura 14-2:
Fotografía de diferentes tipos de goteros.

Existen en el mercado diferentes tipos de goteros (figura 14-2), con diferentes volúmenes de aporte de la solución nutritiva y para diversos sistemas de cultivo.

b) Riego por subirrigación

En este sistema permitimos que la solución nutritiva fluya desde la base del cultivo hacia la superficie, se detiene un par de centímetros antes de cubrir todo el sustrato, se mantiene allí durante unos cuantos minutos para humedecer bien el sustrato y luego desciende de nuevo hacia la cisterna desde donde salió.

c) Riego por aspersión superficial

Esta forma de riego consiste en aplicar a la superficie total del cultivo, sobre el sustrato, una cantidad determinada de solución nutritiva. Podemos drenarla de inmediato o mantenerla allí de veinte a treinta minutos. Esta decisión de permanencia depende de la porosidad y la capacidad de retención de humedad del sustrato.

d) Riego por inundación

Consiste en cubrir la totalidad del sustrato con solución nutritiva y permitir una permanencia de veinte a treinta minutos, según el tipo de sustrato. Después, la solución nutritiva debe regresar a la cisterna desde donde fue bombeada. Este sistema, como los anteriores, facilita el reciclado de agua y solución nutritiva.

e) Nebulización

Como su nombre lo indica, para la alimentación de las plantas aplicamos a las raíces una niebla compuesta por agua y nutrientes. Las plantas se cuelgan o soportan dentro de un contenedor vacío y oscuro, donde las raíces reciben un baño por nebulización de solución nutritiva (aeroponia). Este sistema también se considera cerrado.

Sus ventajas son:

✔ Las raíces disponen de óptima oxigenación, por lo cual absorben los nutrientes con más facilidad.

✔ Disminuye extraordinariamente el gasto de solución nutritiva.

✔ Evitamos enfermedades radiculares, propias de la falta de oxigenación.

En este sistema es indispensable la presurización de la solución nutritiva.

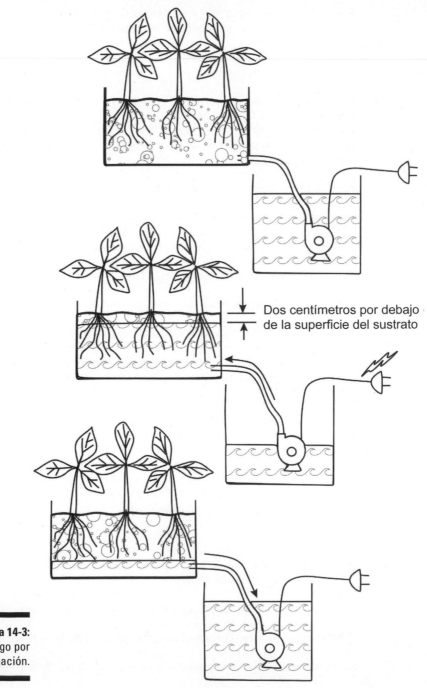

Dos centímetros por debajo de la superficie del sustrato

Figura 14-3:
Sistema de riego por subirrigación.

Capítulo 15

Sistemas de riegos pasivos por capilaridad

* * *

En este capítulo

▶ Aprenderemos qué es la capilaridad y por qué es tan importante para regular el abastecimiento de nutrición para tus plantas.

* * *

Me cuento entre la mayoría de las personas que no solo queremos salir a caminar y tener contacto con la Naturaleza, sino que además nos gusta vivir rodeadas de plantas, ya sea en el hogar o en los lugares que visitamos. Ahora, la técnica hidropónica nos brinda la oportunidad de tener el verdor perenne de las plantas dentro de hogares, oficinas, hoteles, vestíbulos, restaurantes, pasillos, ventanas, recibidores, etcétera. Si cada día tenemos más contacto con las plantas, nos compensamos un poco por la pérdida de las condiciones naturales del planeta.

Las hidroplantas pueden hacer nuestra vida más placentera y ayudarnos a reencontrarnos con la Naturaleza. Si lo consideramos desde el punto de vista comercial, en muchos lugares prefieren arreglos ornamentales hidropónicos, pues duran mucho más tiempo que las flores cortadas.

Está comprobado que las plantas pueden transformar personas y espacios. Los psicólogos opinan que el amor a las flores y a los cultivos alarga la vida, relaja la mente y halaga tanto a los dueños de las plantas como a sus visitantes, porque las plantas son seres vivos indispensables y bellos.

Desde el inicio de la agricultura se ha buscado la forma de aportar a la planta todos los elementos que necesita para su desarrollo. En este sentido, el riego ocupa el primer lugar.

La planta es alrededor de 90% agua. ¡Nunca debe faltarle!

La hidroponia, en una de sus modalidades llamada "riegos pasivos", nos brinda una forma muy fácil de cultivar que no requiere energía eléctrica ni sistemas o implementos sofisticados para el riego.

El sistema pasivo es casi como un juego de niños que nos permite cultivar plantas de ornato en grandes volúmenes para la venta en florerías, oficinas, etcétera. La producción de hidroplantas puede ser permanente.

Las plantas no pueden vivir sin cuidados. Si las tratas de manera incorrecta, pueden morir en poco tiempo.

La finalidad de este capítulo es enseñarte no solo a cuidarlas, sino a producir volúmenes importantes por si te interesa venderlas.

El riego pasivo nos permite, de manera muy económica, acercarnos al punto óptimo de riego; en otras palabras, significa proveer cada gota de agua que la planta consume de acuerdo con su necesidad. El secreto está en la capilaridad.

La capilaridad en el riego hidropónico

La capilaridad es una propiedad física del agua, cuya viscosidad le permite subir al sustrato y distribuirse en los microporos (espacios que quedan entre una partícula y otra) que antes ocupaba el aire. El agua se adhiere a la porosidad del sustrato, pues este atrae con más fuerza sus moléculas; además, las moléculas del agua se atraen entre sí y se unen. Por tanto, el líquido sube, gracias también a la tensión superficial que en parte regula su ascenso por el sustrato.

Este sistema de riego funciona cuando fijamos un nivel de solución en el fondo del contenedor y, ya que la solución nutritiva solo ocupará un mínimo espacio del sustrato en la base del contenedor, el resto del sustrato se conserva sin solución. De esta manera, los espacios entre partículas se llenan de aire y la planta puede respirar. Así evitamos que en nuestro cultivo se presente un problema de hipoxia.

Este es un sistema de riego pasivo muy popular en algunos países como Alemania, sobre todo en Berlín. Más adelante veremos una de sus aplicaciones en el sistema llamado hidrotanque, que además ya está patentado.

Capítulo 16

Riego con bandeja al consumo de la planta

En este capítulo

▶ Descubriremos la importancia de conocer a la perfección tu cultivo, para proveerle los nutrientes, el oxígeno y el agua que necesita en todo momento.

Consideraciones acerca de los riegos

Como ya comentamos, se han realizado estudios muy serios para determinar en forma puntual el número de riegos y la dosis exacta en diferentes sustratos, para dar a la planta la cantidad adecuada de nutrientes y agua, sin carencia ni exceso. Sin embargo, aún no ha podido aplicarse una regla general, porque son muchos los factores que determinan el requerimiento de solución nutritiva de las plantas.

Objetivos del riego

• Mantener buena aireación radicular porque, con un nivel muy bajo de oxígeno, el metabolismo radicular se inhibe y se reduce o se interrumpe la absorción de nutrientes, ya sea en forma total o intermitente, con lo cual disminuye el desarrollo de la planta. Si el problema es constante, se hace presente una deficiencia de hierro.

• Mantener la temperatura adecuada en el sustrato y la cantidad correcta de agua fácilmente disponible (baja tensión matricial) en el sustrato. También se ha sugerido que el sustrato debe regarse cuando ha perdido de seis a ocho por ciento del agua disponible para la planta.

Para la aplicación de riegos debes considerar las diferentes etapas de vida de la planta:

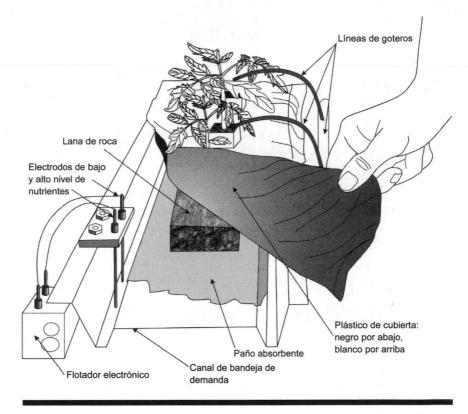

Líneas de goteros

Lana de roca

Electrodos de bajo
y alto nivel de
nutrientes

Plástico de cubierta:
negro por abajo,
blanco por arriba

Paño absorbente

Canal de bandeja de
demanda

Flotador electrónico

Figura 16-1:
Vista de los principales componentes del sistema de riego a la demanda de la planta.

a) Primer periodo o etapa vegetativa: a partir del trasplante.

b) Segundo periodo: hasta la aparición del fruto pequeño.

c) Tercer periodo: crecimiento de frutos.

d) Cuarto periodo: engrosamiento de frutos.

A medida que la planta crece y aumenta su volumen, también aumenta su necesidad de agua. Las plantas alcanzan su mayor consumo de solución nutritiva cuando están en producción.

Cuando la planta requiere más solución nutritiva, debes aumentar las frecuencias de riego, aunque es importante mantener el mismo volumen que el riego anterior. ¿Por qué? Porque el sustrato no puede albergar agua más allá de su capacidad de retención.

Si aplicas al sustrato un volumen de solución nutritiva que rebase su capacidad de retención, solo la desperdiciarás.

También con el uso de los tensiómetros es posible medir las variaciones hídricas en los cultivos. El laptómetro y el tensiómetro son calibradores que nos permiten conocer la humedad presente en el sustrato y que puedes adquirir en el mercado, con instrucciones anexas.

El riego a la demanda de la planta es muy actual y se usa con excelentes resultados en España; sin embargo, aún no se ha generalizado, a pesar de sus ventajas. Es una modalidad de control del riego; es decir, riego por goteo combinado con riego por capilaridad. Es recomendable para extensiones de medianas a grandes.

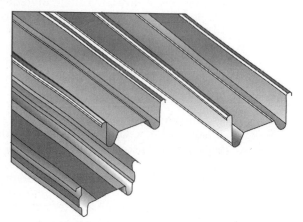

Figura 16-2:
Canales fabricados para el riego por bandeja a la demanda de la planta.

Componentes del sistema de riego por bandeja a la demanda de la planta

a) Canal, que puede ser de algún material plástico o de acero inoxidable. En la parte central y a todo lo largo cuenta con una superficie plana, donde se apoyan las macetas con sustrato o los cubos de lana de roca. A cada lado de la sección plana hay canales o depresiones en forma de trapezoide, rematados por una pared alta que impide que se desborde la solución nutritiva. El canal se complementa con un plástico en la parte superior, que evita el paso de los rayos solares a las raíces, y con un soporte apoyado en las partes altas del canal, para anclar los tres sensores que regulan el nivel de líquido.

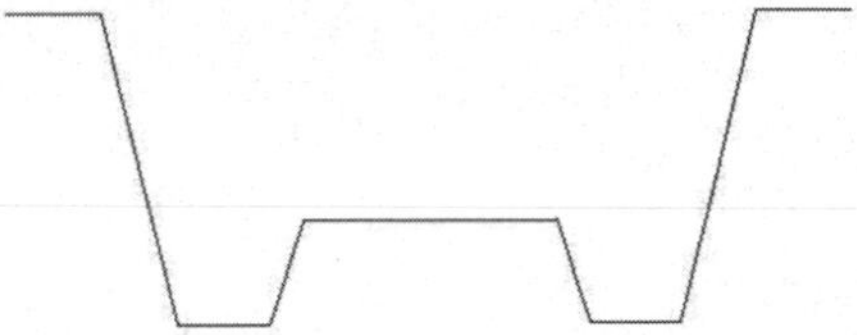

Figura 16-3:
Corte esquemático del canal.

b) Electrodos de acero inoxidable, que puedas regular con facilidad para cambiar la profundidad del nivel de la solución nutritiva. Deben estar soportados sobre una base, de preferencia aislante, para colocarlos sobre el canal.

c) Control electrónico de nivel, diseñado para trabajar con líquidos conductores de electricidad, tales como agua potable o aguas salinas, como la solución nutritiva. El voltaje involucrado en la solución nutritiva debe ser de 2.5 voltios de corriente alterna o directa. Nunca debe exceder 24 voltios de corriente directa.

d) Tramos de lana de roca. En el primer cubo se habrá realizado la germinación para producir la plántula; el segundo cubo es para el desarrollo de la planta.

e) Paño absorbente, que se coloca en el fondo del canal trapezoidal de la bandeja de demanda desde la base de las macetas o raíces. Sirve para permitir que la solución nutritiva suba por capilaridad.

f) Cubierta de material plástico, de preferencia de color blanco en la cara expuesta a los rayos solares y negra en la cara interior, que queda colocada hacia las macetas o lana de roca. Su finalidad es impedir que pasen los rayos solares a los nutrientes y a las raíces de las plantas.

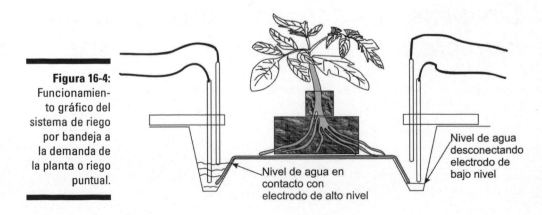

Figura 16-4:
Funcionamiento gráfico del sistema de riego por bandeja a la demanda de la planta o riego puntual.

Nivel de agua en contacto con electrodo de alto nivel

Nivel de agua desconectando electrodo de bajo nivel

En el mercado existen los controles electrónicos de nivel; son muy conocidos porque se utilizan para llevar agua de las cisternas al tanque elevado de las casas.

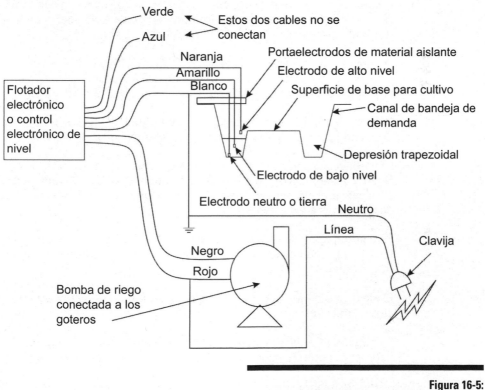

Figura 16-5:
Diagrama electrónico de la bandeja de demanda.

Diagrama electrónico

1) El **cable de color blanco** que sale del flotador electrónico es el polo de tierra o neutro. Su función es complementar el circuito para la fase neutra. Este cable debe conectarse a una tierra física y al canal de la bandeja de demanda, si es de acero inoxidable. Si el canal o la bandeja son de algún material aislante, como plástico o fibra de vidrio, entonces el cable debe conectarse en el electrodo que se localiza justo en el fondo de la cavidad trapezoidal.

2) El **cable de color rojo** es el de corriente viva y debe ir conectado a un polo del motor de la bomba que alimenta a los goteros del sistema de riego. También se conecta al polo de corriente positiva de la clavija eléctrica.

3) El **cable amarillo** debe conectarse al electrodo que marca el bajo nivel y este debe estar colocado a una profundidad de un tercio del fondo o a la mitad de la cavidad trapezoidal del canal.

   Su función es indicar bajo nivel de solución nutritiva y siempre está sumergido en ella. Su señal eléctrica indica al flotador electrónico que se mantenga apagada la bomba que suministra los nutrientes.

4) Cuando las plantas se alimentan por capilaridad, el nivel de nutrientes desciende por debajo del mínimo al que se encuentra el electrodo.

   Es entonces cuando se rompe el circuito formado por el electrodo con la tierra y manda la señal eléctrica al flotador, a través del **cable negro**, para cerrar el circuito de corriente y accionar el motor para el bombeo de nutrientes a los goteros.

   Este goteo humedece por completo el sustrato. El exceso de nutrientes escurre a la parte baja, humedece el paño y se aloja en los canales trapezoidales.

5) El electrodo conectado con el **cable naranja** es el detector del nivel alto de nutrientes.

   Su función es enviar la señal eléctrica al flotador electrónico para detener el goteo (e impedir el paso de corriente al cable negro).

Todos los electrodos que se encuentran en contacto con la solución nutritiva deben ser de acero inoxidable, porque cualquier otro material (como hierro, cobre o latón) se deteriora por la acción de las sales nutritivas y la corriente eléctrica. En casos extremos, esos cables dejarán de funcionar.

Los cables de **color verde y azul** no se encuentran conectados porque no son necesarios en nuestro caso.

Cuando hayas dominado el funcionamiento correcto de la bandeja a la demanda, puedes convertirlo en tu único método de riego, basado en el requerimiento hídrico de las plantas.

Figura 16-6:
Fotografía de bandeja a la demanda de la planta.

¿Por qué es conveniente supervisar el drenaje de la solución nutritiva?

Cuando supervisas el drenaje del cultivo, puedes conocer la diferencia nutricional entre la entrada al sistema de riego y la salida. Esta información es vital y te permite calibrar de manera correcta la solución nutritiva, para lograr un desarrollo uniforme de tu cultivo en cuanto a pH y CE.

La información cuantitativa obtenida sobre el drenaje se convierte en porcentaje de volumen de drenado y se compara con la relación del volumen de goteros (entrada) y la diferencia determina la frecuencia y dotación de los riegos necesarios.

Una vez que conoces los datos sobre el drenaje, puedes hacer correcciones y controlar para tener las mismas condiciones de riego del cultivo y, por tanto, los mismos resultados en los sectores (recolector de drenaje por sector). Te servirán también para comparar la solución nutritiva consumida por las plantas en cada uno de los sectores de riego y, en su caso, calibrarla para aplicar un riego independiente por sector, si se requiere.

Recolección para muestra del drenaje

Para conocer el volumen drenado y el consumo de sales es necesario que cuentes con una bandeja de drenaje, también llamada *tester*. Este recolector tiene la facilidad de ajustarse a las condiciones de los sectores de cultivo. Aunque en algunos casos recoge el drenaje de uno o dos sectores de cultivo como máximo, lo óptimo es tener un *tester* por sector, de manera que, si se presenta algún problema, puedas efectuar riegos independientes y supervisar el drenaje.

La recolección del drenaje para calibrar se hace a través de un tubo de PVC o manguera, conectada a un reservorio inerte ubicado bajo el nivel de los contenedores. La solución nutritiva desembocará en el recolector o *tester*.

A través del drenaje del cultivo, puedes conocer la diferencia cualitativa entre la entrada y la salida de solución nutritiva en el sistema. Esta diferencia determina la frecuencia y dotación de los riegos.

Capítulo 17

Riego con hidrotanque

● ●

En este capítulo

▶ Aprovecharás algunas leyes de la Física y los adelantos tecnológicos para tus cultivos de plantas ornamentales.

● ●

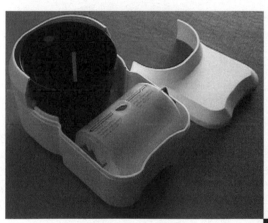

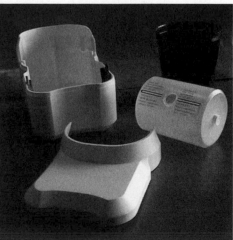

Figura 17-1:
Hidrotanque.

Este sistema de riego es apropiado para plantas perennes ornamentales pequeñas o medianas, que puedes colocar en habitaciones, salas, oficinas, etcétera.

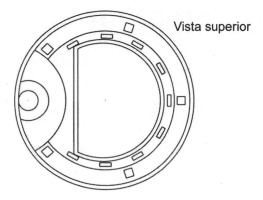

Vista superior

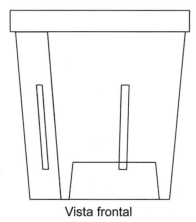

Vista frontal

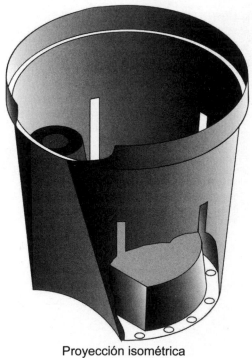

Proyección isométrica

Figura 17-2:
Corte esquemá-
tico de maceta
para siembra.

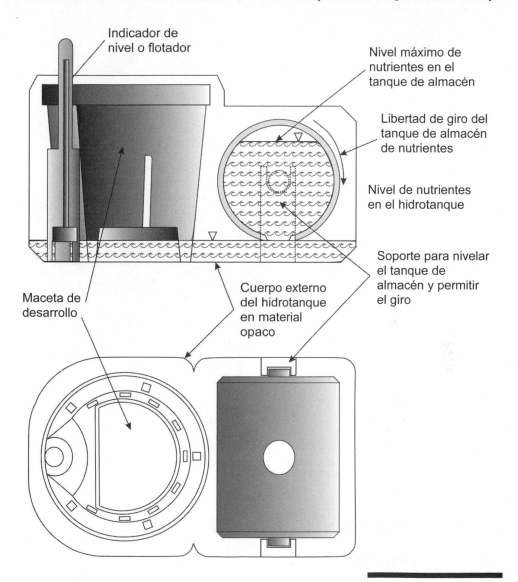

Indicador de nivel o flotador

Nivel máximo de nutrientes en el tanque de almacén

Libertad de giro del tanque de almacén de nutrientes

Nivel de nutrientes en el hidrotanque

Soporte para nivelar el tanque de almacén y permitir el giro

Maceta de desarrollo

Cuerpo externo del hidrotanque en material opaco

Figura 17-3:
Diagrama del hidrotanque.

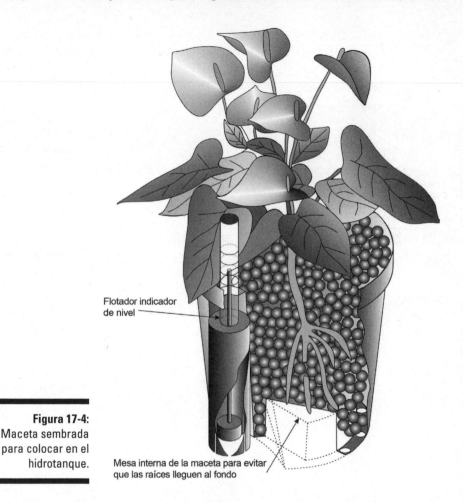

Flotador indicador
de nivel

Figura 17-4:
Maceta sembrada
para colocar en el
hidrotanque.

Mesa interna de la maceta para evitar
que las raíces lleguen al fondo

Componentes del hidrotanque

a) Contenedor de material plástico inerte y opaco. Cuenta con dos soportes laterales diseñados como base del tanque de almacenamiento y para permitir su libre giro. El contenedor también permite la colocación de una maceta en su interior y de su misma altura, un poco menos ancha.

b) Tanque de almacenamiento de solución nutritiva. Es un cilindro que en sus bases cuenta con dos soportes que se alojan en los salientes del contenedor; a la mitad de su longitud tiene un barreno para la salida de los nutrientes. Es rígido para que no se deforme por el peso de la solución nutritiva.

c) Maceta de material plástico opaco, con entre cinco y siete ranuras laterales y barrenos en el fondo para permitir la capilaridad. El fondo no es plano sino realzado, lo cual evita que las raíces se sumerjan por completo en la solución nutritiva.

d) Nivel. Es un tubo transparente de vidrio que se coloca dentro de la maceta para indicar el nivel de agua.

e) La tapa es de acuerdo con la medida y forma del contenedor; su función es evitar la evaporación o contaminación de la solución nutritiva.

Beneficios del hidrotanque

Dentro de las investigaciones para optimizar los riegos se desarrollaron varios sistemas hidropónicos. El hidrotanque se acerca mucho a este objetivo porque no permite la evaporación del agua del sustrato, de modo que solo se pierde el agua que la planta transpira.

Además, el hidrotanque evita la entrada al contenedor de polvo, semillas extrañas que el viento pudiera acarrear, hormigas u otro tipo de insectos, que en busca de agua pueden introducirse en el sustrato, ovopositar en él para multiplicarse o consumir la savia de la planta.

Repasemos algunos conceptos...

Casi nunca nos preguntamos acerca de la vida de las plantas: cómo se establecen, crecen, se reproducen y mueren. La respuesta es: su ciclo de vida es igual al nuestro.

- **¿Qué condiciones las afectan?** En lenguaje coloquial, diremos: el calor y el frío extremos, el viento circundante y el sistema hidropónico en el cual se desarrollan.

- **¿Cómo se alimentan?**

a) Dióxido de carbono: este gas forma parte del esqueleto de todas las células orgánicas simples, mismas que después dan origen a todos los compuestos químicos que constituyen la materia viva.

b) Energía solar: humanos, plantas y animales requerimos energía para permitir los procesos químicos que originan la vida y el movimiento; aunque existe una diferencia en la forma de absorción. Solo las plantas verdes pueden usar la energía solar directa para su desarrollo, en tanto que humanos y animales requerimos otra fuente energética indirecta, como son los alimentos.

 Todos los seres vivos dependemos de las plantas para vivir.

c) Agua: si la planta no transpirara para perder parte del agua recibida y la conservara en su totalidad, aumentaría su volumen en forma tan descomunal que su estructura sería incapaz de contenerla. Entonces sufriría roturas y moriría. Como puedes ver, dentro de sus funciones fisiológicas, la planta está sujeta a pérdida de agua por evaporación a través de sus hojas. Las plantas suculentas también pierden agua por sus tallos. Para nutrirse y desarrollarse, la planta depende además de los minerales disueltos en el agua.

La hidrorraíz

Un gran beneficio de la hidroponia es la modificación que se presenta en la raíz. Como hemos visto a lo largo del libro, la raíz es el órgano de alimentación de la planta. Si fue sembrada de manera tradicional, la raíz se torna más compacta ya que debe abrirse espacios entre la tierra para continuar su desarrollo. Algunas veces llega a formar una capa exterior más dura como defensa contra insectos y su entorno. Entonces, la excesiva compactación la hace menos permeable y, por tanto, la absorción de agua y nutrientes es más difícil.

Sin embargo, en los sistemas hidropónicos la raíz es altamente permeable, blanca y con olor muy agradable. Además absorbe con rapidez y eficiencia los nutrientes y la aireación. Por su capacidad absorbente y su forma de alimentación, distintas en las raíces de los cultivos tradicionales, desde hace algunos años se le conoce como hidrorraíz.

Figura 17-5:
Hidrorraíz.

Capítulo 18

Riego con válvula *Smart*

· ·

En este capítulo

▶ ¡Verás que con esta maravillosa válvula de importación puedes regar desde dos hasta un número infinito de macetas!

· ·

*E*l sistema de válvula *Smart* para riego por capilaridad es muy popular en Australia y su inventor, Jim Fah, es originario de ese país. Cuenta con diferentes aplicaciones y puedes utilizarla en un sinnúmero de macetas, aunque ahora solo nos referiremos al riego para dos macetas.

Este sistema puede alimentar a un rango muy amplio de plantas. En México, las tiendas que venden productos para sistemas de riego tienen todos los componentes para los riegos tradicionales y puedes adaptarlos a este sistema, aunque de momento la válvula *Smart* es solo de importación.

Figura 18-1:
Fotografía de válvula *Smart*.

Componentes del sistema de riego con válvula Smart

a) Plato base reservorio para soportar dos macetas (sin drenaje).

b) Macetas que contienen el sustrato elegido.

c) Válvula *Smart*, constituida por:

✔ Cuerpo de la válvula

✔ Flotador interior

✔ Flotador externo

✔ Conexión con tuerca a la manguera

d) Entrada a la línea de suministro de agua

e) Tanque de almacenamiento de nutrientes

f) Tramo de **paño absorbente.**

Colocación de la válvula

1) La válvula debe permanecer colocada sobre el paño, en el fondo del plato.

2) Introduce la manguera para riego en la tuerca de cuatro milímetros de diámetro.

3) Conecta la manguera a la válvula.

4) Aprieta la manguera con la tuerca para sujetarla.

5) Conecta el otro extremo de la manguera al tanque de nutrientes, los cuales descenderán por gravedad.

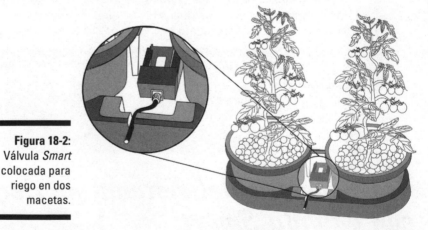

Figura 18-2:
Válvula *Smart* colocada para riego en dos macetas.

Funcionamiento de la válvula Smart

El cuerpo presenta una conexión para manguera que se ubica al frente de los flotadores. Cuando el nivel de líquido es mínimo, los flotadores permiten el paso de solución nutritiva al plato. Ambos flotadores se elevan en el líquido entre un centímetro y hasta 2.54 centímetros (una pulgada) y entonces detienen el paso de solución nutritiva.

El flotador superior permite el paso de aire para liberar la presión del flotador inferior y para cerrar la válvula cuando entra la solución nutritiva. Cuando el nivel de líquido es bajo, cierra la entrada de aire al primer flotador y permite repetir el ciclo (consulta la figura 18-3).

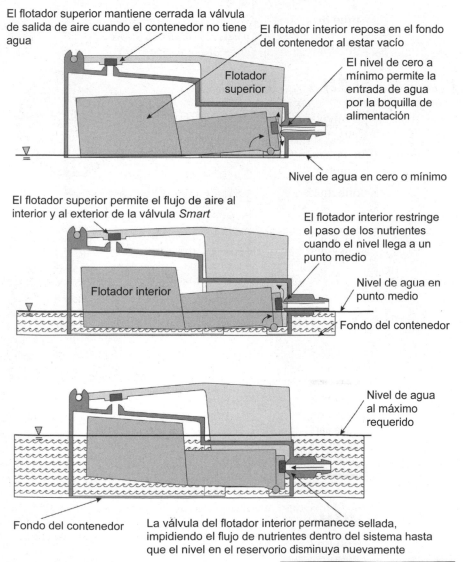

El flotador superior mantiene cerrada la válvula de salida de aire cuando el contenedor no tiene agua

El flotador interior reposa en el fondo del contenedor al estar vacío

El nivel de cero a mínimo permite la entrada de agua por la boquilla de alimentación

Flotador superior

Nivel de agua en cero o mínimo

El flotador superior permite el flujo de aire al interior y al exterior de la válvula *Smart*

El flotador interior restringe el paso de los nutrientes cuando el nivel llega a un punto medio

Flotador interior

Nivel de agua en punto medio

Fondo del contenedor

Nivel de agua al máximo requerido

Fondo del contenedor

La válvula del flotador interior permanece sellada, impidiendo el flujo de nutrientes dentro del sistema hasta que el nivel en el reservorio disminuya nuevamente

Figura 18-3:
Funcionamiento de la válvula *Smart.*

El plato o base (sin drene) debe ubicarse sobre una superficie horizontal y plana por completo. Después coloca en esa base las macetas que contienen el sustrato que elegiste con las plantas. En medio de ambas macetas instala la válvula *Smart*, que estará conectada al tanque de la solución nutritiva.

Coloca el paño en el centro del plato, de manera que cubra la distancia entre las dos macetas. La válvula *Smart* va sobre el paño, para evitar que las raíces la obstruyan (consulta la figura 18-4).

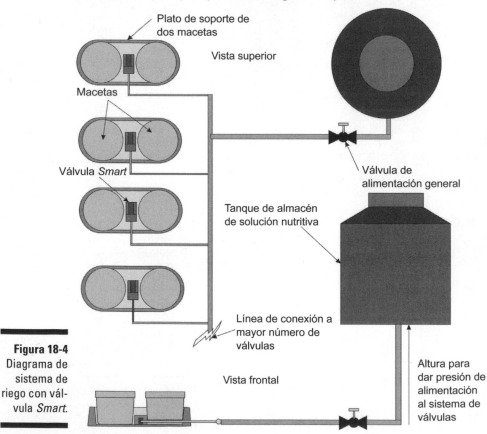

Plato de soporte de dos macetas

Vista superior

Macetas

Válvula *Smart*

Válvula de alimentación general

Tanque de almacén de solución nutritiva

Línea de conexión a mayor número de válvulas

Figura 18-4
Diagrama de sistema de riego con válvula *Smart*.

Vista frontal

Altura para dar presión de alimentación al sistema de válvulas

Tanto el hidro-tanque como la válvula *Smart* presentan muchas ventajas; no obstante, si no deseas importarlos, ¡tú puedes construir tu propio sistema de riego por capilaridad, de acuerdo con tu ingenio o necesidad!

También te sugiero fabricar un flotador en forma muy fácil y económica para tu sistema de capilaridad. ¡Puedes utilizar los materiales que tengas a tu alcance! Lo llamo "flotador propio" y en el siguiente capítulo te explicaré cómo hacerlo.

Capítulo 19

Riego para plantas perennes en interior o exterior que no requieren altos volúmenes de agua

• •

En este capítulo

▶ ¡Aprenderás a hacer un flotador propio y a realizar evaluaciones visuales de las necesidades de solución nutritiva para tus plantas.

• •

El sistema con flotador es útil para controlar el volumen de solución nutritiva en tus cultivos, de manera que la apliques solo cuando puedas comprobar a la vista que la planta ha consumido la anterior y requiere más agua. Así no necesitas aplicar riegos cada determinado tiempo; ya que, como sabes, los riegos "a tiempo" por lo general son programados y automatizados y se aplican a la planta tanto si los necesita como si no.

Cómo elaborar un sistema capilar con flotador

El sistema capilar se compone de:

a) Maceta o contenedor de alrededor de quince centímetros de profundidad, sin drene.

b) Sustrato menudo.

c) Manguera transparente de media pulgada o trece milímetros de diámetro interior, recta y con una longitud de diez centímetros, aunque su tamaño dependerá de la profundidad del contenedor.

d) Varilla o vara indicadora de madera, de alrededor de dos o tres milímetros de diámetro y 16 centímetros de longitud.

e) Corcho de dos centímetros de diámetro y de uno a un centímetro y medio de longitud.

f) Tramo de tubo de PVC con un diámetro interior de tres centímetros y con una longitud de doce centímetros, ranurado de dos a tres centímetros de longitud y del ancho de uno y medio a dos milímetros o al ancho de la segueta. Su función es permitir el paso del líquido en la parte baja del flotador.

g) Cople reductor de PVC de tres centímetros de diámetro exterior y un centímetro y medio de diámetro interior.

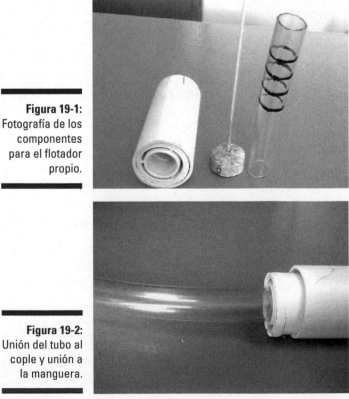

Figura 19-1:
Fotografía de los componentes para el flotador propio.

Figura 19-2:
Unión del tubo al cople y unión a la manguera.

Instrucciones de armado

1) El cople une al tubo y a la manguera transparente.

2) La varilla indicadora se inserta en el centro del corcho.

3) Varilla y corcho se introducen dentro de la manguera transparente.

4) Para determinar las marcas en la manguera, coloca el flotador completo dentro del contenedor, sin sustrato, y marques la posición inicial en la manguera.

5) Agrega agua hasta un centímetro, medido desde el fondo. El flotador se elevará dentro de la manguera y ahí debes hacer la marca de nivel mínimo.

6) Una vez más agrega agua hasta alcanzar dos centímetros y coloca otra marca en la manguera para señalar el nivel óptimo.

7) Para conocer el nivel máximo, agrega agua hasta llegar a los tres centímetros.

La experiencia nos ha enseñado que los riegos pasivos representan una forma fácil y económica de acercarnos al riego natural, que significa remplazar el agua consumida por la planta.

Lo conveniente es nutrir a la planta a periodos cortos. Para este sistema específico de riego, la cantidad de solución nutritiva que permanece en el contenedor debe ser mínima.

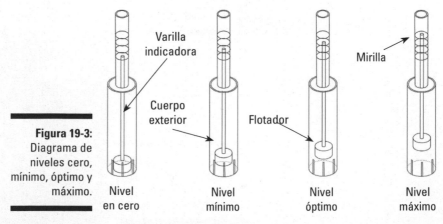

Figura 19-3: Diagrama de niveles cero, mínimo, óptimo y máximo.

Varilla indicadora

Cuerpo exterior

Flotador

Mirilla

Nivel en cero

Nivel mínimo

Nivel óptimo

Nivel máximo

Figura 19-4:
Anturio hidropónico cultivado en sustrato con riego pasivo y con el uso de un flotador propio.

La ventaja principal de construir tu flotador propio es el costo; además tienes la facilidad de ajustar el tamaño del flotador a las diferentes medidas de tus contenedores.

El flotador de importación es práctico, ¡pero si lo fabricas puedes ahorrarte hasta 90% de su costo! Te presento tres ejemplos de flotadores en las siguientes fotografías:

Figura 19-5:
Base y maceta para riego pasivo con flotador de importación.

Figura 19-6:
Orquídea hidropónica sembrada en sustrato con flotador de importación.

Figura 19-7:
Maguey hidropónico de ornato sembrado en sustrato con flotador patentado.

Sistema de riego pasivo sin flotador

Esta forma de riego también es útil para macetas de gran tamaño, incluso para árboles menores. El nivel de la solución nutritiva irá de acuerdo con el plato base o reservorio donde se asienta el contenedor. La profundidad del plato base podrá determinarla el cultivador conforme a las sugerencias en este texto o usará su propio criterio.

Sin embargo, la planta siempre deberá contar con solución nutritiva contenida en el plato base del contenedor y es allí donde podrás determinar a la vista el nivel mínimo, óptimo y máximo de solución nutritiva disponible.

El riego se reduce solo al volumen que puede contener el planto base. Esa cantidad alimentará a las raíces. La supervisión del plato base te permitirá saber cuál es el momento adecuado para aplicar el riego. En el siguiente ejemplo (figura 19-8), la solución nutritiva se ha retirado del plato base para ver con claridad la profundidad requerida para la altura de estas macetas.

Figura 19-8:
Limonarias hidropónicas con riego pasivo por capilaridad sin flotador. Aquí respetamos el volumen de la solución nutritiva en asiento del plato base.

Figura 19-9:
Fotografía de cipreses hidropónicos con riego por
capilaridad sin flotador, con plato base.

Puntos importantes para el riego pasivo

a) El contenedor nunca deberá estar lleno hasta el borde, pero en un periodo de ausencia o de dificultad para vigilarlo, podrá contener hasta 5% más de solución nutritiva que la cantidad regular que marca el flotador.

b) Debes procurar que la planta reciba suficiente luz.

c) La temperatura recomendable es de entre 18°C y 25°C. Evita en lo posible la baja temperatura y la poca luminosidad; además, cuida que el nivel de la solución nutritiva no sea demasiado alto. Lo anterior es aplicable para las plantas grandes de exterior e interior y que viven varios años.

Algunos tipos de plantas se desarrollan mucho y no pueden sostenerse por sí mismas, pues pierden estabilidad, se doblan o se enciman. Esta situación evita el apropiado flujo de la savia y, por tanto, las plantas se deterioran. Sin embargo, puedes ayudarlas de dos formas:

1) Cambia la planta a un contenedor más grande.

2) Colócale un tutor o estaca para sujetarla.

 La caída de algunas hojas es normal y puede presentarse cuando cambies la planta de contenedor, sobre todo en el periodo de adaptación, o por envejecimiento. Si la planta presenta hojas secas o partes enfermas, debes retirárselas.

El cuidado y limpieza de las plantas es necesario tanto para las de interior como para las de exterior, a fin de que su aspecto sea agradable y en verdad sean decorativas. Sacúdelas, rocía sus hojas con agua natural de vez en cuando y remueve un poco el sustrato alrededor del tallo.

Al comprar una planta es conveniente que te asegures de que ya se ha adaptado bien a las condiciones del sitio donde la adquieras. Esas condiciones te darán la pauta para su manejo.

Figura 19-10:
Macetas sembradas con flores en sustrato con riego pasivo sin flotador, Nápoles, Italia.

Figura 19-11:
En una calle de Shanghái, China, flores sembradas en sustrato; el riego es por capilaridad sin recirculación y sin flotador.

Capítulo 20

¡Hagamos hidroponia! ¡Cambia tus plantas de tierra al sistema hidropónico!

En este capítulo

▶ Ha llegado el momento de ensuciarte las manos… ¡es en serio! Es hora de poner manos a la obra y comenzar a crear tu propio invernadero hidropónico.

Si deseas hidroponizar con facilidad tus plantas favoritas que ahora tienes en suelo o en tierra y obtener las ventajas mencionadas a lo largo este libro, basta con seguir las instrucciones y analizar los diagramas adjuntos.

Los primeros cuatro a seis días posteriores al trasplante, tus plantas se adaptarán al nuevo sistema. Más tarde recuperarán su vigor y mejorarán su color. ¡Serán precoces en su floración o fructificación!

Instrucciones

1) Saca la planta de la tierra, sin lastimar sus raíces. No debes arrancarla.

2) Procede a remojar sus raíces en un balde con agua natural, alrededor de dos o tres horas antes de enjuagar.

3) Para limpiar las raíces, sumérgelas y sácalas varias veces del agua limpia dentro de una cubeta. A continuación coloca las raíces bajo un chorro de agua a baja presión.

4) Llena el contenedor elegido desde la base hasta la mitad con sustrato menudo. Coloca la planta sobre el sustrato en forma vertical y asienta con firmeza las raíces sobre el sustrato. Luego agrega el resto del sustrato hasta llegar al borde del contenedor compáctalo un poco para que la planta quede erguida.

5) Aplica el primer riego: baña todo el sustrato y revisa que los niveles de solución nutritiva sean los adecuados.

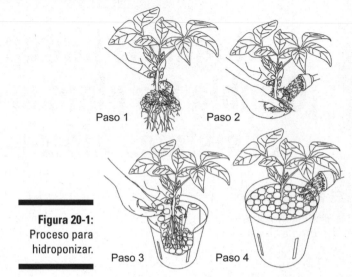

Figura 20-1:
Proceso para
hidroponizar.

Paso 1   Paso 2

Paso 3   Paso 4

Para la siembra en riego pasivo debes contar con:

- **Contenedor con drene,** complementado con una base o plato de profundidad adecuada al tamaño del contenedor. ¿Cuál es el mejor contenedor para tu propósito? Aquel que se adapte a tu espacio, con el color y la forma que coincidan con el entorno donde lo pondrás. Puede ser en el piso, sobre una mesa, en la jardinera de la ventana, etcétera. También puedes construir el contenedor con un material duradero; por ejemplo, usar concreto y dejarlo fijo en el exterior, como sería una jardinera en la ventana o laterales en tus pasillos al aire libre.

El requerimiento principal para el contenedor de la planta es que no se trasmine; es decir, que no permita el paso de la humedad a su exterior o al interior. Por ejemplo, los contenedores que se usan en las florerías y que por lo general son de cerámica o barro horneado y pintado por fuera.

Los contenedores con flores y solución nutritiva, para alargar la vida y frescura de las plantas, pueden ser colocados en oficinas, recibidores, baños, vestíbulos, salones, escritorios, aparadores, ventanas, etcétera. Pueden ser de diferentes formas, como macetas, bandejas, botellas, rectángulos, con la silueta de algún animal, cántaros o la figura preferida del cultivador.

Figura 20-2:
Fotografía de florería con diversos contenedores.

La profundidad del hidrocontenedor variará según el tamaño de la planta y el lugar donde vaya a ser colocado. Con el sistema de riego por capilaridad puedes usar contenedores de un metro para exteriores y de ochenta centímetros para el piso en las entradas o vestíbulos; para jardineras, de veinte, treinta o cuarenta centímetros de altura y para escritorio, entre doce y quince centímetros, incluso más pequeños.

- **Sustrato (sustituto de tierra)** menudo y poroso, no degradable. El sustrato debe estar mojado por completo; es decir, al máximo de su capacidad. Mójalo cuando menos media hora antes de usarlo.

- **Indicador de nivel** (si lo deseas). También puedes calcular el nivel de la solución nutritiva en relación con el plato base.

La mayoría de las plantas mueren por exceso o falta de agua.

El indicador te permite saber cuándo necesita la planta solución nutritiva. El indicador de nivel consiste en un flotador calibrado para conservar un pequeño nivel de solución nutritiva que nunca debe exceder de un centímetro y medio a dos centímetros del fondo.

Solución nutritiva para riego pasivo

Tabla 20-1: Fórmula estática del Colegio de Agricultura de la Universidad de California

Nombre	Fórmula	Cantidad
Nitrato de calcio	$Ca(NH_2)2H_2O$	90 gr
Nitrato de potasio	KNO_3	90 gr
Fosfato de amonio	$C(NH_4)_2HPO_4$	20 gr
Sulfato de magnesio	$MgSO_47H_2O$	30 gr

Debes aplicar el riego pasivo con flotador en macetas pequeñas hasta una altura mínima. Es preferible aplicar riegos frecuentes en volúmenes bajos.

Para un contenedor grande, el volumen de solución nutritiva debe ser mayor y los riegos menos frecuentes. Ten presente que el nivel de la solución nutritiva no deberá elevarse a más de:

✔ Cinco a siete centímetros del fondo en un contenedor grande.

✔ Dos centímetros y medio del fondo en contenedores medianos.

✔ Un centímetro y medio del fondo en contenedores pequeños.

La raíz siempre debe tener suficiente solución nutritiva a su alcance.

Parte V
El negocio de la hidroponia. Los cultivos más comerciales

En esta parte...

Ahora sí, ¡hablemos de negocios! El mundo de los vegetales es inmenso pero, desde luego, existen productos con más demanda en el mercado. Voy a explicarte el tratamiento de los cultivos que podrás vender con más facilidad para que, en poco tiempo, puedas generar un ciclo productivo de cultivo, cosecha y venta... ¡con ganancias permanentes!

Capítulo 21

Tomates

● ●

En este capítulo

▶ El tomate es parte integral de la dieta en muchos países y, al aumentar su preferencia, se incrementa su consumo y valor económico. Vamos a conocer a detalle sus características y las mejores estrategias de cultivo para que tu producción sea óptima.

● ●

La planta es dicotiledónea y pertenece a las familias de las solanáceas. Originalmente fue una planta silvestre en América, pero fue en el centro de México donde adquirió relevancia como parte del menú cotidiano y ceremonial. En náhuatl se le llamaba *tomatl*, pero en otras lenguas de la región, como el quechua o aimara, no aparece.

Si el clima lo permite, el tomate es un fruto perenne; de lo contrario, solo es estacional. Por lo general se multiplica por semilla para propósitos comerciales, aunque para investigación también se utilizan esquejes o axiales.

La semilla

Debe ser del tipo y la variedad adecuados para el mercado. Por ejemplo, el tomate o jitomate bola por lo general se usa para consumo en fresco o rebanado; el saladet o guajillo sirve para la elaboración de salsas y mermeladas; y el uva y el cherry se emplean como adorno en ensaladas.

La polinización

Cuando las semillas son híbridas, son autógamas; es decir, se polinizan solas, aunque algunos cultivadores introducen abejorros en los cultivos para apoyar la polinización de la planta.

Otros cultivadores prefieren el uso de un polinizador mecánico, que consiste en una varilla con movimiento vibratorio para desprender el polen y hacerlo llegar al estigma de la flor.

Requerimientos para la germinación

Se requiere germinador individual, sustrato, semilla y agua natural, que se aplicará hasta que aparezcan las primeras dos hojitas (cotiledones). Más tarde se aplicarán los nutrientes.

Llamamos sustrato al sustituto de la tierra; es decir, aquellos materiales inertes que nos permiten reciclar la solución nutritiva. Algunos ejemplos son perlita, agrolita, vermiculita, lana de roca, tezontle o tepojal. Estos materiales no reaccionan a la acidez de las sales minerales.

Para el cultivo de tomates es recomendable un sustrato compuesto por partículas de entre seis y ocho milímetros. Sobre todo es importante que no se degraden con facilidad y que permitan que la raíz se ventile bien.

También son útiles otros materiales, como cascarilla de coco o de almendra y aserrín, pero no permiten el reciclado de la solución nutritiva ya que se degradan, requieren un tratamiento previo a su uso y provocan un desajuste en la solución nutritiva.

Figura 21-1: Cultivo de tomate en costales de plástico con sustrato de perlita.

El proceso de germinación

Debes depositar la semilla dentro del germinador con el sustrato elegido, más o menos a una profundidad de un centímetro. El sustrato siempre deberá estar empapado con agua natural.

1) Coloca la semilla un centímetro bajo el nivel del sustrato.

2) Aplica más sustrato sobre ella.

3) Agrega agua natural hasta el borde.

4) Agrega los nutrientes.

• Primera fase de la germinación
Una vez que la semilla cuenta con suficiente humedad inicia el proceso de imbibición; es decir, la semilla absorbe agua con rapidez entre las primeras diez a doce horas.

• Segunda fase de germinación
Se hidratan los cotiledones y ocurre la activación de las enzimas.

• Tercera fase de germinación
Setenta y dos horas después de la imbibición se desarrollan pequeñas raíces e inicia el crecimiento. El nivel de temperatura ideal en esta fase es entre 20°C y 25°C.

• Cuarta fase de germinación
Se caracteriza por la elongación de cada una de las partes de la planta.

Los contenedores para el trasplante son todos aquellos recipientes que pueden servirte para contener a tu planta, como bolsas de plástico o cajones de madera fabricados de acuerdo con tu espacio. Sugiero una profundidad desde treinta hasta cincuenta centímetros, según el tamaño adulto de tu planta. Cualquier contenedor debe ser inerte, tener un drene y contar con un ligero desnivel, para permitir el libre paso de agua y evitar encharcamientos.

El trasplante

Cuando la plántula mide entre doce y quince centímetros de altura y la tonalidad de su tallo es verde con morado, con pilosidad abundante, debes trasplantarla.

Las temperaturas

En cuanto a la temperatura, el tomate es menos exigente que el pimiento o la berenjena. La temperatura ideal para obtener una buena producción es entre 16°C y 27°C. Si la temperatura queda fuera de este rango, la planta se daña y la producción disminuye de manera drástica.

Si la temperatura es menor que 10°C en un período de dos a cuatro horas, o más, el crecimiento se detiene y los frutos no tomarán un color rojo sino que quedarán anaranjados. Con temperaturas de entre 2°C y 7°C, la planta se hiela y ya no se recupera.

La humedad relativa

Influye en el desarrollo de la planta y su porcentaje óptimo se encuentra entre 65% y 70%, pues a mayor humedad se presentan problemas fungosos, aborto de flores y agrietamiento en los frutos. Cuando la humedad es demasiado escasa, la fecundidad disminuye por falta de fijación del polen en el estigma. Solo para la germinación recomiendo una humedad relativa de 80%.

Figura 21-2:
Higrómetro: medidor de humedad relativa y temperatura.

Los riegos

Deben ser frecuentes y de caudal ligero cuando la planta está en floración. Después del cuajado del fruto puedes aumentar el volumen de riego y reducir la frecuencia. Reduce el volumen cuando disminuya la producción de la planta.

- El tamaño de la planta depende del tipo de semilla que utilices, lo cual establece su genética:

  ✔ Las **variedades determinadas** solo alcanzan una altura de uno y medio a dos metros y su producción es casi simultánea. Después de producir un número determinado de flores termina su crecimiento y casi no requieren poda.

  ✔ Las **variedades indeterminadas** llegan a medir hasta siete u ocho metros. Son las que se cultivan en invernaderos. La inflorescencia se ubica en la parte lateral del tallo y producen seis o más flores, según la variedad. Su tiempo productivo varía entre ocho y once meses.

• El tamaño de los frutos:

✔ Se consideran frutos pequeños cuando pesan entre sesenta y cien gramos.

✔ Se consideran frutos grandes cuando rebasan 150 a 200 gramos de peso.

La poda

En las variedades indeterminadas se hace un raleo de hojas que se encuentran por debajo del último racimo que se haya recolectado, y de frutos si son demasiado pequeños en comparación con el resto del racimo para evitar carga nutricional a la planta.

Los axiales o hijuelos deben retirarse cuando tengan entre cuatro y seis centímetros de altura. Solo conserva uno o dos tallos principales, como máximo.

Figura 21-3:
Cultivo hidropónico de tomate en Jalisco con *New Growing System*. Variedad indeterminada.

El corte del fruto

Es recomendable hacerlo por la mañana, antes de que el fruto haya alcanzado cierta temperatura, pues si lo cortas caliente aceleras su maduración. Después de la recolección debes trasladar los frutos a un lugar freso y no expuesto al sol.

El tiempo entre la siembra hasta la cosecha puede variar de noventa hasta 120 días, según la variedad de tomate que cultives. Tu proveedor de semillas puede informártelo con exactitud.

Figura 21-4:
Tomates hidropónicos sembrados en lana de roca, con tallos ya cosechados y tejidos para permitir el crecimiento de la planta y que esta pueda continuar su producción.

Capítulo 22

Lechuga

· ·

En este capítulo

▶ ¿Qué tal ser el productor de tus propias ensaladas? ¡Suena excelente! ¡Aprende cómo cultivar lechugas y mira crecer tu negocio!

· ·

Todas las variedades de lechuga proceden de una especie silvestre llamada *Lactuca serriola*, originaria de Asia y el norte de África. Los historiadores han descubierto que la primera civilización que cultivó este vegetal fue la egipcia, hacia el año 4500 a. C., y llegó a China hacia el siglo V d. C. Los romanos la introdujeron en las Islas Británicas y luego llegó a América.

La lechuga es una herbácea de la familia de las compuestas. Las diversas variedades existentes, como arrepolladas, lisas, crespas, verde tierno, verde fuerte, casi blancas, rojizas y en diferentes tonos amarillentos, etcétera, han sufrido modificaciones en cada país que las adopta. La lechuga con característica cabeza compacta (cogollo) y propia para cultivo comercial y transportación fue desarrollada en Estados Unidos.

La semilla

Por su tamaño y espesor, en un gramo se encuentran 800 semillas, si son peletizadas o recubiertas de arcilla, y un poco más de mil en estado natural o en bruto.

Las semillas pueden no nacer por las siguientes causas:
• No son viables
• Germinaron en temperaturas extremas
• Falta de humedad
• Demasiada profundidad de la siembra

Cuando las semillas se han expuesto a temperaturas superiores a 25°C o 30°C pueden entrar en periodo de latencia; es decir, no nacerán hasta que hayan pasado entre seis y ocho semanas. Puede ser que hayan recibido un periodo de refrigeración antes de la germinación.

La germinación

Este vegetal se propaga por semillas. Para su germinación es ideal una temperatura de entre 20°C y 22°C. Las semillas se siembran a una profundidad de cinco milímetros. Se requieren alrededor de cinco gramos de semillas para sembrar cien metros cuadrados.

Cuando la humedad llega a la semilla, esta inicia sus actividades metabólicas de inmediato:

1) En un principio, los coloidales de la semilla inician la absorción y se hidrata toda la superficie, lo cual debilita la cáscara.

2) Se produce la hidratación del protoplasma y se presenta la respiración y síntesis de proteínas, que activan el crecimiento de la raíz.

3) Después de cierto tiempo emerge el embrión, que es la germinación en sentido estricto. Para que esto suceda, es necesaria la presencia adecuada de oxígeno, humedad y temperatura.

Para la germinación de las semillas de lechuga puedes usar gran variedad de sustratos inertes. Si el cultivo tiene fines comerciales, debe realizarse con sembradora automática. El tiempo para el brote puede variar entre dos y catorce días, según el tipo de semilla y las condiciones de germinación.

La raíz

Es una forma pivotante, no muy profunda y muy corta que no rebasa 25 centímetros de longitud. Cuenta con abundantes ramificaciones y más cuando se cultiva en hidroponia, que es cuando se vuelve más permeable. La coloración debe ser siempre blanca.

Si la raíz cambia a color oscuro significa que tiene algún problema, sin importar el sistema hidropónico en el cual la cultives.

Las variedades

Algunas variedades forman cabezas o cogollos bien definidos. Las hojas que componen la cabeza están dispuestas en forma de rosetas extendidas al inicio y después se acogollan, como las romanas. En las variedades abiertas, las hojas se encuentran extendidas como en ramo desde su nacimiento hasta su maduración. A nivel comercial, la lechuga se cosecha antes de la formación del pedúnculo floral.

✔ La lechuga romana se caracteriza por su cabeza compacta que mide quince centímetros de diámetro o más. Sus hojas son friables (se desmenuzan con facilidad), aunque soporta el manejo, el transporte y la comercialización.

✔ La lechuga orejona o criolla es una variedad abierta, aunque en algunos lugares se acostumbra entrelazar y amarrar las hojas para formar con ellas una cabeza alargada. Por su menor calidad de sabor y poca resistencia al transporte se comercializa poco en mercados a gran distancia.

✔ Desde su nacimiento hasta su cosecha, la lechuga francesa o escarola tiene aspecto como de ramo. Se consume en hojas abiertas.

✔ De la lechuga de hoja o lechuga espárrago solo se consume el tallo asado o frito. Las hojas se desechan por su sabor amargo. Esta variedad es poco comercial y se produce en forma limitada.

Las flores

La lechuga florea cuando ha llegado a su maduración. Desarrolla un tallo principal, que puede alcanzar desde treinta centímetros hasta un metro de altura. Al final del tallo se producen las flores, que en algunos casos son blancas, y estas contienen las semillas.

El desarrollo vegetativo

Consta de:

✔ Adaptación después del trasplante

✔ Crecimiento

✔ Formación de cabeza o cogollo

✔ Propagación

El trasplante

Si la semilla ha germinado en forma individual, bastará con que saques la plántula del sustrato para colocarla en el sistema hidropónico elegido. Si la germinación ocurrió en esponja o lana de roca, no debes retirar estos materiales al efectuar el trasplante porque arrancarías las raíces.

Si trasplantas las lechugas a canales sobre un solo nivel, la densidad podrá ser mayor y de este modo las lechugas recibirán suficiente luminosidad para desarrollar mejor su color.

Las variedades de color tienen más valor en el mercado. El color es determinado por la genética, pero la luminosidad les ayuda al desarrollo de los pigmentos antiocianina y clorofila, que colorean las hojas.

Si trasplantas en dos niveles, el inferior recibirá menos luz, por lo cual será conveniente sembrar allí las variedades verdes más espaciadas.

• Número de plantas por metro cuadrado

Para determinar el número de plantas trasplantadas por metro cuadrado es necesario que conozcas el tamaño de la lechuga que deseas sembrar, pues todas las variedades difieren en dimensiones y forma. Por lo general es suficiente dejar libre el área para el desarrollo del vegetal y de dos a cuatro centímetros más de espacio alrededor para evitar el rozamiento. Esta zona sirve también para la circulación de aire.

Si tus lechugas son de la variedad Paris Island Cos, romana, matecosa o bien White Boston, puedes trasplantar desde 20 hasta treinta plantas por metro cuadrado dependiendo del diámetro de la lechuga con el sistema de raíz flotante.

Una opción para optimizar los espacios es hacer el trasplante de las plántulas a una distancia mínima de cinco a siete centímetros entre una y otra. Cuando ya se han desarrollado, trasládalas a una distancia mayor; es decir, puedes hacer dos trasplantes.

La temperatura

La temperatura óptima es aquella que permite el mejor desarrollo de la planta. La mínima indica el límite debajo del cual la planta no puede crecer. La máxima es el límite sobre el cual la planta no se desarrolla, ya que se aceleran sus funciones químicas.

El cultivo necesita la diferencia entre la temperatura diurna y la nocturna:

✔ Para el día requiere entre 14°C y 20°C.

✔ Por la noche requiere entre 6°C y 9°C.

Cuando las bajas temperaturas se prolongan, el color de las hojas se torna rojizo y puedes confundir el síntoma con alguna deficiencia nutricional. Por el contrario, si sometes a la lechuga a temperaturas mayores que 30°C, tiende a desarrollar un tallo floral, sus hojas se vuelven espaciadas, se alarga toda la planta y adquiere un sabor amargo.

En la actualidad se han desarrollado variedades que se adaptan a climas cálidos o fríos.

La humedad relativa

El nivel óptimo de humedad en el aire para el cultivo es entre 70% y 80%. Desde luego, esta humedad relativa es propicia para el desarrollo de hongos; sin embargo, puedes evitarlos con una conveniente aireación del invernadero y con la aplicación de fungicidas no tóxicos en su momento.

La nutrición

Al brotar las primeras dos hojas, la plántula debe recibir solución nutritiva constante. Su concentración debe ser de alrededor de 50% de lo que se usa normalmente para los cultivos hidropónicos. El pH debe mantenerse en 6.5 y la conductividad eléctrica entre 1.5 a 1.75 CE. Tres a seis días antes del trasplante al lugar definitivo, la conductividad eléctrica puede elevarse a 2.00 y en adelante, la conductividad será de 2.00 a 2.5 y podrás mantener el pH entre 6 y 6.5.

La recolección

A partir del trasplante, la lechuga cultivada en invernadero tarda entre 28 y noventa días para su cosecha.

Todas las hortalizas requieren un trato delicado para su recolección y en especial la lechuga. La hidropónica se recolecta en las horas de menor calor y se saca del sistema con todo y raíz, para evitarle una rápida pérdida de humedad.

 Las lechugas deben transportarse separadas de otros productos vegetales que producen etileno, como manzanas, peras, plátanos, tomates, etcétera. Este gas disminuye su calidad.

Medios de conservación

✔ En algunos centros comerciales, las lechugas son empacadas en bolsas de plástico tradicionales para una mejor retención de humedad. Luego se refrigeran a una temperatura aproximada de 3°C a 5°C, para que tengan una vida de anaquel más larga y evitar la proliferación de hongos o bacterias al retardar su respiración.

✔ El enfriamiento al vacío consiste en disminuir la temperatura de las lechugas alrededor de 10°C por espacio de veinte minutos antes de ser almacenadas.

✔ Un medio más es guardar las lechugas en empaques plásticos e inyectar aire frío dentro de los empaques durante diez a quince minutos.

✔ En otros casos las lechugas son sometidas a un proceso de empacado al vacío, donde se extrae el aire de la bolsa y se inyecta una mezcla de dióxido de carbono y nitrógeno. Así son refrigeradas para evitar su normal deterioro y conservarlas frescas por tres a cinco semanas.

✔ Los plásticos modificados permiten el desarrollo de una atmósfera gaseosa en su interior, lo cual disminuye los daños en la lechuga por el proceso de envejecimiento. Tienen una película menos permeable al dióxido de carbono que al oxígeno; por tanto, la acumulación de dióxido de carbono es mayor que la tasa de reducción de oxígeno y esta atmósfera con menos oxígeno disponible provoca aletargamiento en la actividad metabólica de la lechuga; es decir, una respiración mínima. Lo anterior significa lento envejecimiento y mayor vida de anaquel.

✔ Para preparar y comercializar las ensaladas de consumo inmediato que no requieren lavado se necesitan instalaciones especializadas para tronzar, limpiar y secar las hojas. Después del secado mecánico, la máquina selladora extrae el aire presente en el envase para inyectarle aire nuevo, el cual adiciona dióxido de carbono y nitrógeno para la conservación del producto. Tras el envasado mecánico, las lechugas empacadas son colocadas en un ambiente frío.

Capítulo 23

Pimientos

· ·

En este capítulo

▶ Descubrirás los secretos para cultivar esos atractivos vegetales de vivos colores que tanto seducen a la vista en platillos y mercados. Además, su inigualable sabor no puede faltar en ensaladas, parrilladas, brochetas y un sinnúmero de deliciosos platillos.

· ·

El género *Capsicum* abarca todos los géneros de chiles de diversos colores, formas y picores. En 1545 se aplicó por primera vez el término *Capsicom* al chile, que quiere decir "caja o cápsula" por su forma tan particular. Otros estudiosos lo llamaron *Capsicum*, derivado de la palabra griega *kapato* que significa "morder".

En algunos sitios arqueológicos se han encontrado semillas que se supone datan del año 7000 a. C. Cristóbal Colón llevó el cultivo de los pimientos al sur de Europa y de ahí se exportó para Asia y África, después a Norteamérica y a las Colonias Inglesas.

Algunas variedades de chile son más cultivadas que otras y cuenta con diversas aplicaciones: alimenticias, medicinales, cosmetológicas y, en la actualidad, hasta en la industria de los barnices, pinturas y gases lacrimógenos.

Dentro de las variedades más conocidas de chiles mexicanos se encuentran: piquín, chilpaya, habanero, tabasco, de árbol, de agua, serrano, moradillo, gordo, jalapeño, chipotle, pico de paloma, cascabel, meco, largo, carricillo, güero, chilaca, chicoxtle, campanero, costeño, miahuateco, morita, manzano, etcétera, además de muchas variedades que se han desarrollado en otros países y que también se producen en México.

Todas las variedades de *Capsicum* contienen pequeñas cantidades de proteína, grasa, azúcares y caroteno; además son una excelente fuente de vitamina C.

En este capítulo nos concentraremos en el cultivo de los chiles pimientos (*Capsicum anuun*), también conocidos como chile dulce o *pepper bell*.

Son frutos que han alcanzado bastante popularidad en varios países por su baja concentración de picor y por la diversidad de sus colores: rojos, verdes, amarillos, naranjas, chocolate y jaspeados.

México es uno de los más importantes productores y exportadores a nivel mundial de pimiento. En la actualidad ha ganado terreno comercial el pimiento cortado en verde y se vende a mejor precio. Su valor económico es similar al del tomate y la berenjena.

¿Por qué cultivar el pimiento en hidroponia?

Porque puedes aumentar o disminuir el picor y controlar las temporadas de siembra a cosecha, gracias a la durabilidad de la planta, para incrementar el volumen de producción y ofrecer un vegetal sano, completo en sus nutrientes y con larga vida de anaquel.

La planta

Es anual, aunque puede rebrotar y producir un segundo año si aplicas una poda severa antes de que finalice su desarrollo vegetativo.

Las semillas

Un gramo puede llegar a contener entre 120 y 160 semillas. Existen variedades precoces y tardías.

En algunos casos, las semillas pueden presentar latencia, que deriva en un retraso germinativo; esto sucede cuando la semilla procede de una planta vieja o no ha sido almacenada de manera adecuada. El poder germinativo de la semilla es de tres a cuatro años.

Tu proveedor de semillas podrá informarte la cualidad precoz o tardía de las semillas que te venda.

La germinación

La calidad de semilla es determinante en todo tipo de cultivo, pues de ella depende en gran parte el volumen de producción. Por eso es aconsejable utilizar semillas certificadas y con poder germinativo de entre 85% y 95%.

Antes de hacer la siembra y el trasplante, el sustrato debe estar mojado por completo. Te recomiendo un germinador individual, porque las raíces de dos semillas en una sola cavidad podrían dañarse una a la otra.

El sustrato debe tener una capacidad mínima de retención de agua de 40% a 60% y una capacidad de aireación de entre 15% y 17%.

✔ Temperatura óptima para la germinación

El rango conveniente de temperatura es de 20°C a 25°C, que es la óptima. Así, la semilla tendrá su radícula en tres días. La germinación con buena temperatura puede ocurrir a los catorce o quince días. En climas tropicales con alta radiación es recomendable sombrear la germinación.

Con temperatura menor, digamos de 15°C, la radícula puede tardar hasta nueve días en brotar. La semilla a una temperatura ambiente de 40°C no germinará.

El trasplante

Después del brote, el desarrollo de la plántula es lento y puede tardar entre quince y treinta días en alcanzar la robustez; es decir, cuando mide de diez a doce centímetros y ya tiene cinco hojas verdaderas. No debes trasplantarla con mucho follaje porque la planta puede defoliarse y el tallo puede quedar hueco. Si realizas el trasplante con la planta demasiado pequeña, tu cosecha se retrasará.

Densidad de siembra

Si es posible intenta la doble fila con una distancia de cincuenta a sesenta centímetros entre una fila y otra, con una separación entre dobles filas de alrededor de metro y medio. La distancia entre plantas dentro de la misma fila debe ser de treinta a cuarenta centímetros. La cantidad de plantas puede variar por hectárea entre 20 000 y 25 000, lo cual depende del sistema empleado y de la luminosidad disponible.

En buenas condiciones de luz puedes mantener hasta cuatro plantas vigorosas, con sus respectivos tallos productivos, por metro cuadrado. Con baja luminosidad disminuye la densidad de dos a tres plantas con dos tallos como máximo.

• **¡Mira la producción hidropónica!**

✔ De pimiento rojo: 26 kg/m^2.

✔ De pimiento verde: 32 kg/m^2.

Para la producción del pimiento puedes dejar solo de uno a dos tallos por planta, según el espacio y la captación de luz.

El tutorado

Figura 23-1:
Pimientos con
tutores.

Cuando la planta mide de treinta a cuarenta centímetros, ya requiere un tutor o sujeción para el tallo principal. En su altura media, los tallos de la planta son frágiles y en la mayoría de los casos requieren tutores.

Las cuerdas de nailon o rafia son materiales de manejo cómodo y no dañan a la planta. Es necesario que los soportes sean lo bastante fuertes para sostener tanto a la planta como a los frutos. En algunos casos también se usan soportes laterales rígidos, similares al tutorado del tomate, para lograr la verticalidad de la planta.

El desarrollo de la planta

Al crecer la planta, cuando ha formado de nueve a once hojas, bifurca sus tallos y los llena de follaje. Su altura puede variar desde cincuenta centímetros hasta dos metros.

Una técnica para dar un soporte firme a la planta es eliminar los axiales o tallos secundarios y dejar solo uno o dos tallos principales, hasta que hayan engrosado, así como retirar las primeras flores. La idea es mantener el vigor de la planta y que los tallos puedan sostener el peso de los frutos.

Si cuentan con poca luminosidad, los tallos se alargan demasiado y se vuelven frágiles, por lo que no podrán soportar el peso de los frutos.

Siempre debes retirar las hojas inferiores, en especial en invierno, para facilitar el paso de luz y aire a la parte basal de la planta.

Figura 23-2:
Pimientos
hidropónicos.

 Cuando la planta es de crecimiento tardío, con entrenudos medios o cortos, resulta poco frondosa y resiste mejor las temperaturas.

La temperatura

El pimiento es un fruto tan exigente en cuanto a la temperatura como la berenjena; por tanto, para lograr una fecundación excelente y obtener una buena cosecha, tu cultivo requiere una temperatura mínima de 12°C a 15°C por la noche y entre 22°C y 25°C durante el día. Si cuenta con muy buena luminosidad, la planta puede tolerar temperaturas un poco más altas.

 Con temperaturas inferiores a 10°C, la planta disminuye su desarrollo, el polen se debilita y no puede fecundar. Entonces, la planta se deteriora. A 0°C la planta se congela y muere. Con temperaturas más altas, la planta desarrolla mayor masa vegetativa pero produce menos flores y, como consecuencia, menos frutos.

La humedad relativa

Lo conveniente para este cultivo es entre 65% y 70% de humedad relativa. Si es mayor, la planta aumenta su masa vegetativa y se presentan ataques fungosos. Si la humedad relativa es baja y la temperatura elevada, las flores y los frutos recién cuajados se caerán.

Los riegos

No es conveniente aplicar los riegos sobre la planta sino sobre el sustrato. El pimiento es demandante de humedad en su etapa joven; sin embargo, al inicio de la floración es recomendable evitar el exceso de humedad porque provoca aborto de flores y, por tanto, disminución en la producción.

Después de la floración, si la humedad escasea, la planta toma un color verde oscuro y se tuercen las hojas, caen las flores y el sabor del fruto es más fuerte, es decir, más picante.

Si el cultivo se realiza en el sistema de sustrato, ya sea en contendor, bolsa de plástico o tinas, el cultivador puede probar a razón de quince a veinte litros de solución nutritiva por metro cuadrado, según el tipo de sustrato, y ajustarlo a las condiciones climáticas.

No es conveniente aplicar riego por aspersión sobre la planta, pues podrías dañar la floración. Si decides podar para darle mayor luz a la planta, aplica de inmediato un riego discreto para inducir nueva vegetación.

Instala un buen drenaje. La planta es susceptible a una alta salinidad, por lo cual es conveniente hacer un riego con agua natural cada tercera semana.

Después de cada cultivo son indispensables las desinfecciones tanto del sustrato como de las instalaciones.

La producción varía entre un sistema y otro. En el sistema NFT, cuando la temperatura ambiente es de 20°C, debes hacer circular dos litros de solución nutritiva por minuto.

Evita la deficiencia de calcio (Ca) porque aumenta la sensibilidad de la planta a las enfermedades vasculares. Una aplicación excesiva de magnesio (Mg) interfiere con la absorción de calcio y hará más vulnerable a la planta a un ataque de *verticilium* y *fusarium*.

La floración

Cuando la planta tiene un grado de madurez de alrededor de diez hojas por rama se produce la primera floración. En condiciones favorables, la floración es continua y las flores aparecen solitarias en cada nudo del tallo; es decir, en las axilas de las hojas. Las flores son autógamas. En algunas variedades la primera flor aparece en la primera cruz y suele dar un fruto muy grande.

Por naturaleza la planta aborta algunas flores, pero si hay falta de luz es probable que las flores abortadas sean demasiadas.

La fructificación

✔ En el caso del pimiento verde cultivado en invernadero, desde la fecundación de la flor hasta la fructificación pasan entre 18 y 23 días, según las variantes de solarización y temperatura.

✔ En invernadero hidropónico, el tiempo requerido desde el trasplante hasta la cosecha puede ser hasta de tres meses.

✔ La espera a campo abierto es mayor: puede llegar hasta los cinco meses.

Las hojas que se encuentren cerca de los frutos siempre deben recibir luz para realizar su fotosíntesis. En los periodos de alta radiación es conveniente que los frutos reciban sombra para evitar el golpe de sol o las quemaduras.

La poda y el corte de la flor

Para fortalecer el tallo de la planta es necesario practicarle una ligera poda. También es importante evitar que produzca frutos cuando aún es muy joven, porque se debilita.

Cuando la planta tiene un excesivo crecimiento vegetativo, debes retirar las hojas más viejas que se encuentran por debajo de las flores. Con la poda obtienes buena ventilación y evitas ataques fungosos, como la botritis.

La mejor poda consiste en eliminar las hojas y brotes hijos que salgan en el tallo principal, por debajo de la cruz de las dos primeras ramas de la planta. Los brotes se eliminan cuando la planta se encuentra bien estructurada y nunca debe podarse hasta que haya desarrollado las primeras ramas de la cruz.

Si retiras los hijos de la planta cuando aún es muy joven, el tallo queda débil y puedes provocar su ahilamiento.

Si se presenta una vegetación exuberante, es conveniente cortar algunas ramas del interior del follaje. Así favorecerás el cuajado de los frutos. Al inicio del desarrollo de la planta no debes permitir el cuajado de flores que nacen en la cruz, pues retrasan el desarrollo de los siguientes frutos.

✔ La poda de fortalecimiento consiste en eliminar las ramas que se encuentran arriba de las segundas cruces de la planta.

✔ Los cortes de los tallos se realizan por encima de la primera o segunda yema, contadas a partir del punto de unión con el tallo secundario.

✔ Al eliminar los brotes del resto de la planta, solo queda el tallo base y los dos tallos de la primera cruz, cortados a dos o tres yemas, según la fortaleza de la planta.

✔ En los tallos que quedan es conveniente dejar algunas hojas; después, el rebrote de la planta será extraordinario y treinta días más tarde tendrá una abundante floración.

Cuando es excesiva la floración y el cuajado de frutos, es necesario efectuar un raleo a criterio para mejorar el tamaño de los frutos: elimina algunas flores en los primeros tres o cuatro nudos, dos o tres veces.

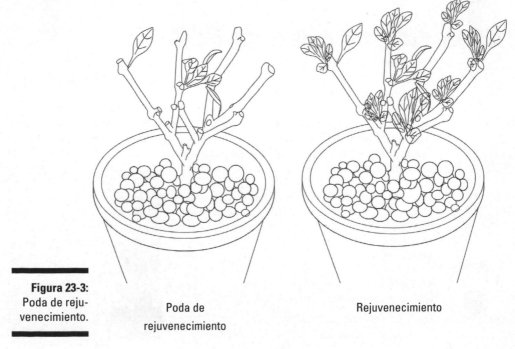

Figura 23-3:
Poda de rejuvenecimiento.

Poda de
rejuvenecimiento

Rejuvenecimiento

Los frutos

• Peso de los frutos

Varía de acuerdo con las condiciones climáticas y la longitud de cada fruto. Los pimientos grandes miden entre 18 y veinte centímetros y pueden pesar hasta 300 gramos por unidad. Los pimientos chicos miden entre ocho y diez centímetros y su peso es de alrededor de cien gramos.

• Formas del fruto

Figura 23-4:
Formas del
pimiento.

Cónico alargado   Rectangular   Cuadrado   Cónico

✔ Cuadrada, mide lo mismo de ancho y de largo.

✔ Rectangular, mide más de largo que de ancho.

✔ Cónica, con sección longitudinal de diferentes tamaños.

Al inicio todos los pimientos son verdes con diferentes tonalidades; también tienen entre tres y cinco lóbulos. Los hay de pulpa gruesa (seis milímetros) y de pulpa delgada (2.5 milímetros) y el nivel de picor puede clasificarse en bajo, mediano o mayor, según la cantidad de capsaicina presente, que es la sustancia que da el picor.

Figura 23-5:
Pimientos cortados
en verde dentro
del contenedor de
recolección.

• **Variedades comerciales**

Alba, Alberto, salsa, Nassau, orobello, inia, eagle, picol, supremo, especial, monte, bell boy, dominó, Spatacus, evident, reflex, rubino, monza, spirit, ultra, concreto, Kelvin, Bianca, Nakita, Nairobi, sovereign, Slatki, King Arthur, Camelot, Merlín, Excalibur, wizard, Navolato, barón, valiant, Aladdin, North Star, Bamoa, chocolate beauty.

Los colores pueden ser naranja tipo californiano, amarillo, chocolate, diferentes tonalidades de verde, rojo o violeta. Los lóbulos o cascos del fruto son diferentes, según la variedad que cultives.

Para las plantaciones tardías recomiendo frutos de tamaño grande con cuatro lóbulos, pues la planta es vigorosa, tiene frutos semilargos y se adapta bien a temperaturas bajas y altas.

La cosecha

El tiempo transcurrido entre el trasplante y la cosecha puede ser de entre 90 y 120 días.

Cuando se hace la cosecha en verde del pimiento, debes cortarlo al inicio de su maduración fisiológica, que se asocia con el brillo de su color verde y la dureza o consistencia de la pulpa.

Si hay demasiada humedad o rocío, no debes recolectar porque hay riesgo de fermentación al almacenar los pimientos. Entre un corte y otro debes dejar pasar entre ocho y doce días, lo cual depende de la variedad y el clima.

Según la variedad de pimiento difiere el número de frutos: de seis a ocho pimientos por planta, en variedades de fruto grueso, y hasta cuarenta a sesenta pimientos en las variedades de alta producción, con fruto largo y de poco peso.

Si la temperatura es cálida te sugiero cortar una o dos veces por semana. Elimina los frutos que carezcan de valor comercial.

El almacenamiento

Después del corte es conveniente mantener los pimientos a una temperatura de entre 9°C y 10°C, con humedad relativa de entre 80% y 90% para retrasar el envejecimiento y darles más larga vida de anaquel. El enfriamiento por aire forzado también da buenos resultados.

Al refrigerar el fruto, a pocas horas del corte y con la humedad relativa sugerida, evitas la pérdida de agua y de peso. De igual manera, el pimiento cortado puede durar en buen estado entre treinta y 35 días a temperatura de 10°C y con humedad relativa de 80% a 85%, con lo cual mantendrá su firmeza.

El encerado del fruto ayuda a evitar el frotamiento entre ellos y limita la pérdida de agua. Si usas empaque de cartón con propiedad de retención de humedad, los frutos deben introducirse fríos. También puedes usar bolsas de polietileno con perforaciones.

Enfermedades y plagas más comunes en el pimiento

- **Arañas roja y blanca.** Las plantas presentan daños y amarillamiento en las hojas, que se deterioran porque estos insectos se reproducen a alta velocidad y consumen la savia.

- **Minador (*Liriomyza trifolii*).** La mosca adulta oviposita entre la epidermis de las hojas; al nacer, las larvas (amarillentas) se alimentan del tejido parenquimatoso y forman galerías dentro de la hoja. Si nacen demasiadas larvas, pueden perjudicar los brotes y debilitar la planta. Esta plaga no daña los frutos.

- **Mosca blanca (*Trialeurodes vaporariorum*).** Es una plaga difícil de erradicar que ataca al pimiento, sorbe la savia y deposita huevecillos en el envés de las hojas con una reproducción exponencial. La planta se debilita y las partes donde la mosca blanca deposita su mielecilla tienden a pudrirse.

- **Pulgón (*Macrosphum euphorbia*).** Es un vector de virus característico de las solanáceas, sobre todo tomate, papa y melón. Al igual que otros insectos, vive de la savia y es muy voraz.

- ***Alternaria solani.*** Es un hongo que produce manchas aisladas e irregulares de color oscuro en las hojas. También en los frutos aparecen manchas rodeadas por zonas amarillas, por lo que deben desecharse.

- **Antracnosis,** producida por el hongo ***Gloesporium piperatum (Colletotrichum piperatum).*** Daña los frutos en forma irremediable, pues les produce manchas circulares hundidas. Si hay demasiada humedad en el ambiente, las manchas se rodean de círculos concéntricos de color rosa. Si el problema alcanza a las semillas, los hongos serán culpables de contagio en futuros frutos.

- *Botritis Cinerea.* Esta plaga ataca tallos, hojas y frutos, los cuales se marchitan y mueren. El daño se produce en las uniones de los tallos y pecíolos de las hojas y forma manchas necróticas que rodean al tallo afectado y cubren la parte dañada con un moho grisáceo. Entonces la planta aborta tanto flores como frutos.

- **Hongos *Cercospora melongenae* y *Cercospora capsici*.** Atacan al pimiento y a las hojas, que presentan manchitas circulares de alrededor de un centímetro, de color más claro que la planta y con borde oscuro. Luego se desprende el tejido y quedan agujeros. Algunas veces la planta pierde hojas en exceso.

- *Cladosporium capsi, Sclerotinia seclerotiorm.* La plaga se manifiesta en el envés de la hoja con pequeñas manchas circulares y ovales realzadas de alrededor de un centímetro; si la presión de la plaga es muy fuerte, las manchas cubren toda la hoja y esta cae.

- *Fusarium, Oxysporum.* Esta plaga produce desecación a partir de la base; en algunos casos la planta muere pronto.

- *Pseudomonas solanacearum.* Produce marchitez bacteriana, acompañada por amarillamiento y necrosis en los bordes de las hojas.

- **Necrosis medular (*Pseudomonas corrugata*).** Es una enfermedad bacteriana que afecta los vasos de los tallos, produce clorosis y forma manchas necróticas en las hojas.

- **Hongo oidio (*Leveillula taurica phytium*).** Propicia la aparición de manchas purulentas de color amarillento con pelusilla blanca en el envés de las hojas.

- *Phytophtora (Phtytothora).* Daña raíces, base del tallo y parte aérea. Aparecen lesiones acuosas color verde oscuro a la altura del sustrato; en la parte alta, en el envés de las hojas se presentan manchas grandes e irregulares; la raíz se oscurece. La contaminación puede provenir de riegos con aguas contaminadas, de las semillas, de plantas enfermas o de visitantes ajenos al invernadero.

- *Verticilium dalhiae.* Ataca al pimiento con marchitez progresiva y puede dañar partes o la totalidad de la planta, la cual se enaniza. El follaje se torna amarillento, las hojas se enrollan y los vasos capilares enfermos presentan un color negruzco.

- **Rizoctonia (*Erwinia carotovora*).** Provoca podredumbre bacteriana blanda. Se propaga en todo el fruto desde el pedúnculo, la piel se ahueca y se torna rugosa y húmeda; los tallos presentan manchas oscuras y se pudren.

• **Virosis.** Hay gran diversidad de virus. Las manifestaciones más comunes son:

a) Decoloración del tono verde que forma un mosaico.

b) Hojas con aspecto filiforme. En ataques severos las hojas quedan reducidas a las nervaduras.

c) Manchas tenues en forma de anillos entrelazados en el tejido del fruto.

d) Estrías necróticas en los tallos y hojas.

e) Hojas pequeñas, amarillentas y violáceas.

f) Entrenudos cortos y plantas achaparradas.

¡ADVERTENCIA! No siempre la planta muere por un ataque virótico, pero merma su rendimiento. Sin embargo, el daño en los frutos es irreparable.

Virus que pueden atacar al pimiento

• **Virus del mosaico.** Las hojas presentan manchas color amarillo claro, parecidas a un mosaico, y se enanizan; los frutos se deforman, se manchan de amarillo y su tamaño disminuye.

• **Virus de mosaico del pepino.** Las hojas forman mosaicos que se necrosan, se rizan las nervaduras y el limbo toma forma retorcida, muy cercana al filiformismo. Los frutos presentan anillos concéntricos muy blandos; la maduración es irregular y aparecen estrías en la piel. La transmisión es provocada por insectos chupadores.

• **Virus "Y" de la papa.** Provoca amarillamiento y oscurecimiento en las nervaduras; la hoja presenta forma de barquillo; los frutos se deforman y los tallos presentan estrías necróticas horizontales.

• **Virus bronceado del tomate.** Las hojas adultas presentan anillos concéntricos que se necrosan; también hay deformaciones en los brotes. En los frutos aparecen pequeños puntos negros.

• **Medios para evitar los virus**

a) Usar semilla certificada.

b) Sembrar variedades resistentes o tolerantes.

c) Aplicar una desinfección total en el manejo del cultivo.

d) Evitar contagio con plantas de tierra.

e) Evitar vectores de transmisión (insectos).

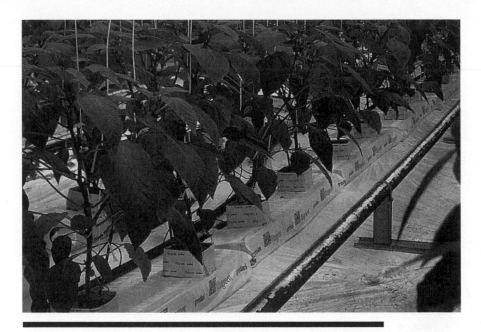

Figura 23-6:
Pimiento hidropónico en desarrollo, sembrado en lana de roca en Canadá.

Figura 23-7:
Producción de pimiento amarillo hidropónico, cultivado en lana de roca, Grodan, Países Bajos.

Capítulo 24

Brócoli

. . . .

En este capítulo

▶ ¿Sabías que el delicioso brócoli es uno de los vegetales con más contenido de antioxidantes? Es por ello que se ha puesto de moda y ahora lo consumen muchas personas que no solían hacerlo. Aquí aprenderás cómo cultivarlo y cuidarlo, porque puede convertirse en tu producto estrella para la venta.

. . . .

Es un vegetal que pertenece a la familia de las crucíferas, su nombre botánico es *Brassica oleracea*. Es una variedad derivada de la coliflor que presenta pellas pequeñas.

Figura 24-1:
Brócoli.

*L*a raíz de la planta es pivotante, desarrolla raíces secundarias y algunas veces raíces superficiales. Todas sus hojas son erizadas, erectas y de color verde intenso. El color de las pellas puede variar entre verdes, grises o moradas. Su característica es que la planta produce una pella que florece en el brote principal y varias pellas pequeñas en las axilas de las hojas.

La germinación

La semilla se germina en sustrato menudo y no degradable; las temperaturas óptimas para un buen desarrollo y un brote homogéneo varían entre 18°C y 20°C. Si el germinado se somete a temperaturas de 5°C a 10°C, no nace ninguna semilla; en un germinado a una temperatura mayor que 30°C, la germinación es escasa y con mucha dificultad. A una temperatura óptima de entre 15°C y 20°C, el brote puede tardar de cinco a seis días.

Las semillas

Por gramo puedes encontrar entre 250 y 300 semillas para la compra. Solicita a tu proveedor que la viabilidad no sea menor que 80%.

El trasplante

El tiempo requerido para que la planta alcance su robustez para el trasplante puede variar de veinte a 25 días, lo cual depende de las condiciones nutricionales y la temperatura.

Por ser planta de hojas, la humedad relativa desempeña una función muy importante en su desarrollo

Los contenedores

Te sugiero contenedores de alrededor de 1.20 metros de ancho con profundidad de cuarenta a cincuenta centímetros. La distancia entre una planta y otra oscila entre treinta y cuarenta centímetros, según la variedad de brócoli.

Los riegos

Al inicio deben ser con poca solución nutritiva, pero frecuentes. Durante el desarrollo puedes incrementar el volumen de solución, sin provocar encharcamientos en el sustrato. Sobre todo, no excedas la humedad relativa por el riesgo de que la planta enferme de fungosis.

La temperatura

Para la fase de crecimiento normal debe ser entre 20°C y 24°C. Para el inicio de la inducción floral, el brócoli requiere temperaturas de entre 10°C y 15°C y resiste temperaturas de hasta 50°C, pero solo durante dos o tres horas.

La humedad requerida

Para el buen desarrollo de este vegetal debe ser de entre 60% y 75%. En su etapa reproductiva es exigente de humedad en el sustrato.

Es recomendable en todo momento que el cultivo tenga buena ventilación.

El desarrollo de la planta

a) Durante su desarrollo solo produce hojas.

b) La inducción floral es cuando inicia la formación de las flores. También durante esta etapa se desarrollan hojitas en la base de la planta.

c) La formación inicia cuando el brócoli presenta una pella en la yema terminal. Al mismo tiempo, la planta induce la floración de nuevas pellas mucho más pequeñas en los axiales de las hojas.

d) En su fase de floración, los tallos desarrollan su longitud y es entonces cuando se produce la apertura de las flores.

Las variedades

Existen variedades precoces que producen a los 55 o sesenta días; las variedades tardías producen a los ochenta o 95 días.

Algunas variedades comerciales son coaster, admiral, Refugio, centella, Marisa, verdor, capulleto, rayado, somero, shogun, casella, etcétera.

Plagas más comunes del brócoli

• *Liriommyza trifolii.* Minadores de hojas.

• **Mosca de las coles.** Oviposita larvas en el cuello de las pellas que penetran hasta la raíz de la planta. Las larvas pueden destruir la yema principal y atrofiar su crecimiento.

• **Oruga de la col (*Pieris brassicae*).** Las mariposas con manchas negras ovipositan en la planta y las orugas consumen las hojas, lo cual daña la producción.

• **Alternaria (*Alternaria Brassicae*).** Desde el nacimiento de las hojas forma manchas negras con anillos concéntricos de color más fuerte.

• **Mancha regular** (*Mycisphaerella brassicicola*). Daña a la planta al formar unas manchas circulares que pueden alcanzar de uno a dos centímetros; además deshidrata las hojas al marchitar la parte manchada.

• **Mildiu (*Peronospora brassicae*)**. Forma minúsculas manchas amarillas de forma angular y por el envés de las hojas se forma una pelusilla de color grisáceo blanquecino.

Por tratarse de un cultivo hidropónico no es necesario mencionar las plagas de suelo.

Capítulo 25

Espárrago

● ●

En este capítulo

▶ Este vegetal es tan delicioso y versátil que no tendrás dificultad alguna para encontrar clientela. Por su agradable sabor y valor nutricional, el espárrago ha adquirido buen precio en el mercado; además, por su larga duración de cultivo resulta muy rentable.

● ●

El espárrago pertenece a la familia de las liláceas y su nombre botánico es *Asparagus oficinales*. Su cultivo es duradero: puedes obtener cosechas durante ocho a diez años.

El cultivo del espárrago en verde

Al cultivo se le aplican cuidados diferentes respecto de otros vegetales; dentro de sus requerimientos se encuentra el aumento de volumen del sustrato a medida que pasa el tiempo. Puedes realizar esas labores opcionales cada dos o tres años y, por ser operaciones repetitivas, las dominarás muy pronto.

Si cultivas con el sistema hidropónico obtendrás más ventajas de tu producción, ya que puedes controlar las variantes climatológicas y evitas las enfermedades del suelo.

La propagación

Puede realizarse por semilla, por esqueje o por garra. En general se le llama garra, medusa, bricaria o manopié a la raíz de la planta, que sirve para su multiplicación. Las raíces principales del espárrago son cilíndricas y muy gruesas; también cuenta con raíces secundarias.

En un invernadero puede desarrollarse la garra o bricaria a través de la siembra de semilla. Cuando se multiplica por semilla, el desarrollo tarda de seis a ocho meses.

Para ahorrarte el tiempo del desarrollo, lo recomendable es adquirir la garra y sembrarla. Hay invernaderos que se dedican a la producción exclusiva de las garras.

En el cultivo hidropónico, después de la siembra de la garra y con un buen sustrato, puedes obtener la primera cosecha al año o un poco antes. En el cultivo en suelo debes esperar casi tres años para la primera cosecha.

Las yemas o madres son los órganos de donde nacen los turiones, que son la parte comestible. Cuando dejas vegetar los turiones se convierten en tallos ramificados de la planta o lo que conocemos como follaje.

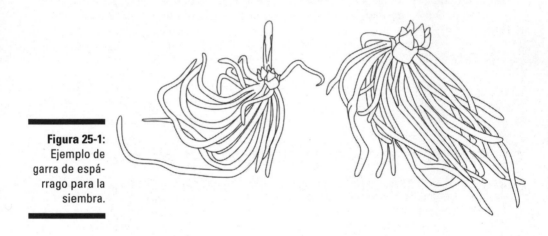

Figura 25-1:
Ejemplo de garra de espárrago para la siembra.

Los contenedores o zanjas

Para la siembra te sugiero usar contenedores, si es una instalación pequeña o mediana.

Cuando cultivas en un terreno de mil metros cuadrados o mayor, ya es aconsejable cavar zanjas en el suelo con una longitud de seis a doce metros o más y una profundidad de cuarenta a cincuenta centímetros, con alrededor de un metro de ancho y un desnivel de 0.5%, para el desalojo de la solución nutritiva y así evitar encharcamientos.

Después hay que recubrir la zanja con cemento y arena y pulir el recubrimiento. Cuando el cemento se haya secado por completo, debes colocar un plástico como base a todo lo largo de la zanja para recibir el sustrato. Así evitarás el contacto de la planta con la tierra y el desperdicio de solución nutritiva.

El sustrato para la siembra

Los sustratos que puedes usar son gravilla, tezontle, arena gruesa, perlita u otro material similar, inerte y duradero. Como las yemas de la garra en cada temporada son más superficiales, después del segundo o tercer año te convendrá realzar el nivel de sustrato.

La siembra

El peso de una buena garra es de entre 25 y treinta gramos, indicativo de que es útil para obtener una buena cosecha. Si la garra ha sido desarrollada en tierra, antes de la siembra debes aplicarle una desinfección con un fungicida que contenga azufre y cobre elemental. Estas sustancias no son tóxicas, pues son minerales que consume la planta en mínimas proporciones; sin embargo, debes tomar en cuenta las siguientes consideraciones:

1) Enjuaga la garra con agua natural.

2) Oréala alrededor de media hora a la sombra.

3) Enjuágala con el fungicida.

4) Ventílala una vez más por diez minutos.

5) Siémbrala.

Coloca la garra en el sustrato con las raíces extendidas y las yemas hacia arriba, a una profundidad de diez a quince centímetros bajo la superficie del sustrato. La densidad de siembra recomendable es entre cuatro y cinco garras por metro cuadrado.

A continuación cubre la garra con sustrato y luego compacta un poco. La superficie debe quedar uniforme y lisa. Ten en cuenta que en cada temporada que vegetan, las yemas del rizoma, tienen un nivel un poco mayor que en el anterior.

El desarrollo del cultivo

Los tallos de la planta brotan de las yemas de la garra; son aéreos y ramificados y sus raíces acumulan reservas para obtener la producción de puntas o protuberancias vegetales comestibles, llamadas turiones. El crecimiento de los turiones se hace en las células meristemáticas de la yema terminal o cabeza.

Sus raíces principales son duraderas, pueden vivir desde dos hasta cinco años y son sustituidas en su momento por raíces nuevas que se desarrollan sobre las anteriores. Así es como la raíz se acerca a la superficie con el paso del tiempo.

Como las yemas de la garra crecen cada vez más hacia la superficie por temporada, después de dos o tres años debes elevar el nivel del sustrato.

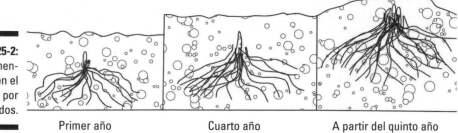

Figura 25-2: Incremento en el sustrato por periodos.

Primer año   Cuarto año   A partir del quinto año

La planta es dioica, es decir, produce plantas machos y hembras. Las plantas macho son más productivas, longevas y precoces.

Al aumentar el número de plantas en el mismo espacio, disminuye la producción; por tanto, es conveniente hacer un raleo de garras de tiempo en tiempo.

✔ Durante el año la planta pasa por cuatro etapas de desarrollo:

a) Desarrollo vegetativo. Este periodo se inicia desde la siembra de las garras hasta obtener un follaje abundante, de una altura aproximada de 1.20 a 1.50 metros. En este proceso, la planta acumula las reservas que requiere para la producción de turiones y tarda entre 2 y 2.5 meses. Al llegar el follaje a la altura mencionada y presentar un discreto amarillamiento, se corta toda la vegetación al ras del sustrato. La altura y el follaje indican que la planta ha madurado y acumulado suficientes reservas.

b) Tutores. Debes tutorar el follaje para evitar doblamientos, las oclusiones para el paso de la savia y el perjudicial encamado. Para controlar el exceso de humedad en el follaje, el cultivo debe contar con mejor aireación y mayor solarización.

c) Periodo de hibernación. Ocurre después de hacer la rasa de todo el follaje y es cuando se espera el brote de los turiones. Estos habrán consumido las reservas que la planta acumuló durante el periodo vegetativo para su desarrollo.

Durante este periodo te sugiero hacer riegos por aspersión, para que la humedad sea uniforme, y no olvides contar con un buen drenaje.

d) Periodo de brote. Pocos días más tarde brotarán del sustrato los turiones y su recolección podrá hacerse entre sesenta y ochenta días después. Si se prolonga la recolección, para el siguiente periodo vegetativo la planta estará debilitada y no tendrá suficientes reservas radiculares para absorción de nutrientes, lo cual provocará una considerable disminución en la próxima producción.

e) El **nuevo periodo de desarrollo** vegetativo iniciará al terminar el corte de turiones.

Figura 25-3:
Ilustración de
espárragos.

Las temperaturas y la humedad relativa

El cultivo en invernadero brinda a la planta las condiciones óptimas para un rápido desarrollo, mayor longitud y más turiones, con tejidos más tiernos y sanos. Esto se debe a que la planta no está expuesta a las inclemencias del ambiente ni a las plagas de suelo.

La temperatura ideal para el desarrollo del follaje es de entre 12°C y 14°C después del brote de la planta. La temperatura ambiente para la producción de turiones debe ser de entre 17°C y 25°C, pues con la calidez se inicia el movimiento del rizoma enterrado y los turiones brotan de inmediato.

Figura 25-4:
Espárragos.

✔ Si la temperatura es de 1°C, el meristemo apical del turión se hiela.

✔ A los 10°C, la planta detiene su desarrollo.

✔ Su punto óptimo se encuentra entre 18°C y 25°C durante el día; por la noche es entre 12°C y 14°C.

✔ Con una temperatura superior a 35°C, el turión encuentra dificultades para su desarrollo y pierde sabor.

✔ La humedad relativa óptima en todo momento oscila entre 60% y 70%.

Si utilizas riego localizado o goteo, te sugiero colocar un gotero a cada lado de la planta con el objeto de que el riego sea uniforme a ambos costados.

La recolección

Al inicio de la temporada, la recolección de turiones debe ser alternada; es decir, un día sí y otro no. Si la temperatura es elevada, entonces debes recolectar a diario.

Si el clima es frío en la primera etapa de recolección, debes cortar los turiones a una longitud de entre treinta y 35 centímetros; si la temperatura es cálida, la longitud para el corte de turiones no debe ser mayor que 25 centímetros de longitud. El corte se hace con navaja y parte de la base del turión, a dos o tres centímetros bajo el nivel del sustrato.

El almacenamiento

Desde el corte hasta su venta, los espárragos deben permanecer en posición vertical para evitar que se doblen por el efecto del geotropismo. La base de los turiones debe estar sumergida en agua limpia y de preferencia fría. La temperatura de almacenamiento es de entre 12°C y 14°C.

Plagas comunes del espárrago

El espárrago verde es vulnerable a varias enfermedades, pero al ser cultivado con técnicas hidropónicas se evitan todas las plagas propias de suelo y solo es susceptible a lo siguiente:

- **Mosca del espárrago (*Platyparea poeciloptera*).** Afecta los tallos y los debilita hasta la muerte.

- **Mosca zumbadora (*Phorbia platura*).** Ataca a los turiones y estos pierden parte de su valor comercial.

- **Pulgón (*Brachycorynella asparagi*).** Produce deformaciones en los brotes y limita el desarrollo de la planta.

- **Botritis (*Botrytis cineria*).** Esta plaga se presenta en las heridas de los turiones o por quemaduras de yemas.

- **Estenfilosis (*Stemphylium vesicarium*).** Produce puntos negros en las escamas de los tallos y los mancha.

- **Fusarium (*Fusarium culmorum*).** Provoca que los brotes en crecimiento presenten amarillamiento y se marchiten. La raíz se pudre.

- **Pudrición violácea (*Rhizoctonia violácea*).** Desarrolla un micelio de color rojizo en la cabeza del rizoma, que más tarde se convierte en podredumbre dentro de las raíces hasta que quedan huecas.

- **Roya (*Puccinia asparji*).** Este hongo produce unos puntos ovales con el centro amarillento y dentro de este aparece otro punto casi dorado; más tarde se convierten en protuberancias que revientan, con lo cual agrietan la epidermis de los tallos. Ahí se hace visible una capa que contiene las esporas.

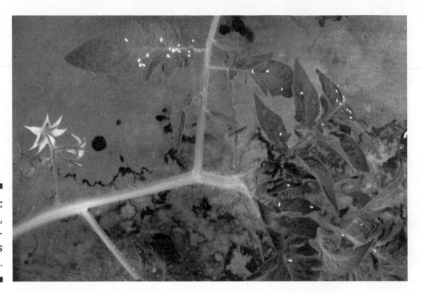

Figura 25-5:
Mosca blanca,
principal agre-
sor de todos los
cultivos.

Figura 25-6:
Pulgones devora-
dores de savia en
espárragos.

<h1>Capítulo 26</h1>

Berenjena

- -

En este capítulo

▶ Aprenderemos cómo cultivar este vegetal que hasta hace poco tiempo se consideraba exótico y digno de mesas privilegiadas. Ahora está al alcance de todos y tiene un gran valor comercial.

- -

La berenjena pertenece a la familia de las solanáceas y su nombre botánico es *Solanun melongena*. Es una planta anual, aunque con técnicas hidropónicas puede vivir dos años en excelentes condiciones. En cultivos tradicionales disminuye la calidad y el volumen de producción al segundo año.

Este vegetal se propaga por semilla y un gramo puede contener de 250 a 300 semillas. Desde la siembra hasta la cosecha pueden pasar entre 125 y 150 días, lo cual depende de la variedad.

La germinación

✔ Se germina y después se realiza el trasplante.

✔ La germinación debe realizarse en un sustrato menudo y no degradable.

✔ La temperatura óptima es de entre 20°C y 25°C. En estas condiciones, la semilla puede brotar a los doce o quince días.

Por debajo de 15°C, la semilla no germina; por arriba de 35°C disminuye el número de semillas germinadas, y las que nacen pueden ser menos productivas.

✔ El trasplante se realiza cuando la planta tiene de doce a quince centímetros de altura y se encuentra robusta.

La siembra

La densidad conveniente de siembra es de dos plantas por metro cuadrado. La profundidad del contendor puede ser de 35 a cuarenta centímetros, según el tipo de sustrato.

Figura 26-1:
Berenjena
sembrada en
lana de roca.

El crecimiento puede ser determinado o indeterminado, lo cual depende del tipo de semilla que siembres.

• Descripción de la planta madura
La raíz es fuerte y profusa, las hojas presentan espinas en las nervaduras y el envés presenta una vellosidad opaca. Las nervaduras de las hojas son muy fuertes.

Los tallos son robustos y la planta puede parecer arbusto, porque en las axilas de las hojas del tallo principal, justo en los nudos, crecen otros tallos que se bifurcan y se desarrollan hasta alcanzar la altura del principal; en los nudos de los tallos crecen los secundarios y así sucesivamente.

La planta pueden llegar a medir hasta 1.30 metros de altura. La estructura de los tallos requiere sujeción (tutores).

Cuando la planta se ha desarrollado entre setenta centímetros y un metro de altura, debes aplicar la técnica de fortalecimiento para propiciar que la base sea firme. Hay que dejar que el tallo principal engrose y para ello debes eliminar algunos tallos laterales o axiales, hasta que el primero se haya robustecido.

El tutorado

Por ningún motivo debes eliminar la práctica de tutorado. La sujeción siempre irá de la planta al techo del invernadero y deberá ajustarse a las necesidades de cada una de las ramas.

Una recomendación es sujetar al tronco el cordel y enredarlo alrededor de cada una de las ramas, sin lastimar las flores o frutos. Siempre deja espacio entre una rama y otra. El material útil para el tutorado puede ser cordel, rafia, cáñamo, etcétera. La idea es mantener la planta erecta y soportada con firmeza; de lo contrario, el peso de la fruta puede desgajar las ramas.

Como hemos visto en vegetales anteriores, todas las variedades indeterminadas o de porte grande deben apoyarse con un tutorado y ese es el caso de la berenjena.

Si tu instalación es pequeña, para venta al menudeo o solo para tu consumo, te sugiero las variedades determinadas. Si deseas producir para venta a mayor escala, te recomiendo las indeterminadas. Solicita la variedad que elijas a tu proveedor de semilla.

La floración

Las flores son de color casi violeta y envuelven al fruto por la parte inferior cuando este comienza a desarrollarse. Por lo general la inflorescencia es de tres flores; solo una de ellas desarrolla un fruto normal y las demás desarrollan frutos pequeños.

La berenjena es una planta autógama, pero recibe bien los cruzamientos o polinización y el injerto. El fruto es alargado o globoso y de colores negro, morado o jaspeado.

Figura 26-2:
Planta de berenjena de variedad determinada, con tutores.

Las necesidades climáticas y los cuidados

La berenjena requiere más calor que el tomate y el pimiento; su temperatura media debe estar entre 25°C y 28°C. La planta resiste más calor, entre

30°C y 40°C, si la humedad relativa es alta. La temperatura ideal para el día es de entre 22°C y 28°C y de 17°C a 20°C por la noche.

El cuidado para la planta debe ser constante. Si permites el crecimiento de demasiado follaje, producirá pocas flores y, por tanto, menos frutos. Debes permitir la maduración de los primeros frutos; de ese modo, al buscar un equilibrio, la planta disminuirá el vigor vegetativo.

Es necesario que la planta cuente con buena ventilación para evitar el ataque del hongo botritis, el cual puede instalarse en las flores y provocar abortos masivos.

Ningún fruto se corta hasta que observes que hay buena cantidad de flores y otros frutos casi listos para el corte.

La poda

Se practica como apoyo para la planta y solo se realiza en las variedades de crecimiento indeterminado. Debes dejar como máximo cuatro tallos y eliminar todos los brotes que salgan de la primera cruz o bifurcación de la formación del tallo principal. A partir de las segundas cruces corta todos los brotes que salgan de los cuatro brazos, siempre por encima de la primera flor.

Siempre elimina las hojas envejecidas por debajo de los frutos, nunca sobre los frutos que aún no has cosechado. También es recomendable hacer un raleo de frutos a criterio del cultivador.

Si el desarrollo vegetativo es exuberante, disminuye mucho la floración y se presenta una fecundación deficiente, frutos pequeños y alta caída en la producción. Para evitar este problema haz un raleo de hojas.

La cosecha

El ciclo de cultivo, desde el trasplante hasta la cosecha, es de cien a 120 días. Recolecta el fruto antes de que la semilla engruese y tenga demasiadas en su interior, porque producen un sabor amargo. El fruto debe tener una superficie brillante y tiene que haber alcanzado cuando menos tres cuartas partes de su tamaño.

Si dejas madurar el fruto en la planta, se tornará cobrizo, con pulpa amarillenta y semillas gruesas maduras. Lo anterior significa que ya no es útil, porque su valor en el mercado es bajo.

Los pedúnculos y cáliz son característicos de frescura, sin ellos es difícil la venta. Debes cortar los frutos con tijeras para podar y colocarlo, en cajas. Evita golpearlos o almacenarlos a granel. Los cortes se sugieren cada ocho a doce días y las plantas pueden producir entre ocho y doce kilos de berenjenas por metro cuadrado. Los frutos que se consideran de primera clase llegan a pesar entre 150 y 200 gramos.

Cuando el costo del fruto es menor que el deseado, puedes aplicar una poda para fortalecimiento de la planta. Como ya explicamos, consiste en cortar las ramas y tallos del cultivo anterior y dejar en las ramas solo tres o cuatro yemas o brotes.

Plagas más comunes de la berenjena

• **Araña roja.** Es la plaga que más daña a la berenjena. Estos ácaros absorben de forma impresionante la savia de la planta; al inicio sus hojas se tornan bronceadas y en el envés aparecen puntitos de color rojo, amarillo o blanco, según la clase de ácaro, cuyo movimiento es apenas perceptible. Pueden llegar a defoliar la planta en su totalidad hasta matarla, por la forma exponencial de su reproducción. Esta plaga debe eliminarse desde el inicio; después, si la invasión es grave, ya no es posible controlarla.

• **Mosca blanca.** Es causante de gran variedad de enfermedades víricas, por ser uno de los vectores de contagio de mayor movilidad.

• **Enfermedades fungosas.** Producen marchitez de la parte superior del fruto y después en su totalidad. También atacan el pedúnculo de las flores y pueden instalarse en las hojas, los tallos y la raíz.

• **Hongo *Cercospora meloneae*.** Produce manchas cloróticas de amplio diámetro, de hasta ocho o diez centímetros, y más tarde se tornan de color pardo.

• **Hongo *Phomopsis vexans*.** En las hojas provoca manchas ovaladas de bordes irregulares y color gris oscuro. Los tallos las presentan en su parte externa y en su interior el color pardo es más claro. En el fruto provoca una podredumbre acuosa que termina por deshidratarlo y se torna negro.

• **Hongo *Fusarium oxyposrum melongenao*.** Provoca amarillamiento en las hojas y estas se marchitan, aunque no se desprenden de la rama. Este hongo destruye todos los tejidos.

• **Oidio (*Leveillula taurica*).** Ataca a las hojas, les produce manchas amarillentas que luego se necrosan en el centro; el envés presenta un color blanquecino.

• *Sclerotina sclerotionrum.* Este hongo se encuentra en el suelo, donde permanece activo por varios años.

Por esta razón, siempre debes colocar un vado con desinfectante a la entrada de un invernadero, pues la plaga puede venir adherida a las suelas de los zapatos.

• *Verticilium albo-atrum.* Producen un problema vascular al atacar los vasos conductores de nutrición que van de la raíz al tallo.

• **Fusarium.** La raíz permanece sana y el tallo se daña.

• **Bacteria** *Pseudomonas solanacearum.* Ataca a la planta si no hay buena higiene en el manejo. Invade los vasos conductores e impide la circulación de la savia. Después de una severa marchitez, la planta muere.

Capítulo 27

Anturios

En este capítulo

▶ ¿Qué tal hacer cultivos de flores de origen selvático? ¡Los versátiles anturios lucen bien en cualquier parte y siempre hay mercado para ellos! Tienen bastante aceptación en muchos países, cultivados como flor en maceta o de corte. Su precio a la venta ha ido en aumento; por tanto, también se ha incrementado su cultivo. Aquí revisaremos la especie *andreanum*, con más de 600 variedades.

CULTURA GENERAL

Los anturios son flores que se desarrollan en condiciones selváticas. Se han hibridado a través de varias décadas y las variedades que se cultivan en la actualidad son de importación, aunque también existen variedades nativas. Esta flor pertenece a la familia *arácea* y su género es *Anthurium*. El nombre común de su flor es espata.

Descripción de la planta

Por sus orígenes selváticos y húmedos, son flores exóticas que lucen una amplia gama de brillantes colores: blancos, amarillos, rosas, rojos, verdes, vino tinto, marrón, etcétera. La planta es arbustiva de corta longitud y sus hojas son acorazadas o lanceoladas, con nervadura radial y textura variable según la especie.

• **La flor está formada por:**

a) La **espata**, que es la parte plana y colorida de la flor.

b) El **espádice** por lo general es amarillo y contiene las flores y órganos reproductivos verdaderos.

• **Variedades de *Anthurium andreanum***

a) Híbridos interespecíficos entre variedades de este y especies enanas.

b) Híbridos de *Anturio scherzeranum*.

c) Anturios de follaje.

Forma de paleta   Forma de cuchara   Forma de corazón

Figura 27-1:
Formas más
comunes de
la flor.

Forma triangular   Forma de gota   Forma de oso

La propagación

La planta puede multiplicarse con semilla o con material vegetativo, que es el cultivo más conveniente para propósitos comerciales.

a) Multiplicación por semilla. La germinación tarda entre quince y veinte días. Alrededor de tres meses después se desarrolla la plántula y se procede al trasplante.

b) Multiplicación por hijuelos. Cada año, la planta desarrolla de tres a nueve hijuelos que brotan del tallo. Después del corte de su primera o segunda floración, cuando la planta se encuentra sin flores, es conveniente separarlos para aplicarles una desinfección en la base y anclarlos en el sustrato, en el sistema hidropónico.

c) Multiplicación por división de tallo para hidroponizar. Cuando la planta es adulta y robusta, con tallo de altura mínima de entre cuarenta y

Figura 27-2:
Separación
de hijuelos del
anturio.

cincuenta centímetros y sin floración, se eligen los tallos más fuertes, que
contengan por lo menos cuatro o cinco nudos, y se separan manualmen-
te. Si la planta ha sido cultivada en suelo, debes aplicar una desinfección
con fungicida a la base del tallo y quince minutos más tarde sembrarlo
en el sustrato. Procura que no sea muy profundo y que apenas cubra una
parte del tallo.

d) Multiplicación por acodo. Cuando la planta está bien desarrollada
expone raíces sobre el sustrato, debes cubrirlas con sustrato y aplicar riegos. Pasado un tiempo, de esas raíces brotará otra planta con su propia
raíz. Cuando mida entre veinte y treinta centímetros podrás separarla de
la planta madre y llevarla al sustrato, con su respectiva desinfección.

México cuenta con algunas especies nativas de los estados de Guerrero,
Veracruz, Tabasco, Tamaulipas y Chiapas. Entre esas variedades se encuentran *A. caribeum, A. ornatum, A. cristallium, A. cordinevium, A. clarinervium* y *A. scandens.*

• Variedades más comerciales

✔ *Anthurium andreanum*, nativo de Colombia y conocido como anturio
   rojo martillado.

✔ *Andreum rubrum*, con espata roja oscura y lisa y el espádice blanco y
   amarillo, de gran valor comercial.

✔ *Andreanum album*, de espata blanca y espádice caído, con hojas de forma acorazadas.

✔ *Andreaum giganteum*, de espata color rosa salmón de 25 a treinta centímetros de largo y de quince a veinte centímetros de ancho.

✔ *Scherzeranum*, originario de Costa Rica, de hojas lanceoladas y espata de color escarlata, con espádice en espiral color amarillo dorado. Es el más recomendable para cultivo en maceta.

✔ *Anitas*, de espata en forma de cuchara color rosado, con espádice erecto y blanco.

✔ *Xhelsiense* es un híbrido de hojas acorazonadas y lobuladas, espata acorazonada de color rosa y espádice blanco o rosa.

✔ *Watermaliense* o anturio negro, originario de Colombia; su espata es de color violeta oscuro, el espádice es erecto y color marrón. Siempre se vende a buen precio.

✔ Anturios hibridados, cuyas características cambian de acuerdo con la demanda del mercado.

Más de quince variedades de anturios tienen valor comercial por las características de sus hojas, que se utilizan para decoración; por ejemplo:

✔ *Warcoqueanum*, sus hojas son de un metro de largo, de forma acorazada, color verde oscuro y nervaduras de color marfil.

✔ *Weitchii* tiene hojas colgantes, cuya forma es parecida a un acordeón.

✔ *Gladifolium* tiene hojas verdes y largas.

✔ *Scandenes* es una especie curiosamente trepadora.

✔ *Clarinervium*, sus hojas son largas y con motivos blancos.

El resto es de poca aceptación en el comercio.

La siembra

a) Con buena luminosidad puedes sembrar de ocho a diez plantas por metro cuadrado.

b) Para la siembra en maceta, sugiero que las plantas tengan un diámetro mínimo de quince centímetros y que siembres una sola planta por contenedor a una profundidad de treinta o cuarenta centímetros, lo cual depende del tiempo que vayas a mantener allí a la planta.

c) Si usas un contenedor rectangular, te sugiero un área de veinte centímetros cuadrados para cada planta. Para ahorrar espacio puedes sembrar plántulas a diez centímetros de distancia entre una y otra; más tarde, cuando sean robustas, entresácalas para hacer un trasplante a una distancia mayor.

d) En cultivos de mayor nivel es conveniente la siembra de tres a cuatro hileras, con un pasillo de ochenta centímetros para el laboreo. El total de plantas por hectárea puede variar, según la especie, entre sesenta mil y noventa mil o un poco más, de acuerdo con el sistema hidropónico de cultivo que elijas.

Las necesidades climáticas

Esta flor exótica requiere condiciones similares a las del trópico. La temperatura adecuada para su desarrollo va desde los 25°C hasta los 35°C.

Si la sometes a temperaturas inferiores a 15°C, la planta detiene su desarrollo y puede sufrir daños.

La humedad relativa es de suma importancia para su desarrollo: sin humedad relativa ambiental de 80%, máximo 90% y mínimo 50%, la espata sufre daños.

Por ser una planta de poca luminosidad, la exposición exagerada al sol puede dañar las hojas y las flores. El exceso de radiación retarda el crecimiento y produce flores pequeñas, por lo que te sugiero una intensidad lumínica de hasta 25,000 luxes, durante menos de diez horas diarias.

También requiere buena ventilación, para evitar fungosis por la humedad relativa alta.

Los riegos

La humedad debe ser uniforme. Es mejor regar con mínimo volumen y mayor frecuencia que demasiado volumen en periodos más largos. Si el sustrato se seca, se queman los bordes de las hojas y hay disminución de crecimiento en las raíces. El exceso de humedad también causa daños radiculares, con deterioro de hojas y flores.

Figura 27-3:
Anturio
hidropónico.

Los trasplantes

1) El primer trasplante a un sustrato adecuado puede realizarse cuando la plántula cuenta con tres o cuatro hojas.

2) El segundo trasplante se realiza a los tres meses.

Durante los primeros seis u ocho días posteriores al trasplante, las plántulas se desmejoran un poco.

Para robustecer las plantas puedes eliminar las flores durante los siguientes tres o cuatro meses.

La floración

En condiciones naturales la floración se presenta a los dos años, aunque en invernaderos tecnificados ocurre a los seis u ocho meses y durante todo el año.

El ciclo productivo alcanza un promedio de cinco a seis años, según la variedad. Por lo general cada planta produce entre seis y ocho flores al año. Sin embargo, la producción es variable de acuerdo con la variedad del anturio y las condiciones climáticas.

El laboreo

Debes retirar las hojas viejas y las partes que se hayan secado. También puedes retirar las raíces aéreas; es decir, hacer un raleo.

Ese material vegetativo es útil para la reproducción.

Es posible aplicar una ligera poda cuando el follaje es denso: corta las hojas viejas que ya han dado sus flores. Al cortarlas, respeta unos cinco centímetros de peciolo. Deja como base un mínimo de cuatro hojas por tallo.

La nutrición

El anturio consume un poco más de magnesio que el resto de las plantas de hojas; también es sensible a la deficiencia de calcio, que se manifiesta en una decoloración de la espata. Cuida que el nitrógeno no exceda 200 ppm. Para uniformar el riego es conveniente que al inicio lo hagas por nebulización.

La cosecha

Las flores para corte deben haber permanecido abiertas en la planta durante tres semanas. En ese periodo los tallos ya se habrán endurecido para soportar el corte y la transportación. El pedúnculo floral debe ser de color marrón y estar endurecido; sin estas condiciones el corte puede ser prematuro y, por tanto, la flor se marchita y muere.

Debes cuidar no dañar las hojas ni la flor. Realiza todos los cortes con tijera o navaja. Nunca arranques la flor porque cualquier presión o golpe demerita su valor.

El almacenamiento y la conservación

Por lo general se agrupan por docenas y se colocan en agua clorada a 0.1% en un lugar fresco. Algunos cultivadores les hacen una ligera limpieza, seguida por una aplicación de cera.

Por la delicadeza de la espata muchas se dañan, razón por la cual es frecuente que numerosas flores se destinen al mercado nacional y una minoría para el internacional.

La vida útil de las flores suele ser de alrededor de un mes, almacenadas a 13°C. Sin embargo, mueren pronto en temperaturas inferiores a ese nivel, después de que se les queman las espatas y los bordes de las hojas, en especial si carecen de humedad. Algunos cultivadores han descubierto que las plantas tratadas con citoquininas disminuyen su sensibilidad al frío.

• **Clasificación de las flores con estándares para exportación**

1) Premium: 15.5 cm (6 a 9 pulgadas o más).

2) Extra grande: 14 a 15.5 cm (5.5 a 6 pulgadas).

3) Grande: 12.5 a 14 cm (5 a 5.5 pulgadas).

4) Mediano: 10 a 12.5 cm (4 a 5 pulgadas).

5) Pequeño: 7.5 a 10 cm (3 a 4 pulgadas).

6) Miniatura: 6.5 a 7.5 cm (2.5 a 3 pulgadas).

Figura 27-4:
Cultivo de anturios en hidroponia.

Las plagas

• **Ácaros:** *Tretranychus urticae, Brevipalpus inornatus* y *Galumna Climaticus* (arañitas).

• **Insectos:** *Frankliniella occidentalis trips, Pantalonia nigronervosa* (áfidos, piojos o pulgones), *Trialeurodes vaporariorum, Bemisia tabasi, Aleyrodes proletella* y *Aleyrodes ioniceroe* (mosquitas blancas).

La hidroponia evita por completo las enfermedades de suelo.

Capítulo 28

Flores de bulbo y otras variedades

. . . .

En este capítulo

▶ Si lo que te gusta son las flores, estás en el lugar adecuado. Tulipanes, gladiolos, jacintos y dalias son algunos ejemplos de flores de bulbo que ahora aprenderás a cultivar en hidroponia. ¡Y son una buena inversión!

. . . .

Cuando hablamos de bulbos, pensamos que tuvieron su origen en los Países Bajos; sin embargo, los tulipanes proceden de Asia Central, pues los turcos los cultivaron antes que los neerlandeses. Fue hasta el siglo XVI cuando se plantaron los primeros bulbos de tulipanes en los Países Bajos y no pasó mucho tiempo antes de que esta flor adquiriera gran fama a nivel mundial.

Los tulipanes son las clásicas flores de corte. La variedad más común es la *Tulipa gesneriana*, llamada así en honor al botánico C. Gesner (1516-1565) que la desarrolló. Existen más de 3500 variedades registradas, aunque las más comercializadas se reducen a alrededor de cien.

Los mayores sembradíos de tulipanes iniciaron en los Países Bajos alrededor de Haarlem y después se extendieron hacia el sur y las provincias costeras. Noord-Holland es la zona más importante en cuanto a producción de bulbos de tulipán en el mundo.

El tulipán es una flor de gran belleza y de excelente precio en el mercado. Su cultivo es a través de bulbos y ahora explicaremos las técnicas generales para su cuidado. La reserva de nutrientes de los bulbos se encuentra en las túnicas o escamas; se llaman así las partes foliáceas del órgano subterráneo de reserva. En los cormos, la reserva se localiza en las secciones subterráneas de los tallos o de las raíces, que se clasifican como tuberosas.

La siembra

Figura 28-1:
Siembra de
bulbos.

1) Elige el sustrato adecuado.

2) Coloca el bulbo a una profundidad de cuatro veces la medida de su diámetro. El hueco donde lo acomodarás debe ser lo más justo posible a la medida del bulbo.

3) Ajusta el sustrato al contorno del bulbo, para evitar dejar espacios en la base o los lados.

4) En los grupos de *crocus* será suficiente dejar una distancia de diez centímetros entre un bulbo y otro. La mayoría de las especies se incluyen en este grupo, como los tulipanes, los lirios, los narcisos, etcétera. Para las especies de mayor volumen, la distancia puede ser de entre quince y veinte centímetros. El cultivador con mayor experiencia podrá modificar las distancias con base en la luminosidad disponible, lo cual depende de la región y la temporada.

5) Cuando los bulbos y cormos están bien desarrollados, forman bulbillos en su base que pueden tener vida independiente al separarse de la madre. Los gladiolos, por ejemplo, en su base presentan bulbillos del tamaño de un frijol que puedes plantar en un sustrato fino, a una distancia de quince a veinte centímetros entre ellos y a cinco centímetros de profundidad. Estos pequeños bulbos florean dos años después de la siembra.

Puedes sembrar los bulbillos en un sistema hidropónico y controlar las condiciones ambientales, como luz, temperatura, aireación, dióxido de carbono, etcétera, para obtener flores de excelente calidad a los tres o cuatro meses.

El riego

Al inicio deberás aplicar el riego con base en la humedad del sustrato, para luego incrementar su volumen en proporción al crecimiento del tallo. Considera que las mayores exigencias hídricas se presentan en la época de floración, sobre todo si es temporada cálida.

Las flores cultivadas en sustrato grueso se exponen al riesgo de padecer descompensación hídrica, porque cuando el sustrato es de partícula grande pierde humedad con facilidad.

Aplica los riegos a una temperatura que no supere 18°C. En la época de floración, la planta requiere que la solución nutritiva esté fortalecida con fósforo.

Si deseas que la planta sea reproductiva, corta las flores al marchitarse y deja en el tallo todo el follaje hasta su total marchitez. Así darás tiempo para que la planta realice su fotosíntesis y pueda almacenar en sus órganos subterráneos las reservas necesarias para la reproducción.

La extracción y conservación de los bulbos

Al terminar la fase vegetativa, procede a sacar los bulbos, tubérculos, cormos, rizomas y raíces tuberizadas.

Después de la extracción, los bulbos se colocan por separado en un ambiente fresco y ventilado por unos ocho a diez días; a continuación deben ser seleccionados y desinfectados con un fungicida para colocarlos en cajas.

Su conservación requiere un ambiente frío. Por ejemplo, las raíces tuberosas de las dalias deben almacenarse a una temperatura de 5°C a 7°C; otros bulbos para flor de corte, como el caso del lilium, deben almacenarse a –2°C.

En general los bulbos para flor se almacenan a temperaturas muy variadas. De hecho existen empresas especializadas en tratamientos térmicos.

En algunas de ellas, los bulbos se almacenan a temperaturas entre -2°C y 40°C. El objetivo es adelantar o retrasar la floración e incrementar la producción, en la medida de lo posible.

El tulipán pertenece al grupo de bulbos que necesitan un periodo frío para asegurar su floración y que el tallo desarrolle buena longitud.

• **Método forzado**

Se ha demostrado que los bulbos de los tulipanes que han recibido un tratamiento de frío antes de los meses de invierno pueden brotar y florear antes de su periodo natural. Diferentes temperaturas producen cosechas distintas; por ejemplo, las altas temperaturas producen tallos cortos y flores largas.

Es vital que los bulbos no sean enfriados hasta después de que las flores hayan culminado por completo su floración. De esta manera, los bulbos enterrados serán viables.

• **Tratamiento para bulbos de floración**

Los bulbos secos deben recibir un periodo de suficiente frío (entre 2°C y 5°C) durante cuando menos seis semanas. A continuación se siembran y están listos para empezar a desarrollarse para la floración.

Los bulbos más comerciales

✔ Tulipán

✔ Lilium

✔ Iris

✔ Jacinto

✔ Narciso

✔ Crocus

✔ Gladiolo

✔ Dalia

El bulbo más conocido e importante es el tulipán, por su belleza y popularidad como flor cortada y planta de jardín o maceta.

El actual surtido comercial de tulipanes se debe a la práctica de cruza que se ha realizado durante más de 400 años. La constante hibridación ha permitido la optimización tanto de la técnica como de las variedades. A futuro se espera incrementar la resistencia de los bulbos a determinadas enfermedades, para reducir el uso de pesticidas y las pérdidas económicas.

Si alguna variedad moderna de tulipán se multiplica por medio de semillas, puede presentar una descolorida mezcla de descendientes con aspecto indeseable.

Figura 28-2:
Ilustración de tulipán con bulbo.

División de los tulipanes en grupos

Los tulipanes se dividen en distintos grupos, según la época de floración y el tipo de flor. Hay tulipanes simples, dobles, listados, de flor de lis y papagayos; también hay grupos de tulipanes botánicos, con sus variedades correspondientes.

Los esfuerzos de los neerlandeses para crear el tulipán negro no han sido en vano, porque han logrado desarrollar el Queen of the Night y el Black Parrot y cada vez se acercan más al tono negro perfecto.

Siembra del bulbo de tulipán para cosecha de flor

Nunca debes eliminar las raicillas de los bulbos y, como en todos los casos, debes desinfectarlas con anterioridad. Desecha las que presenten fungosis; es decir, manchas o ablandamientos.

1) Elige un contenedor de treinta a 35 centímetros de profundidad. El sustrato debe ser menudo para que permita la aireación de la raíz.

2) Debes sembrar el bulbo a una profundidad de diez a doce centímetros bajo la superficie del sustrato. La distancia entre bulbos puede ser de diez o doce centímetros.

3) Compacta el sustrato para no dejar espacios alrededor del bulbo.

El desarrollo

1) Cuando las condiciones de temperatura, humedad y sustrato son buenas, desbloquean la capacidad de latencia del bulbo y este inicia su desarrollo.

2) Primero crece su sistema radicular, que le sirve para sujetarse al sustrato y absorber agua y nutrientes.

3) Ya desarrollada y fortalecida la raíz, da paso a la parte aérea para desarrollar la flor.

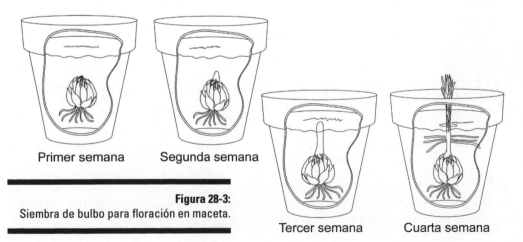

Primer semana   Segunda semana

Figura 28-3:
Siembra de bulbo para floración en maceta.

Tercer semana   Cuarta semana

Los riegos

Se aplicarán de acuerdo con la necesidad hídrica de la planta; es decir, deberás mantener el sustrato siempre húmedo, aunque es importante evitar el exceso o la falta de solución nutritiva. El consumo de solución nutritiva de la planta depende de su edad y de la temperatura circundante. Por ejemplo, en verano puedes aplicar un volumen de solución nutritiva de entre cinco y seis litros por metro cuadrado.

La postcosecha

Después de cosechar las flores, debes almacenarlas a temperaturas de 0°C y 1°C (excepto las de climas tropicales), con una humedad relativa de 80% a 85% y siempre en posición vertical, para evitar torceduras o doblamientos en los tallos.

Si guardas las flores en bolsas de polietileno o cajas envueltas con el mismo material, pueden durar hasta seis o siete semanas.

Al retirar las flores del almacenaje en frío, es conveniente rehidratarlas con agua que contenga un germicida. También recomiendo, en todo caso, utilizar soluciones nutritivas para alimentarlas y aumentar su vida. Se ha visto que los tulipanes no presentan respuesta al etileno.

Figura 28-4: Flores cultivadas con sistema hidropónico de subirrigación, China.

Figura 28-5:
Flores cultivadas en perlita invernadero en China.

Capítulo 29

Lilium en maceta y recomendaciones generales para flores

En este capítulo

▶ Conoceremos las características principales de algunas flores de bulbo, las más recomendables técnicas para su cultivo y conservación y los cuidados generales que debes tener con ellas para que tu producción sea rentable.

• El narciso. Ocupa el tercer lugar en la clasificación de bulbos de flor cultivados. Es una planta muy popular y tiene más de dos mil variedades registradas; aunque solo cincuenta se cultivan a gran escala, como la corola grande y la trompeta. El color predominante es el amarillo, aunque hay variedades blancas, rosas y naranjas. Se utiliza como flor de corte y de jardín.

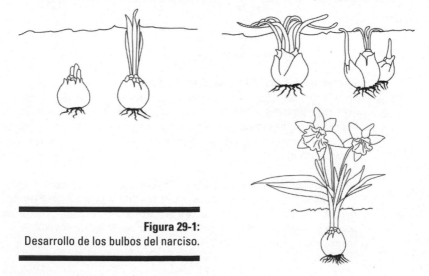

Figura 29-1:
Desarrollo de los bulbos del narciso.

• **El jacinto.** Entre las plantas bulbosas, el jacinto es la más popular por su perfume y sus colores rosa, azul, rojo, blanco, amarillo claro y anaranjado en tonos pastel. También los hay en colores más fuertes, como púrpura y violeta.

• **El iris.** También es conocido como lirio. Es famoso por su atractiva forma de pétalos erectos y labiados. Hay variedades de flores azules, blancas y bicolores. También existen variedades rizomatosas; es decir, se multiplican por rizomas. La siembra del iris es igual a la de bulbo y su periodo de floración varía conforme a las condiciones de temperatura.

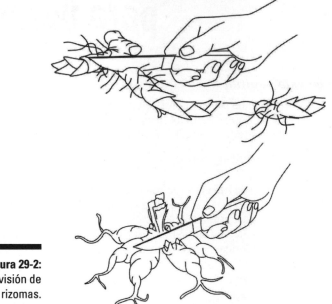

Figura 29-2:
División de
rizomas.

• **El crocus.** Es una flor bulbosa de floración temprana cuyas flores se abren por completo con los primeros rayos de sol. Sus colores son azul, púrpura, blanco y amarillo. Los crocus de flor grande son los más cultivados, aunque también los hay de flor pequeña pero de menor valor comercial. Los cormos se plantan durante el invierno y los bulbos se extraen en verano.

• **El gladiolo.** Esta planta bulbosa se ha usado desde hace años como flor cortada en lugares cálidos o templados y también se planta en los jardines. Es una flor de brillantes colores rojo carmesí, púrpura, amarillo, naranja y blanco. Por lo general su tallo es de gran tamaño y se multiplica a través de cormos y bulbillos, que se plantan en primavera para sacarse en otoño.

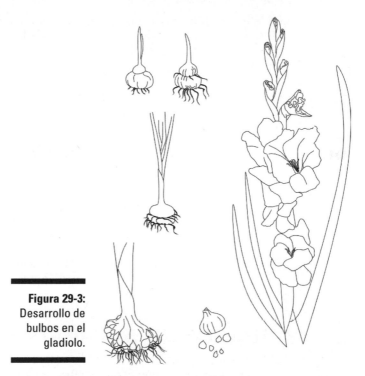

Figura 29-3:
Desarrollo de
bulbos en el
gladiolo.

• **La dalia.** Es famosa por sus llamativos colores, entre los cuales solo falta el azul. Sus flores tienen una amplia variedad de formas que se agrupan bajo diferentes nombres, como pompón, collar, flor de anémona, flor de cacto, etcétera. Tiene el periodo más largo de floración de las bulbosas y llega a durar varios meses. En primavera se plantan esquejes para cosechar tubérculos comerciales en invierno.

• **Plantas bulbosas especiales.** En este grupo se encuentran centenares de variedades con diferentes periodos de floración. Entre las más conocidas se incluyen: *Muscari* (jacinto racimoso), *Fritillaria allium* (ajo ornamental), *Anemona hippeastrum* (amarilis), begonia, *Silla canna* (caña de Indias) y *Zantedeschia* (cala). Además de adornar jardines y cultivarse en macetas, también pueden utilizarse como flor de corte. Algunas de estas flores destacan tanto que sus ventas superan a las de flores de corte.

• **El lilium.** Se ha convertido en un cultivo muy importante por el surgimiento de nuevos grupos de lilium, obtenidos y desarrollados para el cultivo de flor cortada que goza de gran popularidad a nivel mundial. Tiene mucha demanda y buen precio en el mercado por su diversidad de colores y tonalidades: salmón, amarillo, naranja, blanco, morado, rojo, rosa, crema, etcétera.

Cada año salen al mercado variedades de lilium de diferentes grupos y características. Los híbridos asiáticos han producido colores naranja, blanco, rojo, amarillo y rosa; por su parte, los híbridos orientales son populares por su gran tamaño y los hay en blanco, rosa y rojo. Los lilium más antiguos son los pertenecientes a la variedad *longiflorum*, o lilium blanco en forma de cáliz. Los lilium cruzados entre el grupo asiático y *longiflorum* pueden sembrarse todo el año.

La reproducción por semilla

No es muy importante y se utiliza para plantas que no podrían multiplicarse por otro medio o sería muy costoso hacerlo. Para este método es vital que las plantas parentales produzcan semillas estables; como ejemplos de bulbos que se reproducen por semilla tenemos la anémona, el acónito de invierno, el ranúnculo y la trigidia.

Con las avanzadas técnicas de hibridación se espera aumentar su resistencia a las enfermedades, atrasar o adelantar su floración e incrementar su producción para el futuro.

La reproducción por división de bulbos

La mayoría de las plantas bulbosas se reproducen con facilidad con solo separar los bulbos pequeños del bulbo principal. La ventaja de este sistema es que los nuevos bulbos conservan todas las características deseadas; por ejemplo, un tulipán cosechado puede producir tres o cuatro descendientes.

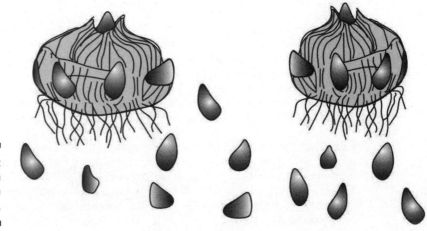

Figura 29-4:
Reproducción por división de bulbos.

La multiplicación por tejidos

Esta técnica tiende a generalizarse de acuerdo con el desarrollo de cada país. Si el cultivador requiere una multiplicación rápida, puede hacer una multiplicación *in vitro*: en un laboratorio con ambiente inerte y temperatura adecuada se colocan pequeñas porciones desinfectadas de bulbillos o plántulas en cajas de Petri con un medio de cultivo (agar-agar con nutrientes y hormonas vegetales), hasta que desarrollan raíces y se forman nuevas plántulas o bulbillos.

Para planear un cultivo debes considerar el precio por bulbo, el entorno climático, la duración del cultivo y la posibilidad de venta.

Entre 40% y 50% de la mano de obra para este cultivo se invierte en trabajos durante la cosecha e inmediatamente después de ella.

• **Clasificación de los bulbos por longitud o calibre en centímetros**

✔ Los híbridos asiáticos miden de nueve a diez centímetros, de doce a catorce centímetros y de catorce a 16 centímetros o más.

✔ Los híbridos orientales cuentan con una longitud de doce a catorce centímetros, de 16 a 18 centímetros y de 18 a veinte centímetros o más.

✔ Los híbridos *longiflorum* miden entre diez y doce centímetros, de doce a catorce centímetros y de catorce a 16 centímetros o más.

Antes de la siembra

✔ Los híbridos asiáticos deben conservarse a 2°C durante un año, como máximo, sin que se pierda la calidad de producción.

✔ Los híbridos orientales y los *longiflorum* deben almacenarse a 1.5°C.

✔ Si se trata de bulbos que no hayan sido congelados o que están frescos, pueden conservarse durante solo dos semanas a 0°C o 1°C y a temperatura de 5°C por una semana. A su llegada debes plantarlos de inmediato en un sustrato húmedo para evitar que se deshidraten.

✔ Los bulbos congelados, deben descongelarse despacio, a una temperatura de 10°C a 14°C en la sombra y al descubierto.

Si los descongelas a mayor temperatura, sus descendientes serán de mala calidad y con respiración acelerada. Además los tallos serán más pequeños y tendrán menor floración.

✔ Para forzar los bulbos a un brote precoz se almacenan de tres a cuatro días a una temperatura de 10°C a 12°C. Es conveniente perforar el plástico de la caja que los contiene para evitar un aumento de temperatura.

La siembra

 El calibre de bulbo a usar depende de la calidad que deseas: a mayor tamaño de bulbo, más capullos, mayor longitud de tallo y mejor calidad de flor.

Puedes cultivar bulbos pequeños cuando cuentes con suficiente luz y baja temperatura durante el periodo de crecimiento. Si los bulbos son de origen asiático, la falta de luz propicia caída de capullos; por tanto, en invierno es recomendable adicionar iluminación artificial y necesitan una temperatura mínima de 11°C a 13°C para la formación de las raíces del tallo. Para bulbos de otra procedencia puedes conservar una temperatura mínima de 16°C con este mismo fin.

 Si es posible, instala calefacción por aire en tubos, que pueden ser de plástico, en la parte baja del invernadero. Así, la difusión será más uniforme.

No debe haber paso de etileno al invernadero porque provoca la caída de los capullos.

Si tu siembra es en contenedores, cuando sea necesario puedes colocar los tubos que transportan el aire caliente justo debajo o al lado de ellos, con temperatura máxima de 40°C. Así, el calor se dispersa, sube y mantiene tibio el entorno de las plantas.

 Por lo general los bulbos se adquieren ya desinfectados, pero en el caso de que presenten alguna infección, como manchas oscuras, fuerte olor a humedad, raíces de color oscuro, deshidratación o ablandamiento, no debes sembrarlos.

La profundidad recomendable del contenedor para la siembra de bulbos es entre veinte y treinta centímetros. El lilium, por ejemplo, no desarrolla raíces largas.

La colocación del bulbo es de doce a catorce centímetros bajo la superficie y debe ser en forma vertical. La distancia conveniente entre bulbos es de siete a diez centímetros, para asegurar buena calidad de cultivo en los años sucesivos.

Al sembrar no debes compactar el sustrato para no dañar las raíces.

Figura 29-5: Siembra de bulbos.

La densidad de plantación depende del tipo y calibre del bulbo, además de los años que pretendes que dure el cultivo:

✔ En el caso de un cultivo anual puedes mantener una densidad de 10% a 12% más alta.

✔ En el caso de un cultivo plurianual te sugiero una densidad menor hasta en 20%.

Para evitar la deshidratación del bulbo, debes sembrar cuando el ambiente sea fresco y justo después aplicar un riego intermitente.

En caso de temperaturas altas deberás posponer la siembra: si las escamas o raíces se deshidratan se perderá calidad.

El riego

✔ El sustrato siempre debe estar húmedo: calcula de ocho a nueve litros de solución nutritiva por metro cuadrado al día, según el tipo de sustrato que elijas.

✔ Debe hacerse por la mañana y suspenderse por la tarde, para que el cultivo no tenga exceso de humedad por la noche.

• Siembra de lilium en maceta
Además de ser flor de corte, el lilium puede cultivarse en maceta para decoración de balcones, jardines y hogares. En este caso deberás sembrar bulbos para tallo corto a una profundidad de ocho a diez centímetros por debajo de la superficie del sustrato.

Es indispensable que riegues el sustrato antes de la plantación, para que la humedad sea suficiente.

Figura 29-6:
Siembra
de lilium en
maceta.

El riego

Si el sistema de riego produce una falta, exceso o salida irregular de solución nutritiva, las plantas crecen en forma irregular y los capullos pueden secarse. La nebulización o lluvia artificial es útil cuando se aplica sobre el follaje, no sobre las flores, porque garantiza una buena distribución del riego; además limpia a la planta y eleva la humedad relativa.

Cuando el follaje se torna tupido, es conveniente aplicar el riego por goteo o aspersión, pero solo sobre el sustrato. Evita que haya demasiada humedad en el follaje para que no desarrolle botritis.

En invierno, las plantas consumen menos humedad que en verano.

El desarrollo

Durante las tres primeras semanas los bulbos se limitan a desarrollar las raíces. Cuando los vástagos del bulbo aparecen al nivel del sustrato, ya desarrollaron suficientes raíces llamadas de tallo o eje. Entonces surge un tallo que crece sobre el bulbo en forma vertical, con las raíces casi horizontales. A su vez brotan raíces laterales que pronto sustituyen a las raíces primarias en 80% a 90%, para absorber mejor los nutrientes.

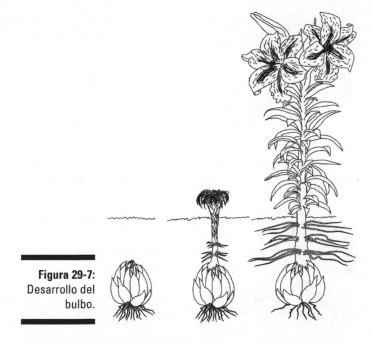

Figura 29-7: Desarrollo del bulbo.

Temperaturas y humedad relativa

Después de la siembra directa de los bulbos, la temperatura conveniente es de 11°C a 13°C hasta que se hayan formado las raíces del tallo; luego, y para todo el periodo de cultivo, la temperatura necesaria es de 14°C a 18°C durante las 24 horas. Como cabe esperar, a causa de la solarización diurna la temperatura podría subir a entre 23°C y 25°C, pero será por un periodo corto que no representa problema alguno para el cultivo.

✔ Las temperaturas nocturnas ideales para un buen enraizado de los bulbos son entre 9°C y 12°C.

✔ En el desarrollo del cultivo, la temperatura nocturna oscila entre 12°C y 15°C.

✔ Las temperaturas diurnas convenientes son entre 20°C (óptima) y 25°C.

Si la temperatura nocturna no desciende a esos niveles, disminuye la calidad de la flor. Si la temperatura diurna supera los niveles indicados, los tallos se hacen cortos, la planta produce pocas flores y puede llegar a perder por completo su valor comercial.

La humedad relativa debe ser lo más uniforme posible, así que procura evitar cambios bruscos. Te sugiero mantenerla entre 80% y 85%, aunada a una buena ventilación.

• Condiciones en un invernadero

Como ya comentamos, si controlamos las condiciones ambientales, podemos producir lilium de brillantes colores durante todo el año. Podríamos hablar de un invernadero con gran tecnificación que cuente con sistema de riego automatizado, computarizado y hasta robotizado; que aplique inyección de nutrientes al sistema de riego, humidificación, control de temperaturas, apertura y cierre de ventanas y ventilas cenitales, iluminación, piso radiante, techo retráctil y sus respectivas supervisiones, donde el dueño pueda contactar al personal del invernadero en caso de emergencia y pueda ver sus instalaciones en una computadora desde cualquier parte del mundo. Sin embargo, ahora solo hablaremos de un invernadero que cuente con los elementos esenciales para un negocio rentable de cultivo de flores de corte.

Te sugiero que tu invernadero te permita controlar, como mínimo: nebulización o riego por goteo, ventilación, humedad relativa, sombra y temperatura.

La luminosidad

Con poca luminosidad, la planta se desarrolla en forma deficiente: las hojas son de color claro, los capullos pueden caer desde que son pequeños (de uno a dos centímetros), antes de la cosecha, y se reduce el tiempo de conservación de la flor. En periodos de poca luz es preferible disminuir la densidad de la plantación.

La calidad mínima de luz dentro del invernadero para los bulbos asiáticos debe ser de 300 watts por hora por metro cuadrado o de 190 joules por centímetro cuadrado al día.

Joules y watts son medidas de energía PAR (Radiación Fotosintéticamente Activa - *Photosynthetically Active Radiation*).

En caso de requerir iluminación suplementaria, debes administrarla cuando el capullo tenga una longitud de uno a dos centímetros. Para ello utiliza una lámpara de 400 watts en diez metros cuadrados. Aunque puedes prolongar la iluminación suplementaria para acelerar la floración, la luz diurna define mejor las flores.

Todos los bulbos pertenecientes al grupo de híbridos orientales se caracterizan por su necesidad de luz, ya que requieren más de cien días de luz en primavera.

Cuando los bulbos son de primera cosecha, puedes aplicar luz artificial sobre el cultivo hasta completar quince horas de luz por día, cuando 50% de los vástagos haya brotado y cuando aún esté cerrada la inflorescencia.

El desarrollo se realiza con los periodos de luz natural y después se usa luz artificial como un apoyo para mejorar la calidad de la flor. Cuando aparece el diminuto capullo de la flor, se refuerza de la misma manera hasta completar quince horas de luz.

La iluminación se inicia antes de la salida o después de la puesta del sol; las lámparas a utilizar deben ser de veinte watts por metro cuadrado. Puedes aplicar la iluminación en forma intermitente: diez minutos de luz por veinte de oscuridad, aunque no tiene caso aplicar luz artificial durante el día.

 Como apoyo al cultivo puedes colocar una pantalla o malla de sombra móvil sobre el invernadero, para cuidar a las plantas del exceso de luz en su fase de sensibilidad lumínica, que es cuando son muy pequeñas. El exceso de luz se presenta en las temporadas de primavera y verano, pero siempre es necesario supervisar la luminosidad.

La aplicación de dióxido de carbono

Cuando se trata de flor para corte, el dióxido de carbono es un elemento muy importante para obtener calidad y una buena producción. Con su aplicación, el tallo se torna más robusto y disminuye el riesgo de caída de los capullos, además de que la flor es más duradera en el anaquel.

La aplicación del dióxido de carbono da mejores resultados en las llamadas fuentes o estufas colgantes. El compuesto se aplica al iniciar el día y puede hacerse en forma intermitente o continua, siempre y cuando haya luminosidad y el invernadero no tenga recambio o salida fuerte de aire.

La aplicación puede durar 24 horas, pero siempre con iluminación y supervisión para no rebasar mil ppm (partes por millón). Existen empresas que venden tanto el tanque de dióxido de carbono como el monitor.

Los tutores

Según la edad y el desarrollo de la planta, puedes aplicar tutores o sujeción aérea cuando la planta alcance una longitud de ochenta centímetros a un metro. Con la finalidad de evitar que las ramas se venzan o rompan, te aconsejo colocar rejillas o entramado, que subirás a medida que la planta crece con el fin de brindarle soporte.

Los lilium de maceta pueden no requerir tutores porque sus tallos son cortos.

La floración y la cosecha

Los lilium deben cosecharse por la mañana. Según el tamaño de las ramas, la relación de corte es:

a) Cuando contienen diez capullos y tres de ellos ya presenten un color definido.

b) Cuando en las ramas que tienen de cinco a ocho capullos, dos de ellos presentan color definido.

c) Cuando en las ramas que tienen cinco capullos, por lo menos uno presenta color definido.

De no cumplirse estas condiciones, las flores serán arrugadas y desteñidas. Si las cosechas antes de tiempo tendrán manchas y se marchitarán con rapidez, como consecuencia del etileno que emanan las flores abiertas; por tanto, es necesario eliminar las flores abiertas en todo momento.

Lo recomendable es cortar las flores, no arrancarlas porque dañarías las raíces restantes.

El almacenamiento

Debes limitar el tiempo de almacenamiento en seco a un máximo de treinta minutos. Si vas a elaborar ramos, elimina las hojas de abajo hacia arriba de los primeros ocho a diez centímetros del tallo para mayor duración. También debes hacer un pequeño corte diagonal en el extremo del tallo. A continuación coloca las flores en una cámara fría con temperatura de entre 2°C y 3°C, con el tallo sumergido en agua limpia. Puedes agregar productos para la conservación y fungicidas.

Enfermedades comunes

Es obligación del proveedor desinfectar los bulbos antes de entregarlos, pero debes asegurarte de sembrar bulbos sanos.

No aparecerán enfermedades de suelo en tu cultivo, siempre y cuando no introduzcas plantas sembradas en tierra en tu invernadero.

• **Fungosis,** por exceso de humedad.

• **Insectos,** si les permites el paso. Ten presente que son los principales vectores de virus.

• *Fusarium* **en la base del tallo,** el cual se mancha, se torna marrón oscuro y se troza. Puede deberse a una infección del bulbo, una herida en el tallo o un exceso de riegos.

• *Rhizoctonia Solani,* causa una infección en las hojas, que muestran manchas irregulares de color oscuro. En caso de una infección seria, el brote es lento, la planta pierde hojas y queda una cicatriz color marrón sobre el tallo.

• Un **cambio ambiental brusco** puede provocar problemas de absorción y, por tanto, deficiencia de calcio en las hojas jóvenes, además de caída o secado de capullos y hojas.

• La **falta de luminosidad** en capullos de uno a dos centímetros provoca que se tornen verdes y que se estrangule el cuello que los une al tallo; otros palidecen y caen.

La cosecha de flores en general

Las flores de corte son más duraderas cuando se cortan en estadio de botón y son forzadas a abrirse después del almacenamiento, transporte y distribución, aunque las flores en maceta se comercializan al abrir sus primeros capullos. Por lo general la cosecha se realiza a mano, con tijeras, navaja o cortaplanta afilados, pero de ningún modo se colocará la flor en el suelo.

En el manejo de la cosecha debe obtenerse la clasificación, que indica robustez y verticalidad de los tallos, tamaño de las flores, calidad del follaje y ausencia de defectos.

La postcosecha y el cuidado de flores en general

Siempre usa agua limpia para todo el proceso de desinfección que debes efectuar después del corte. Todos los utensilios involucrados en el corte y manejo deben desinfectarse a la perfección, así como tus manos. En todo caso te recomiendo usar guantes. Para realizar las desinfecciones es conveniente usar agua clorada a 1%, con cloro comercial.

La investigación sobre postcosecha proporciona nuevas técnicas para incrementar la calidad y longevidad de las flores, así como la disminución de las pérdidas. Por fortuna, en las últimas décadas se practican las técnicas que ya han dado mejores resultados. Lo anterior no significa que se haya dominado de manera absoluta la técnica de conservación, por lo que también es importante la experiencia de los cultivadores, ¡y tu propia experiencia!

✔ **El enfriamiento después del corte**

Un aspecto muy importante para la conservación de la calidad es, después de la cosecha, enfriar la flor lo más pronto posible y mantener las temperaturas óptimas durante la distribución. La forma común para conservar las flores cortadas es el enfriamiento forzado; consiste en hacer pasar aire frío en las cajas ya empacadas a través de agujeros en los extremos y vigilar que no haya obstrucción de aire. El tiempo de enfriado varía desde quince hasta cuarenta minutos, lo cual depende del tipo de flor y de empaque.

En caso de que los paquetes permanezcan en ambiente fresco, se dejan abiertas las pestañas o agujeros para permitir la salida del calor generado por la respiración de las flores.

El enfriamiento debe ser casi a punto de congelación (entre 0.5°C y 2°C) para almacenar las flores. La humedad relativa debe ser entre 60% y 70%, aunque debido a la baja temperatura, las flores no pierden mucha agua. La refrigeración reduce la producción de etileno y la sensibilidad de los vegetales a este gas. Sin embargo, algunas flores tropicales, como aves del paraíso, anturios, algunas orquídeas, los ginger y algunas plantas de follaje, se estropean si se someten a una temperatura inferior a 10°C. Como resultado oscurecen sus hojas y pétalos, algunas partes se necrosan y pueden morir.

✔ **La transportación**

Las flores de corte son transportadas a cortas o largas distancias en camiones refrigerados o por avión. Tras la manipulación de mayoristas, minoristas y repartidores, llegan al consumidor entre cinco y ocho días después del corte. Durante ese periodo, las plantas pueden sufrir estrés hídrico, altas temperatura o daños mecánicos. De los anteriores, el factor de daño más grave es la temperatura.

Para la transportación de flores de corte, follajes y plantas en maceta se sugiere una temperatura de entre 0.5°C y 2°C. Cuando se incrementa la temperatura a 3°C o más, las flores siguen abriendo sus capullos; las rosas almacenadas abren sus capullos a más de 4.5°C, lo cual reduce su longevidad.

Para las poinsettias, violetas africanas, follaje y flores tropicales es conveniente mantener una temperatura de 10°C a 12°C en el transporte.

Tabla 29-1: Sugerencia para el almacenamiento de flores en maceta

Nombre	*Temperatura (0°C)*	*Sensibilidad al etileno*
Begonia x hiemalis	7 a 14	Sí
Calceolaria	5 a 16	Sí
Crocus spp e híbridos	1 a 2	No
Crossandra infundibuliformid	10 a 16	Sí
Cyclamen persicum	1 a 2	Sí
Dendranthema x grandiflora	1 a 2	No
Euphorbia pulcherrima	14 a 18	Mediana
Exacum affine	9 a 16	Sí
Freesia x cvs	1 a 2	Sí
Gerbera jamesonii e híbridos	2	No
Hibiscus rosa-sinesis	10 a 16	Sí
Hyacinthus orientalis	1 a 2	Sí
Hydrangea macrophylla	2 a 9	Mediana
Kolanchoe blossfeldiana	5 a 10	Sí
Lilium spp e híbridos	2	Sí
Lilium longiflorum	1 a 2	Sí
Narcissus cvs	1 a 2	Sí
Narcissus papyraceus	1 a 2	Sí
Pericallis x híbrida	5	Desconocida
Rhododendron spp	2 a 5	Sí
Rosa spp e híbridos	2 a 5	Sí
Saintpaulia	16 a 18	Sí
Schlumbergera x bockleyi	9 a 16	Sí
Sinningia speciosa	12 a 15	Sí
Streptocarpus spp e híbridos	12 a 16	Sí
Tulipa cvs e híbridos	1 a 2	Sí

Fuente: TERRIL, Nell, *Poscosecha de las flores y plantas*, Colombia, Ediciones Nortitécnica, 2002.

Tabla 29-2: Temperaturas sugeridas para el almacenamiento y la sensibilidad de las flores de corte más comunes

Nombre	Temperatura (0°C)	Sensibilidad al etileno
Agapanthus africanas	1 a 2	Sí
Astromelia cvs e híbridos	1 a 2	Sí
Alpinia zerumbet y púrpura	13 a 16	No
Anémone spp	1 a 2 en seco	Sí
Anthurium andreanum	13 a 20	Baja
Asparagus spp	1 a 2	Sí
Aster spp	1 a 2	No
Cattleya Cymbidium cvs e híbridos	0 a 12	Según el género
Chamelacium uncinatum	1 a 2	Alta
Dianthus barbatus	3 a 4	Sí
Eutoma glandiflorus	1 a 2	Ligera
Fresia x cvs	1 a 2	Sí
Gerbera jamesonii e híbridos	1 a 2	No
Gladiolus cvs e híbridos	1 a 2	No
Helianthus annus	1 a 2	Ligera
Heliconia humilis h. psittacotum	12 a 13	No
Iris cvs e híbridos	0 en seco, en posición vertical	No
Liatris spicata l. Pycnostachya	1 a 2	No
Lilium spp	1 a 2	Sí
Mathiola icana	1 a 2	Sí
Narcissus cvs	1 a 2, en posición vertical	No
Poliantes tuberosa	0	Ligera
Rosa cvs e híbridos	1 a 2, en seco	Sí, algunos cultivos
Rumohra adiantiformis	1 a 7	No
Tulipa cvs e híbridos	0 a 1	No
Zantedeschia spp	1 a 2	No

Fuente: TERRIL, Nell, *Poscosecha de las flores y plantas*, Colombia, Ediciones Nortitécnica, 2002.

Tabla 29-3: Sugerencia para el almacenamiento de algunas plantas de follaje y su sensibilidad al etileno

Nombre	Temperatura (0°C)	Sensibilidad al etileno
Aglaonema spp	13 a 17	No
Araucaria heterophylla	10 a 18	No
Calathea makayana	13 a 15	No
Chlorophytum comosum	7 a 15	Sí
Chamaedorea elegans	13 a 16	No
Cordyle terminalis	16 a 18	No
Dieffenbachia maculata	15 a 18	Ligera
Dracaena deremensis cvs	16 a 18	Sí
Ficus benjamina	13 a 16	No
Ficus elástica cvs	13 a 16	No
Maranta leucineura cvs y variedades	10 a 13	No
Philodendron scandens	13 a 18	Sí
Sansevieria trifasciata	10 a 16	No
Scheffera arborícola	10 a 13	Sí
Spathiphyllum spp	10 a 16	No
Syngonium podophyllum	13 a 16	Sí

Fuente: TERRIL, Nell, *Poscosecha de las flores y plantas*, Colombia, Ediciones Nortitécnica, 2002.

La pérdida de vida útil resulta de un almacenamiento y una temperatura inadecuados.

Los factores de deterioro

• **El etileno.** Flores y vegetales producen etileno al madurar y envejecer. Es otro factor que puede dañar en especial a los claveles y a algunos cultivares de rosas, que mueren al contacto con este gas. También limita el desarrollo floral y la apertura de botones, pues aumenta su caída; además puede producir amarillamiento notable y reducir en forma importante la vida de anaquel. En algunas otras variedades de flores, como la gerbera y el lilium, provoca abscisión floral, marchitez o caída.

En el mercado hay un producto llamado *Ethylbloc* que limita esos efectos; su uso queda a criterio del cultivador, aunque tiene el mismo efecto que el tiosulfato de plata.

Factores que afectan la calidad de las flores

Como todo ser vegetativo o viviente, las flores tienen su ciclo de nacimiento, desarrollo y envejecimiento. Por tanto, es recomendable retirar del cultivo toda hoja o flor envejecida o muerta para reducir la emisión de etileno.

La respiración de las flores de corte o en maceta genera calor y entonces se inicia su envejecimiento, pero si se les enfría lo suficiente es posible detener este factor en gran medida.

Los síntomas que provoca el etileno son marchitamiento, senectud y pérdida de la vida del vegetal. Un suministro deficiente de agua y cultivares en maduración muy cercanos o en el mismo cultivo provocan que la abscisión o colapso se hagan más notorios, por la presencia de etileno en el aire.

• El **fototropismo** es el movimiento que ejecuta la planta para orientarse hacia la luz, lo cual merma su calidad.

• El **geotropismo** también tiene esta desventaja en las flores producidas por espiga, como el gladiolo, el *lisianthus* y la gerbera, pues las flores y las espigas se voltean hacia arriba cuando son almacenadas en forma horizontal. Por eso es conveniente colocarlas en forma vertical.

• **Embolia área.** Si al momento del corte entran burbujas de aire al tallo, obstruyen el paso de la solución nutritiva a la flor y la planta se desmejora. Una forma práctica de corregir este problema es hacer un corte de unos cinco a siete centímetros por arriba de la base del tallo y colocarlo de inmediato en agua muy fría (de 8°C a 10°C).

• Todo tipo de daño a la flor o al tallo, como **rasgaduras**, **dobleces o heridas**, puede ser motivo de infección en la flor que, además de perder su valor comercial, puede contaminar a otras porque sus secreciones constituyen una fuente de alimento para los patógenos.

• En el paso del invernadero al cuarto frío y de este a la zona de manejo debes verificar que no haya **condensaciones de agua** sobre las flores, para evitar un ataque de *Botritis cinerea* o moho gris, que en algunos casos puede ser controlado con un fungicida.

El mantenimiento en floreros

Es posible alargar la vida de las flores en un florero: después de la cosecha coloca los tallos en una solución que contenga azúcar, en una concentración de 1.5 a dos gramos de azúcar por litro, solo durante un periodo inferior a veinte horas, siempre y cuando la temperatura sea baja (entre 14°C y 16°C).

Algunas flores, como los nardos y los gladiolos, son tratados con un poco de azúcar en el agua y esta estrategia mejora la apertura de las flores hasta una mayor altura en la espiga, además de alargar su vida en florero.

La rehidratación

El agua para la rehidratación de flores cortadas debe ser de buena calidad y contener un germicida. Por lo regular las soluciones comerciales disponibles funcionan bien. Hay fórmulas comerciales a base de ácido cítrico o aluminio y algunas a base de hipoclorito, pero no contienen azúcar. Te sugiero rehidratar las plantas en un cuarto frío, pues las bajas temperaturas reducen la evaporación y transpiración del follaje y la flor.

Si las flores no están marchitas, pero tienen oscura la base de los tallos, será conveniente cortar de cinco a siete centímetros el extremo de los tallos antes de colocarlos en el alimento para flores frescas. Estas fórmulas por lo general contienen azúcar como fuente de nutrición, un germicida para controlar el desarrollo de microrganismos, algunos ingredientes para el control del pH, reguladores de crecimiento, sustancias antietileno y algunos agentes para precipitar cierta sales e impurezas.

La confección de ramos

Excepto en el caso de anturios, orquídeas y algunas flores exóticas, el número de flores varía según el tipo de flor y el requerimiento del comprador. Los daños de manipulación se minimizan si el manejo se realiza en un invernadero. Si las flores se han deshidratado demasiado o escasea la mano de obra para clasificarlas y hacer los ramos, es posible rehidratarlas y colocarlas en el cuarto frío.

Sistemas para el secado de algunas hierbas y flores

Hablemos un poco sobre el secado de algunas flores que también tienen aceptación en el comercio, como la siempreviva y algunas hierbas de olor.

✔ Un proceso muy simple consiste en colgar los ramos cabeza abajo, con los tallos derechos, en un lugar sombreado, seco y cálido.

✔ Otra forma de secado es colocar a la planta en una solución preparada de glicerol a 30% durante alrededor de un día y luego colgarla cabeza abajo en un ambiente cálido, sombreado y seco.

CONSEJO

Si vas a teñir las flores o el follaje, agrega la tintura al glicerol.

Figura 29-8: Flores hidropónicas viviendo en solución nutritiva, nueva modalidad (Países Bajos).

Figura 29-9: Flores hidropónicas desarrolladas para larga vida de anaquel, alimentadas con solución nutritiva (Países Bajos).

Capítulo 30

Hierbas culinarias y medicinales

En este capítulo

▶ Aprenderás el arte de cultivar hierbas. Desde los albores de la historia de la humanidad, las hierbas han sido utilizadas para diferentes aplicaciones: desde materiales para construcción, preparación de alimentos, remedios para la salud, elaboración de cosméticos y hasta ceremonias místicas. ¿Se te ocurren otros usos para las hierbas?

Se tiene conocimiento de que los antiguos egipcios, desde alrededor del año 1500 a. C, ya documentaban los beneficios de las hierbas; a lo largo de los años y aún en la actualidad se ha demostrado su gran utilidad y valor, lo cual ha incrementado su uso en la actualidad.

Los laboratorios utilizan hierbas para fabricar medicamentos, prótesis, pinturas, plásticos, cosméticos, complementos alimenticios, etcétera. Sin embargo, las hierbas, sobre todo las aromáticas, se enfrentan al problema de la escasez debido a los fenómenos ambientales, el crecimiento de la mancha urbana y la contaminación; por tanto, sus precios son más elevados cada día.

Existe una amplísima diversidad de hierbas aromáticas, tanto por sus distintos perfumes como por sus aceites esenciales, colores, sabores y, sobre todo, por su aspecto bello y colorido. Es tal su variedad que aún no se han documentado por completo.

En general los consumidores las prefieren frescas; por esa razón algunas empresas las empacan en vistosos envases con un ambiente controlado para un correcto almacenamiento y mayor vida de anaquel. Desde luego, este tratamiento también eleva su precio. Algunas hierbas se utilizan secas o deshidratadas y se comercializan a un precio muy superior al de venta en fresco.

Muchas veces la demanda del tipo de hierbas depende del país donde se encuentra el cultivador. En el caso de Estados Unidos y gran parte de Europa son de gran demanda la albahaca, el eneldo, el estragón y el cebollín, que se producen en grandes cantidades y son muy comunes para sazonar platillos. En India y México, las hierbas de mayor demanda son perejil, cilantro, hierbabuena, romero, salvia, hinojo y mejorana, entre otras.

Si vas a cultivar y aún no te has decidido por el tipo de hierba, puedes basarte en la información sobre la demanda o analizar la lista de hierbas comerciales que te proponemos. Puedes programar el cultivo con la seguridad de que tu producto estará disponible para la venta todo el año pues, entre otras ventajas, no requiere tierra y no ha recibido pesticidas. Además, si tú les aplicas un enjuague con agua limpia antes de la entrega y el manejo, empaque, manipulación y transporte son higiénicos, el usuario podrá consumirlas de inmediato al recibirlas, con lo cual se ahorrará el trabajo de limpieza y desinfección del producto.

El cultivo de hierbas aromáticas requiere menos luminosidad, espacio y solución nutritiva que los cultivos de flores y frutos. Sin embargo, no todas las hierbas tienen el mismo periodo de crecimiento ni de regeneración; por tanto, es necesario conocer estos datos para programar las cosechas, así como es preciso saber la variedad de la planta y la manera de cosecharla.

Consideraciones para la siembra

a) Al comprar la semilla es importante conocer la viabilidad (porcentaje de nacimiento).

b) Los pequeños o medianos productores hacen la siembra en forma manual: introducen dos o tres semillas en la cavidad de los cubos.

c) Si siembras en sustratos como la gravilla, deberás regar dos o tres veces al día; si cuentas con un sustrato poroso, como la perlita, solo es necesario un riego al día.

d) Cuando la siembra es en lana de roca, puedes aplicar un riego ligero cada tercer día; cuando utilizas oasis, debes limitarte a dos riegos por semana.

Algunos productores de gran nivel realizan la siembra en forma mecanizada, con máquinas que tienen la capacidad de seleccionar las semillas por tamaño y depositarlas en las cavidades destinadas a la siembra.

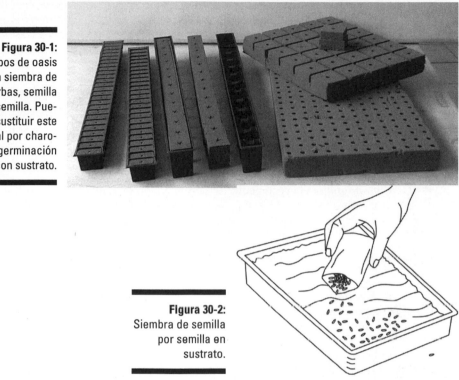

Figura 30-1:
Cubos de oasis para siembra de hierbas, semilla por semilla. Puedes sustituir este material por charolas de germinación con sustrato.

Figura 30-2:
Siembra de semilla por semilla en sustrato.

La siembra al boleo

Esta técnica facilita la siembra de semillas demasiado pequeñas, como la del apio, y consiste en espolvorear la semilla sobre el sustrato. A continuación coloca una ligera capa de sustrato sobre las semillas. La semilla debe quedar enterrada a una profundidad de dos o tres veces su tamaño.

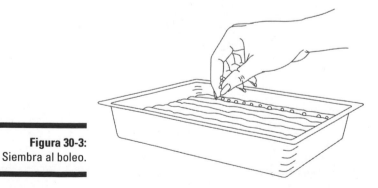

Figura 30-3:
Siembra al boleo.

Las semillas pueden permanecer de dos a tres semanas en una celdilla individual o en el sustrato. Después del brote y ya que cuenten con ocho a diez centímetros de altura u ocho hojas verdaderas, puedes trasplantarlas al sistema hidropónico que hayas elegido para su desarrollo definitivo.

Temperatura para la germinación

Estas semillas suelen germinar bien con una temperatura de entre 18°C y 24°C, por lo cual debes conservarlas en la oscuridad durante por lo menos dos días. Puedes cubrir el germinado con manta, plástico u otro material y luego retirar la cubierta.

Cuando inicia el crecimiento de la hierba, no es conveniente exponerla a la luz directa del sol. Es mejor colocarla bajo luz difusa hasta que la planta se haya fortalecido y pueda resistir el sol directo.

La propagación

✔ Algunas de las hierbas que se propagan por semilla son: perejil, cilantro, eneldo, hinojo, cebollín, ajo, apio, brócoli, espinaca, huauzontle, puerro, albahaca, anís, borraja, berro, etcétera.

✔ Otras de las hierbas que aquí mencionaremos se multiplican por material vegetativo o esqueje. Esta técnica consiste en tomar una parte de la misma planta, como un tallo, o dividir la planta desde la raíz, y luego esas partes se siembran en el sustrato. Algunos ejemplos de estas hierbas son menta, orégano, tarragón, salvia violeta, ruda y mejorana.

✔ Otras más, como el epazote, pueden multiplicarse por semilla y también por división.

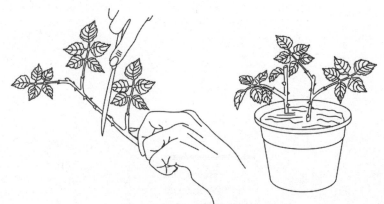

Figura 30-4:
Propagación por
esqueje.

Los sustratos

RECUERDA Puedes usar diferentes tipos de sustratos para cultivar hierbas, como lana de roca, vermiculita, agrolita, arena gruesa, cascarilla de coco, perlita, cubos de oasis, gravilla volcánica, arcilla expandida, etcétera.

El cultivo

Puedes cultivar hierbas en cualquier sistema hidropónico imaginable:

✔ Colocar sustrato en camas de cultivo. Para las hierbas aromáticas perennes, la longitud del canal o contenedor rectangular será de acuerdo con la disponibilidad de espacio del cultivador. El contenedor o unidad de cultivo puede medir de ochenta centímetros a un metro de ancho y quince centímetros de profundidad.

✔ Hacer canales sobre el suelo, recubrirlos de plástico grueso y aplicarles un desnivel para recolectar la solución nutritiva en una cisterna bajo la superficie.

✔ Aplicar el sistema NFT (consulta el capítulo 9). Es útil para algunos pequeños cultivadores emplear tubos de PVC de tres pulgadas de diámetro y de cuarenta a sesenta centímetros de longitud, con un desnivel de medio centímetro. Estos pequeños tubos se colocan en fila y en varios niveles, para aprovechar al máximo el espacio disponible.

En el sistema NFT es importante mantener una película recirculante y permanente de solución nutritiva de uno a dos milímetros en cada canal.

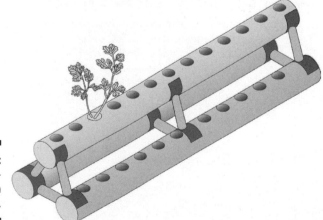

Figura 30-5:
Esquema de colocación de tubos en pirámide.

Coloca los tubos que contengan hierbas que requieren mayor luminosidad en los niveles superiores.

✔ Utilizar bolsas de plástico o macetas con riego por capilaridad.

✔ Emplear el sistema de raíz flotante (consulta el capítulo 8).

✔ Aplicar el sistema de acuaponia, que es el cultivo de peces y plantas con la misma solución nutritiva.

✔ Iniciar el desarrollo de las hierbas en pequeños canales o tubos, con barrenos a cada cinco o siete centímetros para la colocación de la plántula. Luego trasplantarlas por segunda vez a canales o tubos más largos y con barrenos más separados para su desarrollo final.

En todos estos sistemas las raíces deben ser blancas por completo, lo cual indica una buena aireación.

La mayoría de las hierbas hidropónicas son poco demandantes de nutrientes y desarrollan pequeñas raíces, pero son de calidad superior a las cultivadas en tierra. De igual manera, la producción por metro cuadrado es mucho mayor que en los cultivos tradicionales.

Los sistemas hidropónicos no son costosos porque pueden modificarse de acuerdo con la necesidad y recursos particulares de cada cultivador. Muchos de los sistemas hidropónicos resultan muy económicos y son utilizados para producciones comerciales de hierbas.

Los cortes o cosechas

Cuando las hierbas han alcanzado una altura de diez a quince centímetros, puedes cortar hojas y tallos, pero solo la tercera parte de su largo total para permitir el rebrote.

Es importante conocer el tiempo apropiado para la primera y segunda cosechas:

Tabla 30-1: Primera y segunda cosecha de hierbas

Hierba	Tipo	Tiempo de primera cosecha (días)	Regeneración para segunda cosecha (días)
Albahaca	Anual	85 a 95	15 a 20
Cilantro	Anual	100 a 120	15 a 20
Eneldo	Anual	50 a 60	15 a 20
Mejorana	Perenne	130 a 140	20 a 25
Orégano	Perenne	110 a 120	20 a 25
Perejil	Anual	60 a 70	10 a 15
Menta	Perenne	75 a 80	12 a 15
Salvia	Perenne	80 a 90	10 a 15
Tarragón	Perenne	120 a 150	20 a 25

Fuente: C.P. Gloria Samperio Ruiz.

Algunas hierbas aromáticas

Puedes cultivar algunas de las siguientes hierbas durante todo el año con técnicas hidropónicas. También puedes deshidratarlas de manera fácil y económica para conservarlas por mucho tiempo o para la venta. El consumo de hierbas aromáticas es alto y se venden bien en fresco y deshidratadas.

Figura 30-6: Perejil hidropónico en bolsas de plástico con sustrato de perlita.

Figura 30-7:
Mentol sembrado en
sustrato de perlita.

• **Cebollín (*Allium schoenoprasu*).** Es similar a la cebolla y se multiplica por semilla. Sus hojas son similares a pastos gruesos y se usan en ensaladas o sopas. Su altura máxima es entre veinte y 25 centímetros.

• **Verbena (*Aloysia triphylla*).** Su olor es igual al limón, se adapta a varios climas, es perenne y tiene flores púrpuras. Su altura es hasta un centímetro y medio. Se multiplica por semillas o esquejes, tiene excelente sabor y se usa en bebidas o ensaladas.

• **Malva inglesa (*Althaea officinalis*).** Se multiplica por esqueje y es famosa porque en la antigüedad se usaba para la elaboración de malvaviscos. Sus flores son pequeñas y de color blanco y rosa. Llega a medir más de un metro de altura. En trozos se utiliza para sazonar sopas y ensaladas y su sabor es muy apreciado.

• **Malva común (*Malva sylvestris*).** En México su desarrollo es anual; dadas las condiciones de humedad y sol puede llegar a ser perenne y es considerada como plaga en los cultivos. En los pueblos nativos es comestible.

• **Eneldo (*Anethum graveolens*).** Es una hierba muy comercial y se usa seca o fresca. Las hojas son finísimas y en forma de pluma. Sus tallos tienen umbelas, que son sombrillas o inflorescencias grandes y planas. Su desarrollo llega hasta los setenta u ochenta centímetros. Se multiplica por semillas y no es conveniente el trasplante. Se consume en ensaladas, salsas y sopas.

• **Angélica (*Archanelica*).** Es una planta de muy agradable sabor y muy aromática, de la familia del perejil. Sus flores son de color amarillo verdoso y su multiplicación es a través de semillas. Sus flores y hojas se usan también para adornos en platillos y sopas y como saborizantes.

• **Manzanilla (*Anthemis obili*).** De exquisito sabor y olor, con flores amarillas en forma de margarita. Alcanza entre treinta y cuarenta centímetros de altura. Es muy fácil de cultivar por esqueje o semilla y es perenne. Tiene una amplia variedad de aplicaciones: infusiones, tés medicinales, enjuagues, cremas, lociones, etcétera.

• **Estragón (*Artemisa dracunculus*).** Originaria del sur de Europa, sus hojas son verde oscuro y sus flores son de color verde tierno, puntiagudas, delgadas y grandes. Se reproduce por esqueje o por rizoma. Muy utilizado como condimento por su fuerte sabor.

• **Borraja (*Borago officinale*).** Por lo general se usa como guarnición para una buena variedad de platillos y también para cocteles o infusiones. Sus flores azules forman estrellas, tiene sabor a pepino y se reproduce por semilla.

• **Lingüístico (*Levisticum officinale*).** Su aroma es parecido al del apio y sus flores son amarillas y pequeñas. Puede propagarse por semilla o por esqueje. Sus hojas tiernas sirven para la elaboración de sopas y salsas, dando un ligero sabor a galleta.

• **Camomila o manzanilla (*Chamaemeleum nobile* y *Chamonilla recutita*).** Es una planta perenne de utilidad variada. Con aroma dulce y de flores pequeñas y amarillas, es de uso alimenticio y hasta medicinal. Se multiplica por semillas o por esqueje.

• **Cilantro (*Coriandrum sativum*).** Es hierba comestible y medicinal que mide desde veinte hasta sesenta centímetros de altura. Sus hojas son de color verde intenso. Tiene florecillas blancas que contienen las semillas, su sistema de reproducción. También se usa como analgésico, antiespasmódico y reconstituyente.

• **Quelite cenizo (*Chenopodium album*).** Sus hojas son angostas. Crece hasta un metro y medio o un poco más, según las condiciones ambientales. Desarrolla racimos de diminutas flores en los extremos de los tallos más fuertes y estas aportan las semillas para su multiplicación. Su sabor es muy apreciado en México y su alto contenido de hierro lo hace muy nutritivo.

• **Hinojo dulce (*Foeniculum vulgare*).** Puede alcanzar hasta dos metros de altura. Es una planta muy resistente con hojas finas, flores amarillas y semillas, aunque también se propaga por esqueje. Se usa como analgésico, aperitivo y guarnición en platillos.

• **Verdolaga (*Portulaca oleracea*).** Es una planta comestible de la familia de las portulacáceas. Es amante del sol y su desarrollo es profuso. Puede multiplicarse por esqueje. Es comestible y de alto valor nutritivo, aunque también se utiliza para fines medicinales.

• **Jengibre (*Zingiber officinalis*).** Es una planta de tamaños variados, pues puede medir entre cincuenta centímetros y un metro. Sus tallos son similares a los juncos. Sus hojas verdes contrastan con las flores amarillas con moteado de color morado. Su tallo sale del rizoma y de este se obtiene aceite y la especia para uso comestible y curativo. El rizoma es excelente para su propagación.

• **Lavanda (*Lavandula angustifolia*).** Llega a crecer hasta noventa centímetros, con follaje puntiagudo y flores de color azul al final de la espiga. Estas flores se usan para diversos condimentos, ensaladas, dulces y hasta como tónico para el cabello. Se multiplica por esqueje.

Algunas hierbas medicinales

• **Doradilla (*Selaginella lepidophyla*).** En México se le conoce como flor de peña y pata de rata. Esta pequeña herbácea no produce flores ni fruto; su tallo es pequeño y sus hojas son partidas y hacia abajo, con tonalidades rojizas y verdes que se extienden cuando hay lluvias y que se enrollan hacia abajo y se tornan doradas en temporadas de sequía. Se ha documentado su uso medicinal desde el siglo XVI para tratar cálculos biliares y problemas renales. Se multiplica por esqueje.

• **Alcaravea (*Carum Carvi*).** Es una planta bianual y llega a crecer hasta cincuenta centímetros. Sus hojas semejan plumas y sus semillas aparecen en las diminutas florecillas blancas. Su aroma es similar al del anís. Su uso principal es curativo, como antibacterial, estimulante digestivo, etcétera. Se multiplica por semillas y esqueje.

• **Salvia (*Salviasclarea*).** Es bianual y crece entre treinta y setenta centímetros. Produce hojas velludas y flores azuladas, rosas o blancas. Además de ser ornamental es medicinal como antimicótico y como tónico nervioso, entre otras de sus múltiples aplicaciones. Se multiplica por esqueje.

• **Siempreviva (*Helichrysum italicum*).** Es un arbustillo que llega a alcanzar de sesenta a setenta centímetros de altura. Con hojas lanceoladas y casi grises y flores pequeñas de color amarillo, se utiliza para combatir dolores de cabeza, artritis, asma, etcétera. Se multiplica por esqueje.

• **Hisopo (*Hyssopus officinalis*).** Este arbustillo crece hasta cincuenta centímetros y tiene hojitas lineares y verticilos de flores moradas, rosas

o blancas, muy aromáticas. Su uso es culinario y medicinal. Su multiplicación se realiza por esqueje.

• **Lavanda (*Lavandula oficinalis*).** Es un arbusto aromático que puede
medir hasta un metro de altura. Su aroma está presente en todas sus
partes. Sus hojas son delgadas y lanceoladas de un color gris azuloso.
El aceite esencial solo puede extraerse de sus flores. Entre sus variados
propósitos se encuentran los cosmetológicos y medicinales. También en
algunos casos es comestible y su multiplicación es por esqueje.

• **Mejorana dulce (*Origanum marjorana*).** Su altura varía de veinte a
ochenta centímetros, sus hojas son aovadas de color verde fuerte y produce pequeños racimos de florecitas puntiagudas de color blanco o rosa.
La flor contiene el aceite esencial y se multiplica por esqueje o yema. Sus
usos son cosmetológicos, medicinales y culinarios.

• **Mentol Eucaliptus.** Planta suculenta de hojas amplias y gruesas. Su
altura varía según la disponibilidad de agua y sol, pero puede llegar a
medir un metro con veinte centímetros. Expide un fuerte y agradable olor
y contiene aceites esenciales. Se multiplica por esqueje.

Podríamos comentar más sobre la inmensa variedad de estas hierbas,
pero lo importante es que conozcas la demanda, el nicho de mercado, la
forma de cultivarlas y la estrategia para comercializarlas, ya sea frescas o
deshidratadas.

Informarte siempre sobre tu cultivo es un camino para asegurar tu éxito.

Figura 30-8:
Syngonium podo-
phylium.

Figura 30-9:
Hedera algeriensis Gloire de Marengo.

Figura 30-10:
Saintpaulia ionantha.

Figura 30-11:
Coleus blumei.

Figura 30-12:
Beaucarnea recurvata.

Figura 30-13:
Fittonia verschaffeltii (blanca).

Figura 30-14:
Begonia sophie cecile.

Parte VI

¡Precaución! Cuida tu invernadero hidropónico

En esta parte...

Compartiré contigo los cuidados fundamentales que debes tener con tu invernadero porque está sujeto a diversas condiciones ambientales que pueden ser perjudiciales, como plagas, enfermedades, climas adversos y humedad, entre otros. Como ya hemos comentado, la idea es que puedas tener el control de la mayor cantidad de variables que incidan en tus cultivos.

Capítulo 31

Factores ambientales que influyen en el desarrollo de tus plantas

. . . .

En este capítulo

▶ Confirmaremos que la mejor manera de evitar dificultades es prevenirlas. Con base en este principio, hablaremos sobre temperatura, salinidad, luminosidad, plagas y otros factores que afectan los cultivos, además de algunos métodos para controlarlos.

La temperatura

La temperatura que rodea las raíces y la parte aérea de las plantas influye en su proceso fisiológico, en su absorción de nutrientes y en su crecimiento. Por ejemplo, en los cultivos de origen tropical la temperatura óptima es de 25°C a 30°C. Para que los cultivos se desarrollen de manera adecuada lo recomendable es acercarse lo más posible a ese rango térmico, aunque los requerimientos pueden variar de acuerdo con el entorno donde las plantas son colocadas.

CULTURA GENERAL A través de la domesticación de plantas se ha logrado adaptarlas a diferentes climas. Tal es el caso de la fresa, extendida en Europa en un clima extremadamente frío y se ha logrado adaptar al clima cálido de Villa Guerrero, Estado de México.

El control de la temperatura de la zona radicular en un cultivo tradicional es casi imposible; sin embargo, en hidroponia el control se efectúa a menudo con la instalación de pisos radiantes o de fuentes de calor o frío, conforme a lo que se requiera.

En la actualidad existen en el mercado los llamados tapetes calientes, con los cuales puedes regular el calor necesario para las raíces.

No es conveniente colocar los contenedores sobre pisos muy fríos.

Con el adecuado manejo de la temperatura se pretende acortar el tiempo de los ciclos vegetativos en las plantas, con el fin de obtener mayor número de cosechas en el menor tiempo posible.

La influencia de la temperatura se manifiesta en:

✔ Absorción de solución nutritiva por las raíces.

✔ Producción de materia vegetativa a través de la fotosíntesis.

✔ Transpiración de las plantas a través del vapor de agua excedente.

✔ Facilidad para la absorción de dióxido de carbono (CO_2).

Del total de agua que absorbe la planta, solo entre 5% y 7% queda retenida en los tejidos y el resto pasa al ambiente a través de su transpiración. Por este motivo y por el intercambio de gases, debe existir una temperatura apta, ventilación y recambio de aire.

La planta joven tiene poco follaje, transpira poco y, por tanto, no puede mejorar las condiciones ambientales en su entorno o en el invernadero. Si la temperatura es demasiado alta, se desmejora y puede morir.

La planta mayor se debilita; las flores no cuajan bien por falta de fertilidad del polen o por la baja humedad relativa, el tamaño de los frutos disminuye y se presentan problemas de deficiencia de calcio (*blossom end rot*) y pudrición apical.

• Las condiciones climáticas tienen un fuerte y rápido efecto sobre el cultivo y la fotosíntesis:

✔ En condiciones de calor, la planta tiene un dilema: necesita abrir estomas para absorber CO_2 y convertirlo en azúcares a través de la realización de la fotosíntesis, pero a la vez no debe perder demasiada agua por la transpiración.

✔ La molécula de CO_2 es más grande que la molécula de H_2O; por tanto, cuando la planta abre estomas para absorber CO_2, pierde 500 moléculas de agua por cada molécula de CO_2 que absorbe.

✔ La diferencia de tamaño de las moléculas motiva que la transpiración sea cincuenta veces mayor que la absorción de CO_2.

✔ Si la pérdida de agua es mayor que el riego, la planta cierra en mayor o menor grado sus estomas y disminuye la fotosíntesis para mejorar su condición hídrica. Lo anterior se debe a que su información genética le ordena sobrevivir.

• Consecuencias de las temperaturas extremas

La transpiración de agua es un proceso vital para la planta, pues le permite enfriarse, movilizar nutrientes, mantener su estructura y cumplir todas sus funciones. Este proceso depende de las condiciones climáticas, pues con luminosidad y temperatura altas, además de viento excesivo, la planta acelera su transpiración y, como consecuencia, disminuye su humedad.

En cultivos de tomate, por ejemplo, los síntomas de temperaturas altas o demasiado bajas son enroscamiento hacia abajo de las hojas hasta adquirir forma de pelota. La planta produce tallos delgados (puede confundirse con baja CE).

Los golpes de frío o de calor provocan rajaduras y deformaciones en el fruto, que se conocen como "cara de gato" (ve el detalle en la figura 31-1).

Figura 31-1:
Tomates agrietados por temperaturas muy bajas (cortesía de Carlos Peña).

Las manchas y decoloraciones también son síntomas de golpes de temperatura baja o alta. Con mayor luminosidad es frecuente la aparición de manchas blancas o de escaldado de sol.

Los excesos en la temperatura también dificultan la absorción de algunos minerales, lo cual provoca deficiencias nutricionales; sobre todo en las plantas que no se han desarrollado bien.

• Temperatura requerida

Por lo regular en nuestros hogares tenemos una temperatura diurna aproximada de 18°C a 22°C, y por la noche de 14°C a 16°C. Este rango es tolerable para las plantas y pueden adaptarse a él.

La temperatura de la solución nutritiva es muy importante para la planta. Si el tinaco o reservorio que la contiene está a la intemperie, conviene enterrarlo en el suelo a una profundidad mínima de cinco a diez centímetros con el fin de dar mayor estabilidad a la temperatura. También es recomendable cubrirlo para protegerlo del exceso de frío o de calor.

• Si aplicas la solución nutritiva demasiado fría, las raíces no mueren, pero la planta se deteriora con rapidez. Por ejemplo, si la planta requiere la solución nutritiva a una temperatura de 17°C a 18°C para su floración y el líquido tiene una temperatura de 10°C a 12°C, es conveniente hacerlo pasar por un calentador.

• Si se encuentra en un rango de entre 29°C y 35°C, la solución nutritiva contiene muy poco oxígeno para que la planta pueda oxidar sus nutrientes y consumirlos de manera óptima.

La luminosidad

Todas las plantas, perennes o transitorias, dependen de la luz para efectuar la fotosíntesis; es decir, el proceso mediante el cual los nutrientes y el dióxido de carbono se convierten en azúcares, grasas, proteínas, etcétera. Al mismo tiempo, la respuesta de la planta es producir oxígeno. En la oscuridad, las plantas no producen suficiente humedad para respirar y, con el tiempo, mueren.

Las plantas solo pueden desarrollarse con suficiente luz. De acuerdo con su genética requieren mayor o menor cantidad de luz y de agua para su transpiración. Para medir la luminosidad con precisión requerimos un luxómetro, fotómetro o medidor de cuantos de luz.

La unidad para medir la luminosidad es el pie candela (*food candle* en el Sistema Inglés de Medidas), el cual equivale a la intensidad luminosa que proporciona una vela en un pie cuadrado a un metro de distancia. Un pie candela equivale a 10.76 luxes (Sistema Internacional de Medidas).

Para que tengas una idea aproximada sobre mediciones de luminosidad, he aquí algunos ejemplos:

✔ En los trópicos a cielo abierto, la luminosidad es de alrededor de 140 mil luxes; en Europa, cien mil luxes; y en México, 120 mil luxes, aunque todo depende de la latitud y la temporada. En un día nublado puede haber 32 mil luxes.

✔ En una oficina estándar con luz artificial colocada a una altura convencional, la iluminación sobre un escritorio puede ser de entre 500 y 600 luxes, y la luminosidad suficiente para leer y escribir es de 120 a 160 luxes como mínimo.

✔ La luz que entra por una ventana en un día soleado, según el grueso de la cortina y la época del año, puede medir diez mil luxes. Si colocas la planta a un metro y medio de la ventana recibirá menor cantidad de luz que si está a solo cincuenta centímetros de distancia, aunque es posible que no reciba toda la luminosidad.

• **Algunas referencias de luminosidad**

✔ Las plantas de follaje necesitan una iluminación de cuando menos 500 a 800 luxes. Cuando reciben entre 800 y 2,500 luxes muestran un buen crecimiento.

✔ Hay plantas pequeñas que pueden resistir mayor luminosidad y otras son más sensibles. Por ejemplo, las violetas africanas requieren 800 luxes para su floración; si las colocas en la oscuridad o a menor luminosidad no volverán a florear. De igual manera, el ficus benjamina puede perder todas sus hojas en pocos días si lo colocas en un lugar oscuro.

✔ Para su floración, las plantas suculentas, los cactus y otras de clima cálido requieren entre 2,500 y 5000 luxes.

Hagamos un cálculo aproximado de la luminosidad para los diferentes grupos de plantas.

Tabla 31-1: Luminosidad para los diferentes grupos de plantas

Luz directa del sol	Crecimiento	Grupo de plantas
90 a 100%	Óptimo	Foliares y plantas de floración (evitar el exceso).
70 a 90%	Muy bueno	Foliares y algunas plantas de floración.
50 a 70%	Bueno	Foliares.
30 a 50%	Mediocre	Solo plantas foliares con bajos requerimientos de luz.
10 a 30%	Mínimo	Solo para plantas no sensibles a la luz (aplicar luz complementaria).
-10%	Ninguno	Algunas plantas pueden sobrevivir solo unos días.

Fuente: August Rotter, Hans, *Hydrokultur*, Berlin, Falken Verlag Gribh, 1980.

La medida exacta de luz que las plantas requieren es la que reciben en su medio nativo. El color de las hojas es característico si han crecido bajo la luz directa del sol. Sin embargo, aunque en nuestros hogares solemos contar con poca luminosidad, las plantas se acostumbran a diferentes escalas de luz; por ejemplo, las de invernadero se adaptan a esa luminosidad y esa característica las ayuda a resistir el cambio de la intemperie a un medio controlado.

Las plantas decaen como reacción al cambio de lugar y de luz, pero mejoran de cinco a siete días después, si viven en condiciones similares a su medioambiente natural.

Humedad relativa

Es otro factor que debe cuidarse. Por lo general en invierno la humedad relativa es muy baja en algunas latitudes (centro de México). Cuando tenemos solo 30% de humedad en el ambiente, nuestra garganta y nariz sufren resequedad y lo mismo ocurre con las plantas hidropónicas, sobre todo con las de origen tropical. Esta carencia de humedad les causa debilidad y menos resistencia a las enfermedades.

Podemos aumentar la humedad con un humidificador comercial o un nebulizador hasta obtener 60 a 70%. También tenemos la opción de atomizar con agua natural las hojas de las plantas de ornato. Lo importante es proveerles el mejor ambiente posible.

Salinidad

En algunos casos los minerales se concentran en el sustrato y provocan salinidad en el entorno de las raíces. Debemos evitar esta condición porque aumenta el flujo de agua y el aporte de calcio hacia las hojas grandes y reduce la absorción hacia la parte alta de la planta. La consecuencia de lo anterior es un tallo delgado y baja capacidad de producción.

El exceso de salinidad también disminuye el flujo de solución nutritiva a los frutos y provoca pudrición apical, por lo que es recomendable aplicar un riego semanal de agua natural.

• **Deficiencias comunes por sales o minerales antagónicos**
Las deficiencias de nutrición pueden presentarse cuando la solución nutritiva no está balanceada de manera correcta. Por ejemplo, una deficiencia de boro provoca una mala absorción de calcio. Esta situación, a su vez, desencadena una carencia de potasio y desequilibra el metabolismo de la planta. En muchos casos la podredumbre apical denota una cantidad deficiente de calcio.

Si el cultivo no absorbe bien los nutrientes, estos quedan en la solución y la desequilibran.

Consideraciones sobre el Manejo Integral de Plagas (MIP)

Es el término general que explicaremos a continuación. Cuando iniciamos un cultivo, es ineludible considerar las enfermedades que puedan atacarlo y debemos adoptar medidas para evitar o controlar dichas agresiones. De ello depende en gran medida el éxito de nuestra empresa.

A diferencia de los cultivos tradicionales en tierra, los cultivos hidropónicos tienen grandes ventajas en este sentido, dado que podemos controlar todo el agroecosistema; es decir, las interrelaciones entre los microrganismos, insectos y plantas, porque no usamos tierra.

Sin embargo, es necesario implementar una estrategia de sanidad vegetal o un control integral de plagas que minimice los riesgos económicos, los relacionados con la salud de cultivadores y consumidores y el deterioro del planeta.

El concepto de MIP (Manejo Integral de Plagas) tuvo su origen en 1950, cuando se observaron los efectos negativos del uso de insecticidas a gran escala. En primer lugar se implementó el control supervisado de insectos, uno de los pilares conceptuales del manejo integrado que aspiraba a identificar la mejor combinación de controles químicos y biológicos para una plaga específica.

Los insecticidas químicos debían usarse de manera que causaran la menor alteración posible a los controles biológicos (depredadores y enfermedades naturales de las plagas). A lo largo de tres décadas el concepto de "Manejo Integral" se ha extendido para incluir toda clase de plagas y otras tácticas, además de las químicas y biológicas, como la resistencia de la planta a la plaga, proporcionarle alimento contra sus parásitos y diversas manipulaciones del cultivo.

En Estados Unidos el MIP se convirtió en una política nacional en febrero de 1972, cuando el presidente Richard Nixon ordenó que las agencias federales promovieran el concepto de aplicación del MIP en todos los sectores significativos. A partir de ahí se ha puesto en práctica en muchos países.

En general, el objetivo del Manejo Integral de Plagas es proteger al máximo la cosecha, al menor costo posible y con el mínimo riesgo para el hombre y la biosfera.

La Organización de las Naciones Unidas para la Alimentación y la Agricultura (FAO) define al MIP como "un sistema de manejo que, en el contexto ambiental y dinámico-poblacional, utiliza todas la técnicas disponibles y compatibles (con el medio), para mantener a una población plaga por debajo de los niveles que causan daño económico".

Cuando una plaga ya se ha instalado, lo anterior es imposible y entonces es necesario aplicar un producto agroquímico, para salvar parte del potencial productivo de las plantas. Por ello es necesario implementar una estrategia de control y prevención que involucra diversos factores: es evidente que con la siembra tradicional en tierra nos enfrentamos a todo un sistema establecido de poblaciones nocivas que hay que combatir. Por otra parte, existen organismos benéficos que se ven perjudicados si atacamos a los nocivos.

Es muy complejo mantener un agroecosistema dentro de los límites de sustentabilidad y equilibrio cuando se cultiva en tierra. En comparación, en los cultivos hidropónicos no es necesario resguardar el agroecosistema, con todo el trabajo que ello implica, aunque por seguridad del cultivo es necesario minimizar los riesgos.

Debemos diferenciar los conceptos de control biológico y control natural. Este último es el control de las poblaciones de organismos sin intervención del hombre e incluye, además de los enemigos naturales, la acción de los factores abióticos del medioambiente, como el efecto del clima sobre las plagas. Por su parte, el control biológico es un método artificial.

Control preventivo

Es una estrategia sencilla para un invernadero hidropónico que consiste en:

1.- Información sobre la planta:

a) Es necesario saber a qué tipos de **enfermedades** es susceptible el vegetal en el sistema que pretendemos implementar, para orientarnos en el camino a seguir.

b) Las plagas. Así podremos identificar los factores abióticos o condiciones climáticas que debemos cuidar dentro del invernadero, como los niveles de riesgo de la humedad relativa, la aireación, la luminosidad, la temperatura y el dióxido de carbono (CO_2), pues un inadecuado control de estos factores puede influir de forma drástica en la reproducción e instalación de una plaga.

c) Otras plantas que luzcan más suculentas o atractivas a dichos patógenos, para colocarlas a una distancia prudente del invernadero.

d) Los microorganismos regionales y las enfermedades que causan, con el fin de identificar posibles plagas y estar preparados para tomar las mejores decisiones.

2.- Implementación de mecanismos físicos:

a) Control de las condiciones climáticas dentro del invernadero: ventilación, cortinas, temperatura, etcétera. Estas acciones tendrán un efecto benéfico contra las enfermedades fungosas.

b) Barreras físicas: mallas mosquitero o antimosquita (puedes reforzar su acción con un repelente de insectos), trampas pegajosas, encalados, franjas de caldo bordalés (mezcla de azufre y cobre) alrededor del área de cultivo, etcétera.

c) Control biológico: aunque en sentido estricto el control biológico se basa en la acción del depredador natural, el concepto se ha ampliado e incluye todos aquellos productos que no alteran el equilibrio de otras poblaciones; puede resumirse como toda aquella práctica (utilización de plantas, insectos o productos químicos) que controle sin alterar el equilibrio del entorno, incluso la microbiología.

• Tácticas útiles

Es probable que desde los albores de la agricultura se observaran los efectos de atracción y repulsión que ejercen las plantas sobre los insectos. Los aromas dulces de algunas flores atraen insectos benéficos que sirven de control natural sobre algunos nocivos. Aunque para los cultivos protegidos esta práctica es inoperante, no es desdeñable la utilización de ciertas plantas para atraer o repeler insectos nocivos.

Los insectos sienten atracción hacia una variedad específica más suculenta para ellos y así se evita que se instalen en el cultivo protegido, o bien, gracias a ciertas sustancias aromáticas de las plantas que sirven de repelentes, los insectos no se instalan en ellas.

✔ La manera de utilizar las plantas atrayentes es sembrarlas fuera del invernadero y ejercer control con algún insecticida. Un ejemplo de la acción atrayente son los rosales (*Rosa spp*) que se siembran para proteger los viñedos (*Vitis spp*) o las franjas de alfalfa (*Medicago sativa*) en el caso de diferentes hortalizas.

✔ La manera de utilizar las plantas repelentes es sembrar cercos alrededor del cultivo o intercalarlas en el mismo. Los ejemplos son numerosos: ajo (*Allium sativum*), citronela (*Melissa officinalis*), albahaca (*Ocimum basilicum*), etcétera. A este respecto, una planta que en la actualidad ha llamado la atención de productores y científicos es el árbol del nim (*Azadirachta indica*). Los estudios han demostrado que su ingrediente activo (azadiractina) tiene gran importancia ecológica, pues afecta las actividades de numerosas especies: a algunas las repele y en otras interrumpe el ciclo vital del insecto, fuera o dentro del invernadero.

Es recomendable cultivar algunos ejemplares de árbol de nim en el invernadero, por su amplio espectro de control en comparación con otras plantas con esta función.

Estas mismas plantas atrayentes y repelentes también son susceptibles, aunque en menor medida, al ataque de algunas plagas.

Estas medidas son preventivas y pueden ahorrarte, además de dinero, varios dolores de cabeza; sin embargo, si encuentras evidencias de que el cultivo ha sido invadido por insectos (hojas mordidas, excretas del insecto), hongos (manchas, pudriciones), bacterias (pecas, filiformismos, cambios drásticos de color), es momento de tomar acciones para proteger tu cultivo y, claro está, ¡tu inversión!

• **Control curativo: ¿A qué producto recurrir?**

Según la sintomatología que presente el cultivo se decide emplear un insecticida, fungicida o bactericida. No obstante, dentro de las alternativas que ofrece el mercado de los agroquímicos es necesario tener ciertas consideraciones. En primer lugar debes conocer el riesgo de toxicidad que el producto representa para tu organismo. Todos los productos están identificados con una franja de color que indica la toxicidad:

✔ Verde: ligeramente tóxico.

✔ Azul: moderadamente tóxico.

✔ Amarillo: altamente tóxico.

✔ Rojo: extremadamente tóxico.

Es un error pensar que entre más tóxico es el producto, mejor efecto tendrá contra la plaga.

Debido al uso indiscriminado de muchos plaguicidas, los organismos invasores han desarrollado resistencia a varios de ellos. Ahora en el mercado encontramos muchas sustancias nuevas de control biológico que, a pesar de su principio de no alterar el equilibrio natural, tienen la misma presentación que todos los agroquímicos.

En sentido estricto, como ya expliqué, el control biológico se basa en la búsqueda de los organismos antagónicos a la plaga. Hoy existe gran cantidad de insecticidas cuyo ingrediente activo se obtiene mediante microrganismos como *Bacillus subtilis*, *Gliocladium viren* o *Bacillus thurigensis*, los cuales enferman y combaten a los insectos.

El conocimiento de los mecanismos y las sustancias responsables de la comunicación y el metabolismo celular de los insectos ha permitido el desarrollo de productos más específicos y menos agresivos para el medio ambiente. Tal es el caso de las enzimas, que son mensajes químicos a nivel celular; las más comunes son avamectina, azhadiractina (ingrediente activo del árbol del nim), emamectina, milbectina, etcétera.

La ventaja de estas sustancias es que se degradan con facilidad y no son bioacumulables: las toxinas producen su efecto y se desintegran sin dejar residuos que puedan acumularse en otros organismos. Creo que estos avances permitirán combatir diversas plagas de manera más amigable para el hombre y para el medio ambiente.

El éxito en el control de una plaga se basa en el conocimiento que tengas de ella: sus ciclos para determinar en qué momento es más vulnerable, las condiciones climáticas de riesgo y el uso de plantas atrayentes o repelentes, entre otros datos.

Dado que siempre es mejor prevenir que lamentar, un buen manejo de los mecanismos de control reducirá en gran medida la incidencia de plagas y, por tanto, el uso de cualquier tipo de pesticidas.

Es por ello que el cultivo hidropónico es una de las alternativas más viables, no solo por elevar la producción y bajar los costos, sino porque requiere mucho menos uso de todo tipo de pesticidas que se han empleado, se emplean y se emplearán. Si no se cambian las practicas de control de plagas, terminarán por destruir nuestro ya frágil planeta.

• Control biológico, organismos antagónicos

Hablaremos sobre algunos tipos de organismos que a menudo atacan los cultivos, los daños que provocan y sus antagónicos.

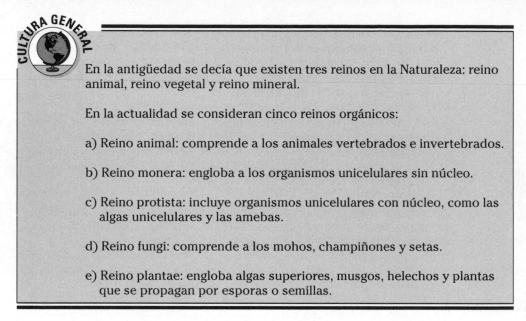

CULTURA GENERAL

En la antigüedad se decía que existen tres reinos en la Naturaleza: reino animal, reino vegetal y reino mineral.

En la actualidad se consideran cinco reinos orgánicos:

a) Reino animal: comprende a los animales vertebrados e invertebrados.

b) Reino monera: engloba a los organismos unicelulares sin núcleo.

c) Reino protista: incluye organismos unicelulares con núcleo, como las algas unicelulares y las amebas.

d) Reino fungi: comprende a los mohos, champiñones y setas.

e) Reino plantae: engloba algas superiores, musgos, helechos y plantas que se propagan por esporas o semillas.

Ahora hablaremos de aquellos organismos que representan riesgos para los cultivos y cómo controlarlos con sus antagónicos correspondientes.

✔ **Los virus**
Debido a que no están constituidos por células propiamente dichas, los virus quedan fuera de este libro. Sin un organismo hospedador no les es posible vivir.

✔ **Las bacterias**
Son seres microscópicos que cuentan con un cromosoma circular y se dividen para reproducirse. Algunos géneros logran sobrevivir en condiciones extremas a través de su reproducción. Existe un tipo de bacteria que es capaz de convertir el amoníaco en nitrato para asegurar su supervivencia.

✔ **Los hongos**
Son organismos sin diferenciación de raíces y no poseen cloroplastos, a pesar de ser multicelulares. Están formados por filamentos llamados hifas o micelios, a través de los cuales absorben la savia del organismo al que han invadido y con la que se alimentan. Se dispersan y reproducen a través de esporas conocidas como conidios. En algunos casos son visibles, como los hongos y las setas.

El problema de los hongos en los cultivos es que se dispersan por agua, aire o contacto. Son parásitos por completo y se alimentan de un organismo anfitrión o de los saprófitos que invaden los organismos muertos. También existen los que hacen vida simbiótica en los cultivos. Este reino cuenta con un sinnúmero de especies, entre ellas los entomopatógenos, que son hongos que parasitan a los insectos.

✔ Los nematodos (gusanos)

Sobre estos no ahondaremos, ya que la limpieza en el cultivo hidropónico evita esta plaga. No obstante, existen especies de nematodos antagónicos o depredadores naturales que pueden parasitar en larvas o ninfas; por ejemplo, *Steinernema* y *Heterorabditis bacteriophora*, que ataca a todos los escarabajos.

✔ Los caracoles y las babosas

Pertenecen al filo *Mollusca*, clase gastrópodo. En un invernadero hidropónico con buenas reglas asépticas no se presenta ese problema.

✔ Los artrópodos

Los ácaros no son insectos en sentido estricto. Junto con las arañas y otros organismos similares, pertenecen al filo *Artropóda* y a la clase arácnida, que contiene varias subclases. Los ácaros son diferentes a las arañas porque su tórax y abdomen conforman una sola unidad, en tanto que las arañas conforman su unidad con la cabeza y el tórax. Algunos ácaros son perjudiciales y otro son benéficos porque se alimentan de los primeros.

Un dolor de cabeza en la mayoría de los cultivos es la araña roja. Es polífaga y su fácil reproducción crea megamanchas que destruyen con facilidad cultivos enteros en corto tiempo. Es una plaga muy agresiva, en particular la especie *Tetranychus urticae*, pues devora una gama amplísima de vegetales con verdadera rapidez.

Entre los daños que provoca la araña roja al succionar la savia es que las hojas se tuercen un poco y toman un color ligeramente plateado o marrón en el envés, presentan pequeñísimas manchas amarillentas que a trasluz denotan agujeritos, se tornan quebradizas y tienden a agrietarse; la piel de los frutos se vuelve áspera y con mayor daño el fruto se deforma. La parte baja de la planta es la primera afectada y el daño sube poco a poco, de acuerdo con la presión de la plaga.

Uno de sus ácaros antagónicos es el *Phytoseiulus persimilis*, es muy efectivo y se aplica sobre todo en invernaderos que conservan temperaturas muy cercanas a los 20°C. Otros depredadores tanto para la araña roja como para otros ácaros dañinos son el *Amblyseius californicus*, el mosco de agallas (*Feltiella acarisua*) y la bella mariquita (*Stethorus punctillum*).

También dentro de los artrópodos devoradores se encuentran:

a) Las falsas arañas (*Tenuipalpidae*).

b) Los ácaros eriófidos (*Eriophyidae*), como el ácaro bronceado del tomate *Aculopslycopersici*.

c) Los ácaros tarsonémidos (*tarsonemidae*), conocidos como la araña blanca de los invernaderos; su resistencia al frío es diferente al resto, pues soportan bajas temperaturas si la planta hospedante es resistente.

d) *Polyphagotarsonemus latus*.

e) La araña del ciclamen (*Tarsonemus pallidus*).

f) Los ácaros del musgo (*Oribatida*).

Este tipo de especies se desarrollan con base en las condiciones ambientales:

• Temperatura; no se desarrollan a menos de 10°C ni a más de 40°C.

• Ventilación.

• Luminosidad.

• Humedad relativa; los beneficia que sea baja.

• Variedad de cultivo; unos son más susceptibles que otros.

• Edad de la planta; las jóvenes son más vulnerables.

✔ **La mosquita blanca**
Hay una buena variedad de ellas y representan un grave problema para los agricultores. La más común es la mosquita blanca *Trialeurodes vaporariorum*. Desde los años setenta se desarrolló la avispa parásita *Escarsia formosa* como su antagónica, con excelentes resultados.

Una variante de la mosquita blanca, la mosca del tabaco (*Bermisia tabasi*), se ha convertido en el mayor agresor de su clase. Existen otras variedades, como la mosca blanca de la col (*Aleyrodes proletella*) y la mosca blanca de la fresa (*Aleyrodes lonicerae*), pero son menos agresivas.

Por su alto consumo de savia, la mosquita blanca acumula azúcares que necesariamente excreta en forma de miel. La pérdida de savia debilita con rapidez a la planta y perjudica su fisiología, respiración y fotosíntesis. Una vez dañadas, las hojas se defolian y se afecta la calidad del fruto, lo cual disminuye la producción. También son transmisoras de virus.

La miel depositada provoca la aparición de manchas y hongos (*Cladosporium spp*). También pueden provocar casos de maduración irregular y variación en el sabor de los frutos. Entre sus recientes antagónicos se encuentran la chinche depredadora (*Macrolophus caliginosus*) y el hongo *Verticilium lecani*.

✔ Los trips
Esta plaga se ha acrecentado en las últimas décadas hasta convertirse en una importante agresora de los cultivos que ha causado graves pérdidas económicas.

El trips de la cebolla (*Trips tabaco*), que apareció en la década de 1980, y el *Frankliniella occidentalis* son plagas agresivas. El trips *Echinothrips americanus* se distingue por su voracidad tanto en plantas ornamentales como en productos hortícolas. Otras variedades son el trips de las rosas (*Thrips fuscipennis*) y el trips de los cítricos (*Heliothrips haemorrhoidalis*). Omitiremos los menos agresivos.

Los trips succionan la savia y el tejido circundante muere debido a la agresión, a la pérdida de clorofila y a la muerte de las células vacías. Provocan manchas de color gris plateado y puntos negros por sus excretas. La planta pierde vigor y las flores ornamentales presentan deformidades. También son transmisores de virus; por ejemplo, el virus del bronceado del tomate (TSWV).

Los antagónicos de los trips son *Amblyseius cucumeris*, *Amblyseius degenerans*, *Hypoaspis orius spp*, *Verticilium lecanii* y *Entomophthrales spp*.

✔ Los minadores de las hojas
Son pequeñas moscas apenas visibles (miden solo milímetros) de color amarillo y negro. Pertenecen a la orden díptera o moscas verdaderas de la familia *Agromyzidae*. De esta familia se cuentan alrededor de 2,500 especies. Producen larvas dentro de las hojas, provocan pérdida de ese tejido y defoliación. En vegetales como el tomate y el melón pueden dañar el fruto y reducir la cosecha.

Las larvas adultas producen minas más anchas. Las variantes del daño están determinadas por el tipo de planta anfitriona, la temporada de cultivo y el manejo sanitario. El mayor daño ocurre en las plantas más jóvenes.

Los más agresivos son *Liriomyza bryoniae*, *Liriomyza trifolii*, *Liriomyza huidobrensis* y *Chromatomyia syngenesiae*. Sus antagónicos son avispas parásitas como *Dacnusa sibirica*, *Diglyphus isaea* y *Opius pallides*.

✔ Los pulgones

Al igual que los insectos anteriores, los pulgones se alimentan de la savia. Además de los daños consabidos son vectores de virus. Dentro de las especies más conocidas se encuentran *Myzus persicae* subesp. *persicae*, *Myzus periscae* subesp. *nicotianae*, *Aphis gossypii*, *Macrosiphum euphorbiae* y *Aulacorthum solani*.

Su desarrollo depende de la especie, la planta hospedadora, la densidad de población y las condiciones climáticas. Su desarrollo es dentro de la madre (paternogénica), se reproducen a una velocidad asombrosa y llegan a ser muy dañinos: al consumir la savia de la planta, desecan y deforman las hojas y llegan a alterar el equilibrio de las hormonas de crecimiento.

Su antagónicos más conocidos en invernadero son: mosquito cecidómido (*Aphidolets aphidimyza*), mariquita (*Adalia bipunctata*), sírfido (*Episyphus balteatus*), avispa parásita (*Aphidius ervi*), avispa parásita (*Aphelinus abdominali*), hongos *entomophtorales* y *Verticillium lecanii*, que cubren por completo al pulgón y lo exterminan.

✔ Las mariposas y las polillas

Son insectos que pertenecen a la orden de los lepidópteros, que en estado larvario son orugas y se convierten en polillas o mariposas en la edad adulta. Dentro de las más conocidas y perjudiciales en invernadero encontramos: medidor del tomate (*Chrysodeixis chalcites*), oruga de las hortalizas (*Lacanobia olerecea*), oruga de la col (*Mamestra brassicae*) y gusano gris de huerta (*Autographa gamma*).

Los principales antagónicos de estos lepidópteros son *Bacillus thuringiensis* y *Trichogramma brassicae*.

Puedes ahorrarte estos y otros inconveniente si la higiene de tu invernadero está controlada.

Parte VII
Los decálogos

En esta parte...

¡**B**ienvenido a la parte final del libro! Quiero compartir contigo el potencial de negocios de las producciones hidropónicas y las ganancias económicas que pueden significar para ti, además de algunos procesos para conservar tus vegetales, flores y hierbas. Por último, voy a sugerirte algunos proyectos hidropónicos, solo para inspirarte, ¡porque en poco tiempo crearás los tuyos!

Capítulo 32

¿Qué necesita el mercado? Diez acciones que debes tomar en consideración

· ·

En este capítulo

▶ Ahora sí necesitamos levantar nuestras antenas de empresarios. Toda empresa se basa en la satisfacción de una necesidad. Presta atención a la necesidad que llama tu atención y reflexiona en qué medida puedes satisfacerla con las técnicas hidropónicas. ¡Adelante!

· ·

En la actualidad se ha incrementado la cultura de "alimentarse de manera saludable"; con ello, la población busca alimentos inocuos: vegetales regados con agua limpia, sin la aplicación de pesticidas, con un manejo y transportación higiénicos, entre otros detalles. Esto mejora el valor económico de los productos.

La globalización ha propiciado que además de los vegetales tradicionales se incremente el consumo de hortalizas que antes fueron de importación, como tomate, lechuga, zanahoria baby, fresa, cilantro, espinacas, arúgula, eneldo, pápalo, etcétera. Por desgracia, muchos de esos vegetales ya están contaminados desde su siembra y así llegan al mercado. Sin embargo, mediante la hidroponia podemos ofrecer vegetales sanos, con las características físicas y nutricionales que requiere el consumidor y cumplir tanto en volumen como en fecha de entrega solicitados. Así es como satisfacemos las necesidades del cliente.

Tu empresa

Es una unidad económica de producción, un negocio destinado a satisfacer las necesidades de un público y además generar ganancias para ti.

Toda empresa lleva implícito un riesgo y el objetivo de estas sugerencias es minimizarlo, además de ayudarte a superar la curva de aprendizaje sin pérdidas económicas.

Para alcanzar el éxito con tu empresa hidropónica necesitas:

1) Un aprendizaje especializado, habilidad en el manejo hidropónico, haber practicado, aunque sea en pequeñas instalaciones, y si se trata de un invernadero comercial trabajar tiempo completo, sin delegar el cultivo en manos inexpertas. (Adam, J. Savage, 1996).

2) Comprender que el éxito se logra paso a paso. Haz un plan de trabajo y a continuación analízalo a profundidad, antes de iniciar cualquier operación o inversión. Así ahorrarás trabajo innecesario, esfuerzo y dinero malgastados. Las correcciones a tu plan de trabajo sobre papel no tendrán costo, si acaso un poco de tiempo invertido; por el contrario, las correcciones a un trabajo ya hecho (a prueba y error), siempre son costosas.

Un ejemplo de un plan de trabajo:

a) ¿Cuánto es el efectivo exacto con el que cuentas? ¿Son recursos propios? ¿Es un crédito bancario? ¿Es préstamo familiar sin intereses?

b) ¿Cuáles son tus necesidades específicas? ¿Cuánto esperas ganar y en cuánto tiempo?

c) ¿Dispones de tiempo completo para tu empresa?

d) ¿Cuánto será el costo total de tu inversión y en cuánto tiempo deseas amortizarla?

e) ¿Conoces el costo de insumos y operaciones, incluso instalación y gastos fijos?

f) ¿Comprarás un terreno o lo alquilarás? ¿Lo tendrás en sociedad o será prestado sin costo?

g) ¿Comprarás un invernadero a una compañía especializada? ¿Tú lo construirás? ¿Será rústico o de mediana o alta tecnología?

h) ¿Conoces el costo de semillas, agua, nutrientes, quizá gas o electricidad, salarios, transporte, etcétera? Desde luego, todo lo anterior de acuerdo con el tamaño de tu instalación, sin olvidar una cantidad para imprevistos y el porcentaje de amortización que deseas aplicar.

i) ¿Cual será el costo de tu producción? Puedes hacer un prorrateo de los gastos en total para dividirlo entre el volumen de la producción esperada. Al resultado agrega el porcentaje de utilidad que deseas obtener.

Ten presente que no es probable que puedas amortizar tu instalación en una sola cosecha.

Personal requerido por tamaño de instalación

Un invernadero hidropónico doméstico o de investigación de entre 80 m² y 120 m² puede ser atendido por una persona, una pareja de jubilados o dos o tres niños en periodos cortos y su labor puede ser una vez al día. Para una instalación de alrededor de 500 m² ya requieres de dos a cuatro personas de tiempo completo para su atención, en caso de invernadero rústico.

Para una hectárea ya dependes del sistema elegido, porque cada laboreo en un invernadero es diferente. Una vez definido el sistema de cultivo, requieres rapidez para la siembra y esto depende del volumen de semilla. Después de establecido el germinado viene un periodo de espera y, por tanto, de disminución en las labores.

El trasplante es otro periodo de labor intensa, pero una vez sembrada la planta en su lugar definitivo viene la espera del desarrollo. En algunos casos se realiza la colocación de tutores y poda. Por último llega la cosecha. En cada periodo del cultivo puede disminuir o incrementarse la mano de obra, así que podrían ser necesarias entre seis y ocho personas para atender una hectárea, según la variedad cultivada.

En una instalación comercial de dos a tres hectáreas en adelante, podríamos pensar que ya se trata de una pequeña corporación en la cual ya requieres ser un especialista en hidroponia, para tomar la dirección, o contratar a especialistas en esta técnica para trabajo a tiempo completo y personal de administración, producción, supervisión, vendedores especializados, etcétera, además de contar con capital de trabajo o facilidades para obtener créditos a bajo costo.

Desde luego, es más conveniente usar tus propios recursos o préstamos de amigos o familiares.

Cómo elegir un sistema hidropónico

Existen varios sistemas hidropónicos con diferentes ventajas que conducen al éxito; aunque, por fuerza, todos requieren un periodo de aprendizaje. Un error muy común es solo copiar la tecnología de algún modelo que vemos que funciona bien; sin embargo, puede no ser apropiado para tus necesidades, ya que tu ambiente, expectativas y finanzas son únicos.

Opciones para cultivar

Un factor de suma importancia para lograr el objetivo en tu empresa es determinar qué vas a cultivar. Con hidroponia tenemos la ventaja de cultivar toda clase de vegetales, flores, frutos y hortalizas, algunos no propios de nuestra región o de la temporada, además de vegetales de gran demanda, exóticos, escasos o de aplicaciones variadas. ¡Y a menor precio que los cultivos tradicionales!

a) **Vegetales:** Chiles exóticos o nativos en la mayoría de sus variedades. La demanda del tomate o jitomate ha llegado a mover la economía de México y es muy popular por su variedad de colores (rojo, amarillo, verde y naranja), texturas y tamaños: el jitomate cherry para decoración en ensaladas; el bola en diferentes tamaños que se utiliza para rebanar; la variedad uva con sabor muy dulce, color y forma similar a la uva. Por su sabor y valor alimenticio, el tomate ocupa el segundo lugar de ventas en el mundo, después de la papa.

Figura 32-1:
Fotografía de tomate hidropónico en invernadero doméstico.

El precio del tomatillo o tomate verde de cáscara es menos fluctuante que el del jitomate. Además casi nunca disminuye porque su mercado es nacional. Considera también los vegetales comunes, como betabel, calabaza en sus diferentes variedades, frijol en todas sus clases, pepino en sus variados colores y tamaños, zanahoria en su variedad mini, rábano, malanga, puerro, brócoli, calabaza, alcachofa, cebolla, acelga, colinabo, chayote, cebollín, papa, ajo, chícharo, nabo, espinaca, coliflor, col de Bruselas, etcétera.

Figura 32-2:
Cultivo de chile en invernadero doméstico, propiedad de la autora, en Toluca, Estado de México.

b) Hojas frescas para consumo en crudo: Lechuga, albahaca, cilantro, espinaca, berro, apio, col y perejil, entre otras, son una opción viable ya que no reciben pesticidas y se utiliza agua limpia en los riegos; por tanto, no representan un riesgo para el consumidor. Las hierbas estacionales tienen buen precio fuera de temporada: verdolaga, chivatitos, malvas, pápalo, quintonil, quelite, eneldo, albahaca, epazote, hinojo, etcétera.

c) Hierbas medicinales y de olor: Son una buena alternativa muy poco explorada en hidroponia. Existen variedades de plantas silvestres que son útiles para fines alimenticios, cosméticos, ceremoniales y medicinales (consulta el capítulo 30).

d) Frutas: Fresa, frambuesa, zarzamora, higo, papaya, melón, sandía y otros frutos de consumo disminuido en algunas regiones, debido al riesgo de amibas y otros patógenos. Sin embargo, con técnicas hidropónicas y un limpio manejo en la recolección y entrega, es posible garantizar su inocuidad.

e) Flores: La flor de cempasúchil tiene un amplia y continua demanda, no solo para las festividades de noviembre, sino para complementar el alimento de las gallinas ponedoras, que al consumir esta flor producen huevos con yemas de mejor tono de amarillo. Otras flores comerciales, como nube, alhelí, crisalia y chícharo de colores, son convenientes por su rápido desarrollo y su alto rendimiento.

El cultivo de las flores de corte depende en muchos casos de la importación del material vegetativo. Tulipán, lilium, anturio, casablanca, orquídea, nardo, gladiola, gerbera, crisantemo, cuna de Moisés, solo por citar algunas, son de elevado valor comercial y en los cultivos hidropónicos es posible mejorar su vida de exhibición. Ficus, violetas africanas, ciclamen, aralia, dracenna, acanto, pata de elefante, bromelias, espadas, gloxinias, hoja elegante, limonaria, sangría, violetas y otras plantas de ornato, así como las diversas variedades de cactus, presentan muy alta calidad en cultivo hidropónico (consulta los capítulos 28 y 29).

Figura 32-3:
Cultivo de cactus hidropónicos en Berlín.

f) Forraje verde hidropónico: Permite producir alimento para ganado herbívoro durante todo el año: cerdos, pollos, conejos, borregos, cabras, etcétera, o animales exóticos como las chinchillas y los venados.

Figura 32-4:
Forraje verde hidropónico.
Instalación de Dionisio
Tostado, alumno de la
Asociación Hidropónica
Mexicana, A.C.

En cuanto a la nutrición de cualquier planta, si colocamos la semilla en suelo y este carece de calcio u otro mineral, entonces no será posible que la planta lo obtenga para su correcto desarrollo; por tanto, este mineral faltante no podrá ser metabolizado por ella y no estará disponible para el consumo humano. Conclusión: los nutrientes de ese vegetal no están completos.

¿Verdad que tienes muchas opciones para elegir?

Siempre debes considerar la oferta y la demanda. Con base en esa información realiza un análisis para el desarrollo del fruto, hortaliza o flor que te ofrezca mayor seguridad de venta.

Para empezar, visita y platica con la persona o empresa a la que hayas decidido ofrecer tu producto. Con la información que obtengas, determina las necesidades específicas para tu venta, como los vegetales hidropónicos que le interesan, los volúmenes, las especificaciones, los tiempos de entrega, la forma de pago, etcétera.

Objetivos

Puedes pensar en constituir una empresa muy grande y hacer un plan a largo plazo de unos diez años, formar una empresa mediana y proyectarla a mediano plazo, de tres a cinco años, o un negocio muy pequeño con un plan a un año. Los objetivos a corto plazo, como los de un año, resultan exitosos cuando fijas las ventas mínimas y las utilidades que debes generar en ese plazo. También puedes proyectar por mes.

¡Roma no se hizo en un día!

• ¿Cómo logro el objetivo?
Es necesario fijar una fecha con metas numéricas de producción y venta.

Si tu empresa no tiene capital, necesitas buscar un nicho de mercado y, de ser posible, negociar la venta de contado.

La definición de objetivos se basa en las preguntas lógicas:

a) ¿Adónde quieres llegar?

b) ¿Cómo harás para llegar ahí?

c) ¿Qué harás al llegar ahí?

Las ventas

Es un mito decir que un buen producto se vende solo.

a) ¿Específicamente a quién o a quiénes te propones vender tus vegetales?

b) ¿En cuánto tiempo piensas incrementar o ampliar tu mercado?

c) ¿Cuáles serán las políticas de cobro que aplicarás a tu negocio (ventas al contado, a consignación o a crédito)?

d) ¿Cuáles serán las políticas de pago en tu negocio?

e) ¿Cuál es tu utilidad esperada?

• **Para que la producción inicial sea rentable, te sugiero:**

a) Vender directo al consumidor final o, como segundo recurso al comer cializador.

b) Puedes contar con tres tipos de mercados:

1. El mercado de venta directa a consumidores.
2. El mercado para comercializadores a todos los niveles, desde verdulerías, centros comerciales hasta cadenas de tiendas de autoservicio.
3. El mercado para exportación.

c) Hacer uso de la tecnología, con el objeto de agilizar el trabajo y disminuir los costos de promoción.

d) Procurar que tus ventas ocurran en tu invernadero o en lugares lo más cercanos posible de la instalación.

Las ventas a distancia incrementan los gastos.

e) Contar con versatilidad en la producción: si deseas cambiar tu cultivo de jitomate por flores, lechugas o pimientos, puedes hacerlo de inmediato y sin problemas.

Información requerida para ventas óptimas

✔ **El estudio de mercado** es un procedimiento de localización de datos para determinar la oferta y la demanda de un producto que pudiera estar presente en un mercado. Estos datos se analizan para una actividad económica en crecimiento.

✔ **La investigación de mercado** consiste en encuestas, análisis de ventas y determinación de las tendencias del mercado para realizar proyectos.

✔ ¿Quiénes son los **consumidores** finales?

✔ ¿Cuál es el **potencial de consumidores** (demanda) por zona o región?

✔ ¿Cuáles son las temporadas de mayor y menor **demanda** de tu producto?

Los puntos que más nos interesan sobre las ventas son la demanda del consumidor, la situación de la competencia, los cambios tecnológicos de los productos (como nuevas variedades del vegetal que cultivamos) y los precios en comparación con los nuestros.

• **Sistemas de promoción**

a) En forma directa o personal, con demostradores en centros comerciales que obsequien pruebas de tus productos.

b) Envío de información vía electrónica o computarizada.

c) Promoción continua de calidad y garantía de tus vegetales.

d) Descuentos en algunos periodos.

e) Apoyo publicitario compartido o un patrocinio.

La publicidad

Si somos pequeños, medianos o grandes empresarios, por fuerza debemos pensar en la publicidad acorde con el tamaño de nuestra empresa y su capacidad financiera.

Todos los negocios deben darse a conocer.

Es importante la información que podamos dar a la mayor cantidad posible de consumidores potenciales y una forma económica es a través de anuncios. La publicidad tiene como propósito influir en el comportamiento o preferencia del consumidor, reforzar los comportamientos existentes para que prefiera nuestro vegetal y, sobre todo, entender a la gente.

Se dice que de la vista nace el amor. ¿Por qué es cierto? Muy simple: si nuestros vegetales están polvorientos, tienen mal aspecto, están mal envueltos o los hemos colocado en un contenedor sucio, aunque sean hidropónicos nadie querrá comprarlos. Por el contrario, los vegetales limpios, con buen manejo, si es posible con guantes desechables, empaque apropiado, etcétera, tendrán mejor aceptación.

✔ **¿Qué debe contener un empaque?**

a) Señales para identificación.

b) Visibilidad del producto.

c) Durabilidad.

d) Facilidad de manejo y para abrirlo.

e) Conveniencia del uso.

f) De preferencia que sea reciclable.

g) Barato.

✔ **Cómo redactar anuncios exitosos para tu marca**

a) No utilices un estilo sofisticado que nadie entienda.

b) Las palabras deben ser iguales a las que empleas para hablar con un amigo.

c) No exageres el tamaño de letra, pues si alguien se interesa leerá tu anuncio aunque la letra sea moderada.

d) Invita a tus amigos a leerlo para saber si es comprensible.

e) Analiza con honestidad si la marca es fácil de leer, reconocer y recordar. También si tiene un sonido agradable y si solo puede pronunciarse de una forma, sin confusión.

f) Nunca desestimes el nombre de tu empresa.

g) ¿Tu anuncio sugiere comprar tus vegetales?, ¿es actual?, ¿cordial?, ¿no afecta intereses?, ¿no es irrespetuoso?

Capítulo 33

Diez ventajas de los métodos de conservación a través de la deshidratación

En este capítulo

▶ Te mostraré diferentes métodos e instalaciones para la aplicación de estas apasionantes técnicas que conservan tus productos durante más tiempo, ¡y mantienen sus cualidades nutritivas!

Diez ventajas de la deshidratación

✔ Da una larga vida útil a los alimentos.

✔ Es una forma económica y fácil de llevar a cabo la conservación.

✔ Transportación fácil y económica.

✔ Se evita el desperdicio de alimentos cuando no se consumen.

✔ Buen valor de mercado.

✔ Los alimentos se vuelven muy ligeros.

✔ Los alimentos conservan su color y sabor.

✔ Los alimentos disminuyen su volumen: solo requieren 10% de su espacio después de la deshidratación.

✔ Los alimentos conservan más nutrientes que los comestibles conservados a través de cocción o enlatados.

✔ Los alimentos están disponibles todo el año al mismo costo.

La deshidratación de vegetales no es una idea nueva, pues se ha practicado desde hace mucho tiempo. Las tribus nómadas la utilizaban como un medio para conservar sus alimentos y poder sobrevivir. Mucho tiempo después fue retomada por lo colonizadores y aún se practica, aunque no se ha difundido como debiera.

El primer deshidratador experimental fue desarrollado en Francia en 1795, aunque su uso no se generalizó. En la Primera Guerra Mundial (1914-1918) fueron necesarias enormes cantidades de comida para alimentar a las tropas. Entonces se construyeron los primeros deshidratadores comerciales, por su volumen de producción y no por su tecnificación. Después de esa contienda, la importancia de los deshidratadores disminuyó.

En la terrible Depresión en Estados Unidos, durante los años 1929 a 1939, surgió la necesidad de alimentar a los desempleados. Fue entonces cuando se desarrolló el deshidratador doméstico y se fabricó en grandes volúmenes, pero el instrumento cayó en el olvido una vez superada la crisis.

Durante la Segunda Guerra Mundial (1939 - 1945), el gobierno de Estados Unidos se preocupó por la dificultad de proveer alimentación balanceada por toneladas para las Fuerzas Armadas y la Marina. Entonces se desarrollaron los deshidratadores más sofisticados, con la intervención tecnológica de varios Países Aliados. Los objetivos de esos utensilios fueron conservar los alimentos, aligerar su peso, disminuir su volumen y facilitar su transportación.

La técnica

Consiste en incrementar la temperatura de los vegetales hasta cierto grado para lograr que la humedad se evapore. La capacidad de evaporación depende del incremento en la temperatura.

El control del aire y la temperatura evitan la descomposición de los vegetales mientras se deshidratan.

• La importancia de la temperatura en el proceso

✔ Cuando la temperatura es baja y la humedad es alta, los vegetales no pierden humedad y en algunos casos llegan a absorberla del medio ambiente. Esta humedad permite el desarrollo de microrganismos.

✔ Si la temperatura es demasiado alta, la superficie del vegetal se endurece. Debajo de esa superficie se acumula una cantidad de humedad residual que a corto plazo permite también el desarrollo de microrganismos que descomponen el vegetal.

Los microrganismos se presentan en todos los alimentos cierto tiempo después de su cocción. En los vegetales ocurre también ese problema, poco tiempo después de haberlos cortado. Los motivos del deterioro son su respiración, la producción de etileno y la maduración, motivo por el cual pierden apariencia, textura, calidad nutricional y sabor. La consecuencia de lo anterior es una pérdida cuantitativa y cualitativa.

Cuando los vegetales pierden una cantidad suficiente de agua, la escasez de humedad impide que los microrganismos puedan desarrollarse y multiplicarse. Entonces los vegetales se preservan por largos periodos.

Diferentes tipos de deshidratadores

Puedes deshidratar vegetales con diferentes técnicas y varios tipos de deshidratadores, lo cual depende del volumen, el tiempo y el dinero que deseas invertir y la calidad que esperas del producto final.

• **Secado natural o por solarización.** Se logra mediante la colocación de los frutos sin seccionar bajo la luz del sol por varios días.

En días nublados y si los vegetales no alcanzaron a secarse bien, puedes colocarlos a la sombra hasta que se hayan deshidratado por completo. De esta forma conservarás mejor los nutrientes, colores y sabores de los vegetales.

• **Deshidratador solar doméstico.** Es muy económico pues solo utiliza el calor del sol y el viento circundante. Para que puedas deshidratar a bajo costo, te anexo los planos para la construcción del prototipo que he desarrollado. Este deshidratador recolecta la energía calorífica y puede elevarla a una temperatura de entre 25°C y 38°C, lo cual depende de la latitud (ubicación) y la altitud (respecto del nivel del mar).

El deshidratador solar doméstico debe recibir sol directo por lo menos tres días. Además debe contar con una buena circulación de aire.

• **Principales componentes:**

a) Estructura. Puede ser de madera, vidrio, lámina metálica galvanizada, acero inoxidable, policarbonato, fibra de vidrio, nylon, teflón y algunos tipos de plástico que resistan temperaturas de hasta 50°C.

b) Charola para los vegetales. El material para su fabricación debe ser inerte y de cualquier color; de preferencia malla plástica con veinte hilos por pulgada.

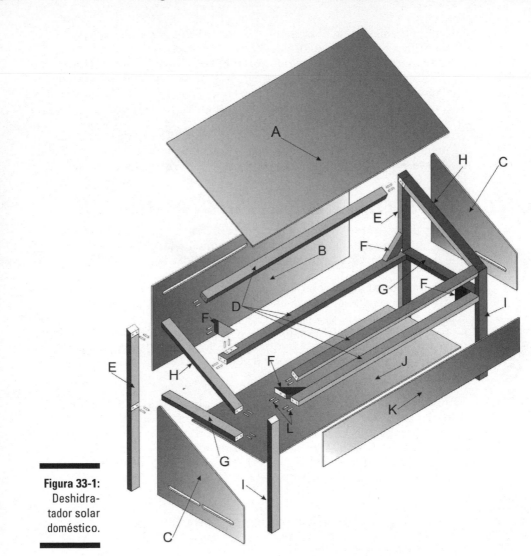

Figura 33-1:
Deshidra-
tador solar
doméstico.

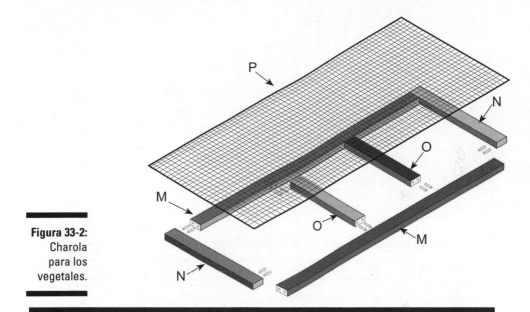

Figura 33-2:
Charola
para los
vegetales.

Tabla 33-1: Piezas que componen el deshidratador solar doméstico

Pieza	Cantidad	Dimensiones en centímetros	Material
A	1	122 x 72 x 0.6	Policarbonato
B	1	122 X 44.8 X 0.6	Policarbonato
C	2	49.4 X 53 X 0.6	Policarbonato
D	4	112.1 X 5 X 2.5	Madera
E	2	85.4 X 5 X 2.5	Madera
F	4	18 X 5 X 2.5	Madera
G	2	45 X 5 X 2.5	Madera
H	2	63.5 X 5 X 2.5	Madera
I	2	59.5 X 5 X 2.5	Madera
J	1	122 X 45 X 0.6	Policarbonato
K	1	122 X 18 X 0.6	Policarbonato
L	70	2.54 X 0.63 Ø*	Madera
M	2	111 X 5 X 2.5	Madera
N	2	44 X 5 X 2.5	Madera
O	2	34 X 5 X 2.5	Madera
P	1	125 X 50	Malla plástica

* Ø = diámetro

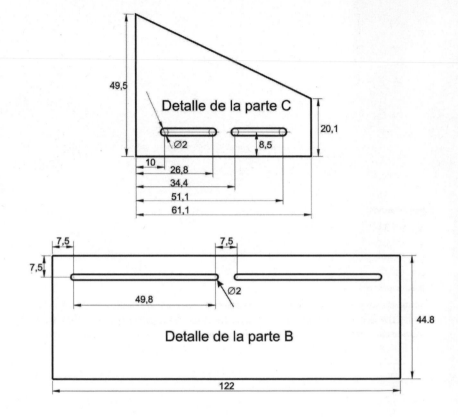

Detalle de la parte C

Detalle de la parte B

Detalle de la parte H

Detalle de las partes I, E

Figura 33-3:
Detalles del deshidratador solar doméstico.

Figura 33-4:
Colocación
de vegetales
en el deshi-
dratador solar
doméstico.

Figura 33-5:
Vegetales
deshidratados.

Figura 33-6:
Deshidratador
solar domésti-
co con chile.

Figura 33-7:
Vegetales
deshidratados
empacados.

a) Chícharo
c) Chile manzano

b) Tomate o jitomate
d) Manzanas

✔ Ventajas y desventajas del deshidratador solar doméstico:
Es el más económico, aunque depende de los días soleados y de la temperatura de la localidad. La temporada de lluvias afecta el tiempo de deshidratado, por la elevación de la humedad relativa.

Dado que no controlamos ni temperatura ni aireación, no es recomendable deshidratar papaya madura, melón, aguacate, ciruela, sandía y las frutas que son demasiado suculentas o tienen mucha humedad. La lentitud de la deshidratación puede provocar fermentaciones y las frutas entrarían en estado de descomposición.

• **Deshidratador eléctrico o combinado.** Cuenta con controles tanto para la temperatura como para la aireación.

✔ Principales componentes:
a) Estructura.

b) Fuente de calor: resistencia eléctrica o calefactor con potencia de 1,000 a 1,300 watts. Debe colocarse en el interior de la base de la estructura, sobre el barreno de ocho centímetros de diámetro que se localiza en la pieza C.

c) Fuente de ventilación (con o sin chimenea): ventilador de 1/8 HP para dispersión del calor.

d) Charolas.

e) Misceláneos: clavos de 2.54 cm, bisagras para las puertas, aldabas del calefactor eléctrico, pijas de 1 cm x .4Ø*

f) Termostato para control interior de temperatura.

---

* Ø = diámetro

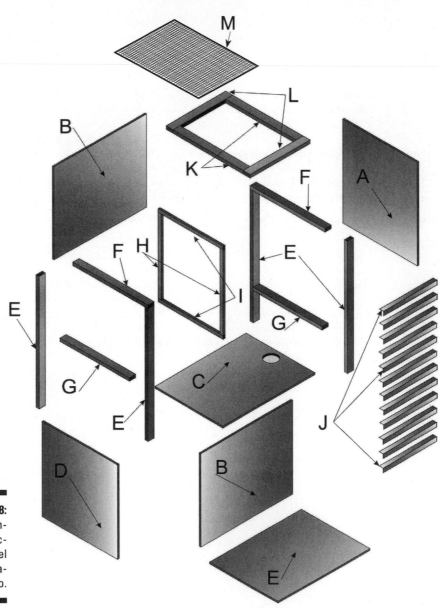

Figura 33-8:
Componen-
tes estruc-
turales del
deshidrata-
dor eléctrico.

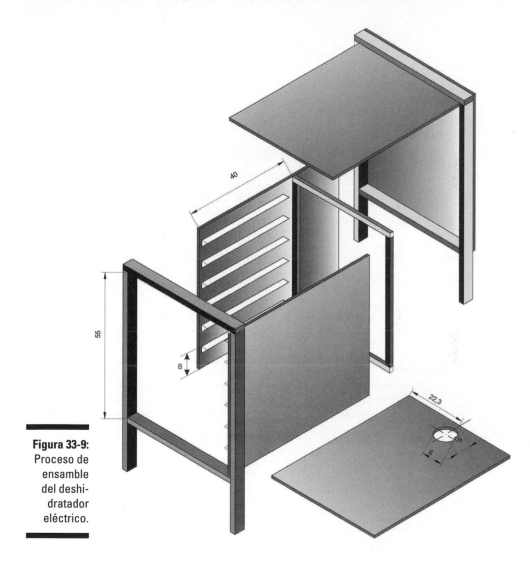

Figura 33-9:
Proceso de
ensamble
del deshi-
dratador
eléctrico.

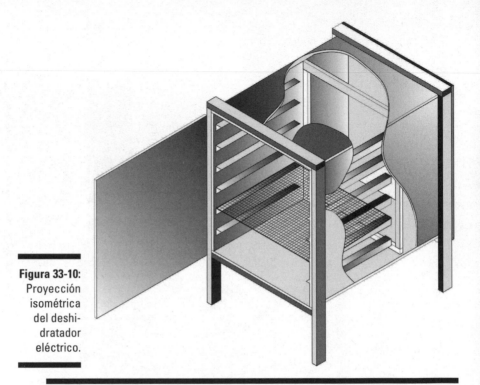

Tabla 33-2: Piezas que componen el deshidratador eléctrico

Pieza	Cantidad	Dimensiones en centímetros	Material
A	1	48.7 X 58.7 X 1	Madera
B	2	60 X 52.6 X 1	Madera
C	1	60 X 44.7 X 1	Madera
D	1	48.7 X 53.3 X 1	Madera
E	1	60 X 44.7 X 1	Madera
F	2	48.7 X 4 X 2	Madera
G	2	44.7 X 4 X 2	Madera
H	2	47.6 X 4 X 2	Madera
I	2	42.7 X 4 X 2	Madera
J	12	35 X 2.54 X 2.54	Aluminio
K	12	24 X 4 X 2	Madera
L	12	39 X 4 X 2	Madera
M	1	90 X 200	Malla de mosquitero

Puedes iniciar con un calefactor doméstico, que incluye fuente de calor, ventilador y termostato.

Figura 33-11:
Calefactor
eléctrico
doméstico.

✔ Desventajas del deshidratador eléctrico:
La inversión es un poco mayor y depende del consumo de la energía eléctrica y de una continua supervisión.

• **Cuarto deshidratador.** Debe ser un área similar a una habitación de forma rectangular o cuadrada. Es de bajo costo porque no tienes que invertir en equipo, aunque está limitado para deshidratar solo algunos tipos de vegetales.

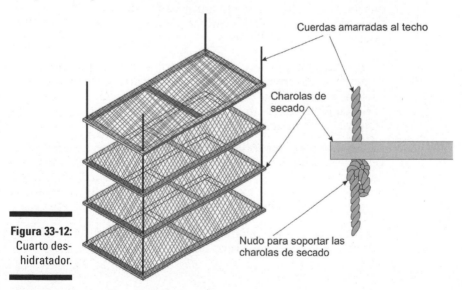

Cuerdas amarradas al techo

Charolas de
secado

Figura 33-12:
Cuarto des-
hidratador.

Nudo para soportar las
charolas de secado

✔ Principales componentes:
a) Soportes superiores pendientes del techo.

b) Camas o charolas enmalladas para la colocación de los vegetales. El número de camas depende de la altura del cuarto.

Te sugiero colocar las camas o charolas con una distancia de treinta a cuarenta centímetros entre una y otra.

El cuarto debe tener una temperatura promedio preferente de 22°C y estar libre de polvo y de humedad. También tiene que recibir luz solar parcial o total. Puedes iniciar la deshidratación en un deshidratador doméstico y terminar el proceso en un cuarto deshidratador a una temperatura de entre 22°C y 25°C, con buena ventilación.

✔ Ventajas y desventajas del cuarto deshidratador:
Resulta económico solo si ya cuentas con el terreno y la construcción, o por lo menos con tres paredes disponibles para la construcción; de lo contrario, debes considerar la inversión inicial y la amortización.

• **Deshidratador cuarto combinado.** Esta construcción ya cuenta con varias instalaciones, como una fuente de energía constante (solar, eléctrica o de combustión), extractores de aire o ventiladores, un termómetro y un higrómetro.

✔ Ventajas y desventajas del deshidratador cuarto combinado:
Requiere inversión en terreno y construcción. Debe contar al menos con una fuerte de calor constante o una planta de luz, porque en caso de que la energía eléctrica falle y se interrumpa el proceso de deshidratación, podría dañarse el producto.

Esta instalación permite una deshidratación con temperaturas relativamente bajas; además, el termostato controla el enfriamiento y el calentamiento a través de la ventilación forzada. Algunos deshidratadores combinados también funcionan por convección, pero es más difícil obtener resultados.

• **Deshidratador comercial.** Para deshidratar altos volúmenes es conveniente solicitar a una empresa especializada la fabricación de un deshidratador comercial, de acuerdo con el volumen a deshidratar. Estas instalaciones permiten mayor volumen de producto y menos tiempo de proceso; por tanto, la recuperación del capital es más rápida.

Los deshidratadores comerciales cuentan con áreas específicas para:
a)   Selección de frutos o vegetales.

b)   Pretratamiento.

c) Deshidratación.

d) Área de empaque climatizada y deshumidificada.

✔ Ventajas y desventajas del deshidratador comercial:
Los factores críticos a considerar para esta instalación son el tiempo de entrega y el costo, además de encontrar una empresa seria que garantice tanto el buen funcionamiento del equipo como la calidad de la instalación.

También es posible deshidratar en la estufa y en el horno de microondas, pero esas técnicas no serán explicadas en este libro.

Figura 33-13:
Utensilios comunes en el hogar que sirven para el proceso de deshidratación.

Figura 33-14:
Selección de los vegetales evitando los dañados.

Figura 33-15:
Escalde de chícharo.

Figura 33-16:
Chícharo después del escalde.

Figura 33-17:
Blanqueo con bicarbonato de sodio.

Figura 33-18:
Corte de rodajas de tomate. Debe hacerse con cuchillo de sierra u otro de buen filo.

Figura 33-19:
Corte de manzana para apreciar el tamaño de la rodaja.

Figura 33-20:
Colocación de manzana, tomate y chícharo en deshidratador solar doméstico.

En el siguiente capítulo te explicaré todos estos procesos.

Capítulo 34

Diez consejos para la deshidratación de frutas, vegetales, flores y hierbas

- - - - - - - - - - - - - - - - - - - -

En este capítulo

▶ Te sugeriré productos para deshidratar y compartiré contigo las técnicas más usuales, para que eches a andar tu negocio de inmediato.

- - - - - - - - - - - - - - - - - - - -

Estos son algunos de los vegetales que han dado excelentes resultados con la deshidratación; aunque tú puedes practicar con todos los que desees.

Vegetales

Acelga	Coliflor	Hongos
Ajo	Chícharos	Lentejas
Berenjena	Chiles de todo	Maíz
Betabel	tipo, siempre y	Papa
Brócoli	cuando se	Pepino
Calabaza	encuentren maduros	Rábanos
Camote	Ejotes	Soya
Cebolla	Espinaca	Tomate o jitomate
Col	Habas	Zanahoria

Frutas

Arándano	Durazno	Melones	Toronja
Arrayán	Frambuesa	Naranja	Tuna
Caimito	Fresa	Papaya	Uva
Ciruela	Guayaba	Pera	Zarzamora
Coco	Lima y limón	Piña	
Chabacanos	Mango	Plátano	
Dátiles	Manzana	Sandía	

Flores

Las comestibles, como la jamaica, la flor de calabaza, etcétera, además de algunas flores y hojas ornamentales.

Hierbas de olor, hierbas medicinales, especias y vegetales

Albahaca	Mejorana	Orégano
Apio	Epazote	Pelo de ángel
Azafrán	Espárragos	Pingüica
Berro	Espinaca	Pirul
Boldo	Estragón	Poleo
Borraja	Flor de manita	Romero
Cedrón	Gordolobo	Ruda
Cilantro	Hierbabuena	Sagraria
Chaya	Hinojo	Salvia
Diente de león	Laurel	Té del monte
Doradilla	Lechuga	Tomillo
Eneldo	Menta	

 Con la deshidratación, algunas frutas y vegetales cambian sus características de firmeza y textura y pueden perder parte de su color, pero todos están disponibles de inmediato para su consumo.

Utensilios culinarios y para medición

Cuando se deshidratan vegetales para el autoconsumo o venta al menudeo no es necesaria una gran inversión porque, como puedes ver, los utensilios requeridos para el proceso se encuentran en las cocinas de casi todos los hogares.

Tabla para cortar

Coladera

Bandejas con o sin graduación

Rebanador

Cuchillo de sierra

Cuchillo sin sierra

Cortador para decoración

Sacabocados para eliminar
el centro de algunas frutas o vegetales

Báscula o balanza

Pelapapas

Rallador

Tijeras

Escurridor

Servilletas de papel o tela

Papel secante

Toallas o telas de cocina

Hilo, rafia, lazo o liga

Taza graduada

Cucharas de diferentes
medidas

Proceso para la deshidratación

Algunas empresas deshidratadoras emplean diferentes aditivos para inhibir el desarrollo de microorganismos, permitir que los vegetales contengan mayor cantidad de humedad y reducir el riesgo de descomposición.

1) Selección de los vegetales.

Los vegetales deben ser:

✔ De excelente calidad

✔ De consistencia firme

✔ De buen tamaño

✔ Sin manchas o magulladuras

Si los vegetales son excelentes para comer, también serán excelentes para deshidratar.

El manejo de los vegetales para el proceso de deshidratación debe ser cuidadoso desde el inicio. Cualquier golpe o magulladura perjudicará la calidad del producto final.

2) Pretratamiento de los vegetales.

a) Elimina hojas y pedúnculos (parte que une el vegetal al tallo); en caso necesario retira las semillas.

b) Lávalos con agua limpia y fría para eliminar polvo o basura. De preferencia el agua debe tener una temperatura de entre 14°C y 16°C.

c) Sumérgelos en algún desinfectante, como el cloro comercial a 0.5%.

d) En cada caso particular determina si es necesario quitar la cáscara, piel o pellejo. Por ejemplo, es necesario quitar la cáscara del plátano, la piña y los chícharos. El tomate, la manzana y la fresa conservan su piel.

e) Corta en mitades y después en cuartos o rebanadas de alrededor de un centímetro.

3) Tratamientos contra la oxidación.

Si los vegetales sufren oxidación al ser deshidratados, toman un sabor amargo y pierden su valor comercial y gran parte de su valor nutritivo.

Para evitar que aquellos vegetales que por su alto contenido de hierro se oxiden al contacto con el aire, haz lo siguiente:

✔ Durante el proceso de corte sumérgelos dentro de una bandeja con agua limpia.

✔ Aplica la técnica del blanqueo, que tiene como objetivos:

a) El ablandamiento del fruto o vegetal.

b) La inactivación de las enzimas.

c) La eliminación parcial de la humedad contenida en los tejidos.

d) Fijación del color, sabor y olor característicos.

e) La eliminación de microorganismos.

Puedes realizar el proceso de blanqueo de varias formas:

• **Blanqueo con ácido ascórbico o cítrico:** En un recipiente con un litro de agua fría agrega una cucharadita de ácido ascórbico o ácido cítrico, sumerge los cortes de inmediato y por ningún motivo los mantengas más de veinte minutos en esa solución. Luego escúrrelos y colócalos en el deshidratador.

El ácido ascórbico es un efectivo antioxidante que se utiliza para la conservación de los alimentos y para prevenir su decoloración. También se adiciona a algunos comestibles para incrementar su contenido de vitamina C.

• **Blanqueo con jugo de limón:** Mezcla el jugo de un limón grande en un litro de agua fría. Sumerge los cortes por quince minutos, escúrrelos y colócalos en el deshidratador. Esta técnica tiene el efecto de conservar el color natural de ciertas frutas de rápida oxidación; sin embargo, el limón no es tan eficiente como el metabisulfito de sodio y en algunos vegetales puede acidificar un poco el sabor.

- **Blanqueo con bicarbonato de sodio:** Mezcla ¼ de cucharadita de bicarbonato de sodio en un litro de agua fría y sumerge los vegetales en esa solución durante diez minutos. Sácalos y procede a escaldarlos (más adelante explicaré este proceso). En especial los vegetales verdes conservan mejor su color.

El bicarbonato de sodio es un estabilizador de la clorofila de los vegetales, conserva su color y los hace más resistentes al secado solar directo. También ablanda la capa exterior, con lo cual se facilita la evaporación y se evita su endurecimiento excesivo.

- **Blanqueo con metabisulfito de sodio:** Recomendable para algunos productos como plátano, papa, manzana y otros vegetales de rápida oxidación. Mezcla 0.1 gramo de metabisulfito de sodio en un litro de agua fría (para diez litros de agua usa un gramo). Sumerge los vegetales por espacio de veinte minutos, retíralos de la dilución, escúrrelos y colócalos en el deshidratador.

- **Escalde:** Sumerge los frutos o vegetales en agua a 95°C o en ebullición durante tres minutos exactos. El agua puede o no contener metabisulfito de sodio. De inmediato enjuágalos con agua lo más fría posible, para evitar la continuación del cocimiento. Déjalos escurrir por diez minutos y luego colócalos en el deshidratador.

Toda el agua que utilices en estos procesos debe estar libre de patógenos.

4) Colocación.

Debes colocar las rebanadas, cubos o cortes en las charolas con una distancia aproximada de uno a dos centímetros entre unos y otros, para permitir una buena aireación entre ellos.

Rota los cortes de cuando en cuando. Con deshidratador solar doméstico debes hacerlo dos veces al día.

Semideshidratación

Es posible incrementar la vida útil de algunos vegetales (chiles, papas, cebollas, etcétera) con el método de semideshidratación, que consiste en desinfectarlos enteros, sin cortar, escurrirlos o secarlos con una tela o servilleta y colocarlos en un espacio sombreado, con buena circulación de aire y a una temperatura de entre 20°C y 25°C. Una vez por día debes cambiarlos de posición.

Deshidratación doméstica de hierbas de olor

Una forma muy simple, práctica y económica de conservar las hierbas de olor, sin que pierdan su color, aroma, sabor y gran parte de sus aceites esenciales, es secarlas a la sombra. Según la temporada, con este método, las hierbas de olor estarán deshidratadas después de cinco a ocho días.

1. Pretratamiento

a) Selecciona las hierbas que no sean de la misma variedad y elimínalas, así como las hojas muertas o deterioradas y las basuras.

b) Enjuágalas con todo cuidado en agua fría. Después del enjuagado, déjalas sumergidas en un recipiente con agua limpia y fría por tres o cuatro minutos para que suelten las impurezas.

c) Déjalas en reposo sobre un escurridor por unos cinco minutos para eliminar el exceso de agua y luego colócalas unos treinta minutos sobre papel secante o una tela absorbente de cocina.

d) Forma pequeños manojos sujetos por el tallo con las hojas hacia abajo, para que la savia y los aceites, por el efecto de la gravedad, se concentren en las hojas. Así se enriquecerá su sabor y aroma. Ata los tallos con hilo, rafia, lazo o liga.

Figura 34-1:
Atado de hierbas frescas para deshidratación.

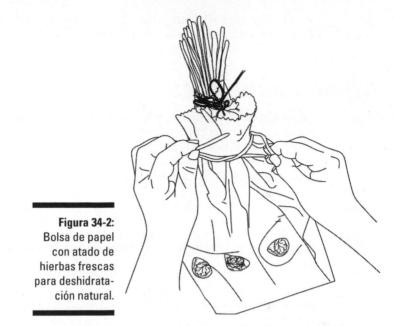

Figura 34-2:
Bolsa de papel
con atado de
hierbas frescas
para deshidrata-
ción natural.

e) Coloca las hierbas dentro de una bolsa de papel, a la que le habrás hecho entre seis y ocho agujeros de alrededor de un centímetro de diámetro.

f) Cuelga la bolsa a la sombra, sin humedad y con buena circulación de aire.

Procesos postdeshidratación

✔ Los productos deshidratados pueden consumirse justo después de sacarlos del deshidratador.

✔ Sumérgelos en agua en ebullición entre ocho y diez minutos. Después retira el agua.

✔ Remójalos por diez a quince minutos en una pequeña cantidad de agua fría hasta que se esponjen (por ejemplo, cebollas, tomates, chícharos, etcétera).

✔ Rocíalos con agua o jugo frío y déjalos reposar por quince minutos. Después retira el excedente de humedad.

✔ Hiérvelos como complemento dentro de sopas, caldos o guisados.

✔ Después de la deshidratación también puedes rehidratarlos y refrigerarlos de inmediato.

✔ Las plantas medicinales y aromáticas que han sido semideshidratadas también reciben el mismo tratamiento para su rehidratación, para su uso alimenticio y farmacológico.

Almacenamiento

Ya hemos comentado sobre los problemas en los alimentos cuando la humedad excesiva presente en ellos se conserva por largo tiempo: entran en estado de descomposición. Incluso si los productos que han sido bien deshidratados se almacenan de manera deficiente y la humedad del área representa un porcentaje alto, estos deshidratados se vuelven incomibles.

Las temperaturas para el almacenamiento son de vital importancia, tanto para la duración de los deshidratados como para su calidad. Las temperaturas sugeridas para evitar riesgos son de 14°C a 16°C. En este rango es posible conservar frutos y vegetales en buen estado durante un año o un poco más.

Si los deshidratados se mantienen en una temperatura alta de entre 36°C y 40°C, en pocos meses se habrán deteriorado o se habrán perdido en su totalidad.

✔ Todos los deshidratados pueden almacenarse en cualquier tipo de contenedor, siempre que esté aislado de la luz y la humedad para prevenir la pérdida de sabor y color.

✔ Para la conservación del nivel de humedad en áreas domésticas y sin gastar en control de temperatura, solo recomiendo muy buena aireación y evitar la humedad.

✔ Para conservar medianas cantidades almacenadas, sugiero la colocación de algunas bolsas de sílica gel.

✔ Para lograr la mejor conservación es recomendable guardar los vegetales deshidratados en bolsas de celofán (no nailon).

✔ Si se trata de almacenar volúmenes mayores de deshidratados es mejor colocar algún deshumidificador, que es un aparato eléctrico que absorbe la humedad relativa.

• **Cálculo del agua que han perdido los deshidratados:**

1. Después de pelar, quitar el tallo, hojas, pedúnculo o semillas de los frutos o vegetales, pésalos y anota en una bitácora el **peso inicial** de los vegetales antes de deshidratarlos.

2. Al final del proceso registra el **peso final** de los deshidratados. La determinación del porcentaje de humedad perdida respecto del peso inicial de los vegetales es:

$$(Pi - Pf)/Pi \times 100 = \% H$$

donde:

Pi = Peso inicial.

Pf = Peso final.

H = Humedad residual, que es la que conserva el vegetal después del proceso de deshidratación.

• Humedad residual

✔ En las frutas la humedad residual conveniente es de 15% a 20%.

✔ En los vegetales la humedad residual conveniente es de 5% a 6%.

Para efectos de investigación, la determinación del porcentaje de humedad residual se realiza después del deshidratado y se cuantifica con base en un análisis de cenizas.

Figura 34-3: Deshidratador eléctrico semi-comercial de seis charolas; diseño y desarrollo de la autora a muy bajo costo.

Figura 34-4: Deshidratador eléctrico semicomercial con rodajas de manzana para iniciar la deshidratación.

Figura 34-5: Deshidratador eléctrico semicomercial con rodajas de manzana deshidratada.

Figura 34-6:
Albahaca:
1) En proceso de deshidratación.
2) Deshidratada.

Figura 34-7:
Manzanilla:
1) En proceso de deshidratación.
2) Deshidratada.

Figura 34-8:
Salvia:
1) En proceso de
deshidratación.
2) Deshidratada.

Capítulo 35

Diez consejos para iniciar proyectos hidropónicos

- -

En este capítulo

▶ Compartiré contigo algunas experiencias con proyectos hidropónicos de diferentes dimensiones y para cultivos distintos. ¡En muchos casos te daré especificaciones técnicas para que montes tu negocio de inmediato!

- -

Las propuestas aquí sugeridas quedan a criterio del cultivador, quien deberá tener presente que las condiciones de luminosidad aptas para el cultivo son las que marcan la pauta a seguir en cuanto a la cantidad y la colocación de las plantas dentro de un invernadero. Algunas de las propuestas aquí expuestas funcionan bien, pero cabe recordar que cada cultivador tiene condiciones y necesidades diferentes. Lo importante es que tu proyecto sea a tu medida, así que aquí tienes algunos ejemplos para que tomes ideas.

En realidad no existen reglas definidas para la distribución del área efectiva de siembra en un invernadero. La población de plantas que puedes sembrar depende de varios factores, dentro de los que destacan:

Área del invernadero

Es claro que protege nuestra superficie de trabajo de las inclemencias del tiempo; pero no toda puede considerarse área de siembra. Según sea el caso, hay que tener en cuenta que la estructura en sí también requiere un espacio para sostenerse, en especial los espacios que ocupan las columnas. El área que se usa para la siembra dependerá de las áreas libres.

Los factores determinantes para establecer estas dimensiones son el tamaño, la forma y los materiales de construcción del invernadero. Hay que tomar en cuenta que una estructura es más económica cuando los claros a librar son más cortos, con el inconveniente de la sombra que provocan las columnas.

Un invernadero mal planeado puede provocar que tengas menos área efectiva de siembra y una luminosidad deficiente. Por tanto, siempre debes buscar un equilibrio entre el costo de la instalación y el área efectiva de siembra.

Otro detalle en cuanto a la forma del invernadero es que debes evitar el efecto "cortocircuito"; es decir, que el invernadero sea tan largo que resulte una construcción antieconómica. El invernadero siempre debe guardar la mayor proporción posible de uno a uno entre ancho y largo.

La forma geométrica que más área libre puede aportar con un menor perímetro es un cuadrado.

Tipo de planta a cultivar

Otro factor fundamental para definir el área efectiva de siembra en un invernadero es el tipo de planta que sembrarás. Podemos dividirlas en dos categorías básicas:

a) Cultivo de plantas menores: Son plantas que no necesitan tutores (soporte aéreo) para su crecimiento, como foliares, tubérculos, flores y algunos frutos como la fresa. En estos casos la densidad de plantas suele ser muy alta, puesto que necesitas menos espacio para las maniobras de cuidado y cosecha.

En este tipo de cultivo el ancho del área efectiva de siembra puede estar determinado por las medidas ergonómicas para trabajar; esto es, los pasillos (de corta longitud) para caminar pueden variar de setenta a ochenta centímetros y el área efectiva de siembra, si es que no está automatizada, de ochenta centímetros a 1.2 metros. En este tipo de cultivos, si la luminosidad lo permite, puedes emplear camas elevadas para cultivos verticales.

b) Cultivo de plantas mayores: Son plantas que para su correcto crecimiento necesitan tutores (soporte aéreo), como es el caso del tomate, pepino, berenjena, pimiento, melón, etcétera. En este caso, el ancho del área efectiva de siembra esta condicionado a que solo puedas sembrar dos o tres plantas dentro de una hilera o contenedor, o sea de treinta a 45 centímetros, según lo voluminosa que sea la planta. Los pasillos (de corta longitud) para caminar pueden ser de setenta a ochenta centímetros.

Técnica hidropónica a utilizar

Otro factor que determina el área efectiva de siembra es el tipo de la técnica hidropónica a utilizar:

• **Cultivo hidropónico con sustrato.** El ancho del área efectiva de siembra puede ser de ochenta centímetros a 1.2 metros como máximo. En este cultivo el largo del área no interviene en su funcionamiento.

- **Cultivo hidropónico de raíz flotante.** Las dimensiones de los contenedores (área efectiva de siembra) pueden ser: ancho de ochenta centímetros hasta 1.2 metros y largo hasta veinte metros, siempre que asegures una buena oxigenación a la raíz. Sin embargo, estas dimensiones también dependerán del grado de automatización con el que cuentes.

- **Cultivo hidropónico NFT.** Las longitudes de los tubos o canales que se utilizan para esta técnica suelen ser de seis a 18 metros o de fabricación especial. El ancho de las unidades puede variar de uno a 1.20 metros. Al igual que en el caso anterior, también dependerán de si existe algún grado de automatización.

Prácticas de cultivo y manejo de la producción

Este es un factor primordial para definir el ancho y el número de pasillos que requieres para el cuidado de las plantas. Debe ser acorde con el método y volumen de recolección de la producción.

En cultivos no automatizados, el ancho de los pasillos cortos (que no excedan alrededor de veinte metros de longitud) puede ser de ochenta centímetros a un metro. Considera que la recolección del producto en estos pasillos todavía puede realizarse en una canastilla o cubeta y la carga puede hacerse a mano o en carretilla.

En los pasillos largos (de más de veinte metros de longitud) debes considerar el ancho del patín o hasta de un pequeño montacargas, donde se hará la recolección que puede o no estar empacada.

Áreas de servicios

En caso de que se requieran, debes considerar los espacios que ocupan los equipos de climatización (ventiladores, extractores, paredes de humidificación, calefactores, etcétera), el equipo de automatización y supervisión y las instalaciones (agua, luz, gas, bombas, etcétera).

Generalidades

Cuando se define el área efectiva de siembra hay que considerar que no es conveniente sembrar carriles (hileras) completos en colindancia con las ventanas del invernadero, pues interfieren con la ventilación.

"Cuando el invernadero tiene dimensiones de más de treinta metros de ancho, se ha comprobado que no tiene una buena ventilación" -Ing. Federico Martínez M.

Por tanto, se hace indispensable la instalación de ventiladores y extractores.

De preferencia las puertas y ventanas deben abrir hacia afuera o ser corredizas, para no reducir el área efectiva de siembra.

Producción esperada por área de siembra

A continuación te presento la cantidad aproximada de plantas que puedes sembrar en diferentes tipos de invernaderos, con distribuciones razonables de áreas efectivas de siembra, pasillos acordes a las dimensiones de dichos invernaderos y aplicación de distintas técnicas hidropónicas.

Invernaderos para cultivos hidropónicos con sustrato

a) Invernadero para cultivo hidropónico de plantas menores sembradas a tresbolillo con sustrato en un área de 531.90 m².

Área de trabajo: 19.70 m x 27.00 m = 531.90 m², dividida en:

• 22 pasillos de 0.70 m de ancho y 12.20 m de largo

• Un pasillo central de 1.20 m de ancho y 19.70 m de largo

• Dos pasillos laterales de 0.70 m por 19.70 m

• Veinte hileras de 1.20 m de ancho por 12.20 m de largo

Entonces, el área efectiva de siembra (área total de las hileras) será:

20 x 1.20 m x 12.20 m = 292.80 m²

Porcentaje de área efectiva para siembra: 55.05%

El área de pasillos se calcula de la siguiente manera:

(22 x 0.70 m x 12.2 m) + (1 x 1.20 m x 19.70 m) + (2 x 0.70 x 19.70 m) = 239.10 m²

Porcentaje de área para pasillos: 44.95%

Total de plantas sembradas, con proyecto de 30 plantas / m²:

(30 plantas / m²) x 292.80 m² = 8,784 plantas.

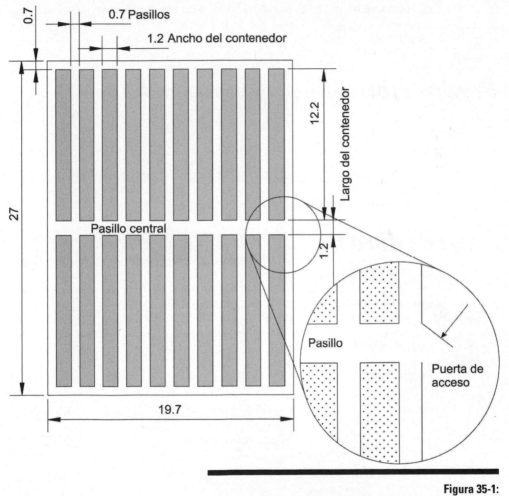

Figura 35-1:
Invernadero de 531.9 m² para plantas menores con sustrato.

b) Invernadero para cultivo hidropónico de plantas mayores con sustrato para un área aproximada de 562.59 m², para cultivo de plantas mayores sembradas a tresbolillo.

Área de trabajo: 21.15 m x 26.60 m = 562.59 m², dividida en:

• 32 pasillos de 0.90 m de ancho y 12.00 m de largo

• Un pasillo principal de 1.20 m de ancho y 21.15 m de largo

• Dos pasillos laterales de 0.7 m de ancho y 21.15 m de largo

• Treinta hileras o contenedores de 0.45 m de ancho por 12.00 m de largo

Área efectiva de siembra: 30 x 0.45 m x 12.00 m = 162.00 m²

Porcentaje de área efectiva para siembra: 28.79%

Área de pasillos: (32 x 0.90 m x 12.00 m) + (1 x 1.20 m x 21.15 m) + (2 x 0.70 m x 21.15 m) = 400.59 m²

Porcentaje de área para pasillos: 71.20%

El total de plantas sembradas puede verse afectada por la distancia entre ellas en los contenedores.

Sembradas en modalidad tresbolillo: 1,440

Figura 35-2:
Invernadero
a dos aguas
en batería,
Shanghái, China.

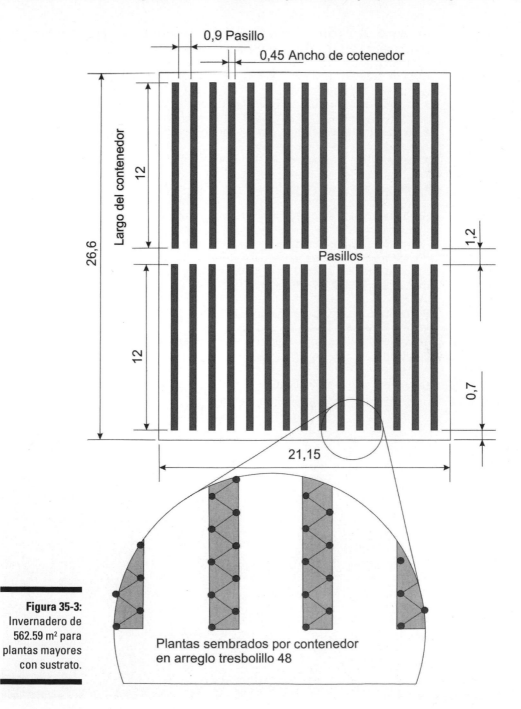

Figura 35-3:
Invernadero de
562.59 m² para
plantas mayores
con sustrato.

c) Invernadero para cultivo hidropónico de plantas menores con sustrato, sembradas a tresbolillo en un área de 1,045.36 m².

Área de trabajo: 29.20 m x 35.80 m = 1,045.36 m², dividida en:

• 32 pasillos secundarios de 0.70 m de ancho y 16.60 m de largo

• Un pasillo principal de 1.2 m de ancho por 29.20 m de largo

• Dos pasillos laterales de 0.70 m por 29.2 m

•Treinta hileras de 1.2 m de ancho y 16.60 m de largo

Área efectiva de siembra: 30 x 1.20 m x 16.60 m = 597.60 m²

Porcentaje de área efectiva para siembra: 57.16%

Área de pasillos: (32 x 0.70 m x 16.60 m) + (1 x 1.20 m x 29.20 m) + (2 x 0.70 m x 29.2 m) = 447.76 m²

Porcentaje de área para pasillos: 42.83%

Total de plantas sembradas, con una proyección de 30 plantas por metro cuadrado:

(30 plantas / m²) x 597.60 m² = 17,928 plantas

Figura 35-4:
Invernadero
hidropónico en
China.

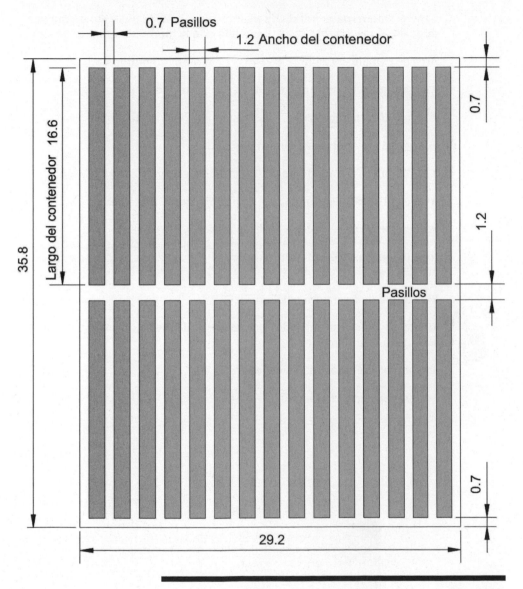

Figura 35-5:
Invernadero de 1,045.36 m² para plantas menores con sustrato.

d) Invernadero para cultivo de plantas mayores con sustrato en un área de 1,030.77 m², sembradas a tresbolillo con la modalidad diente de sierra.

Área de trabajo: 29.25 m x 35.24 m = 1,030.77 m², dividida en:

• 44 pasillos secundarios de 0.90 m de ancho y 16.32 m de largo

• Un pasillo principal de 1.20 m de ancho y 29.25 m de largo

• Dos pasillos laterales de 0.7 m por 29.25 m de largo

• 42 hileras o contenedores de 0.45 m de ancho y 16.32 m de largo.

Área efectiva de siembra: 42 x 0.45 m x 16.32 m = 308.44 m²

Porcentaje de área efectiva para siembra: 29.93%

Área de pasillos: (44 x 0.90 m x 16.32 m) + (1 x 1.20 m x 29.25 m) + (2 x 0.7 m x 29.25 m) = 722.32 m²

Porcentaje de área para pasillos: 70.07%

El total de plantas sembradas puede verse afectado por la distancia entre ellas en los contenedores.

Sembradas en modalidad tresbolillo: 3,108

Sembradas en modalidad diente de sierra: 4.284

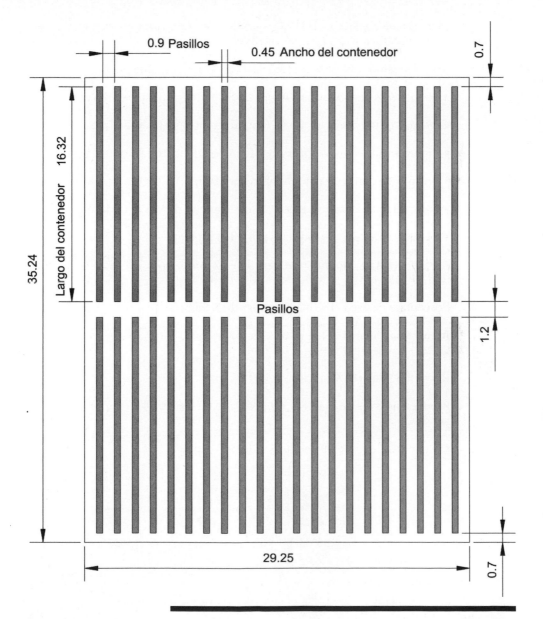

Figura 35-6:
Invernadero de 1,030.77 m² para plantas mayores con sustrato.

e) Invernadero para cultivo hidropónico de plantas menores con sustrato y a tresbolillo con un área de 10,134 m².

Área de trabajo: 90.00 m x 112.6 m = 10,134 m², dividida en:

• 144 pasillos secundarios de 0.70 m de ancho y 25.00 m de largo

• 96 pasillos secundarios de 0.70 m de ancho y 13.00 m de largo

• Cuatro pasillos principales de 2.40 m de ancho con 90 m de largo

• Dos pasillos laterales de un metro por 90 m

• 141 hileras o contadores de 1.20 m de ancho por 25 m de largo

• 94 hileras de 1.20 m de ancho por 13 m de largo

Área efectiva de siembra: (141 x 1.2 m x 25 m) + (94 x 1.2 m x 13 m) = 5,696.40 m²

Porcentaje de área efectiva para siembra: 56.21%

Área de pasillos: (144 x 0.70 m x 25 m) + (96 x 0.7 m x 13 m)+ (4 x 2.40 m x 90 m) + (2 x 90 m x 1 m) = 4,437.6 m².

Porcentaje de área de pasillos: 43.78%

Producción total de plantas con proyecto de treinta plantas por metro cuadrado.

(30 plantas / m²) x 5,696.40 m² = 170,892 plantas

Figura 35-7:
Invernadero con plantas hidropónicas sembradas en sustrato en China.

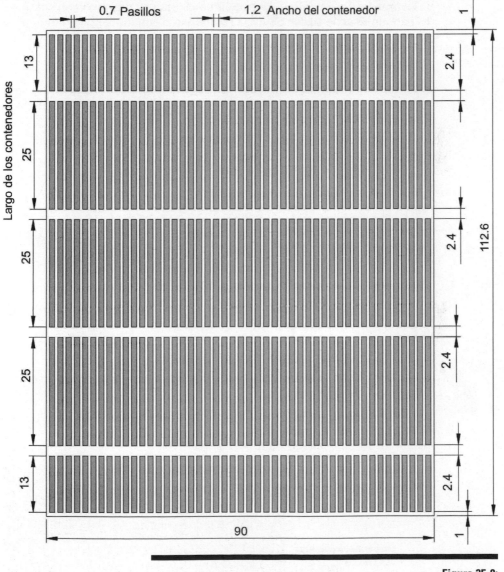

Figura 35-8:
Invernadero de 10,134 m² para plantas menores con sustrato.

f) Invernadero para cultivo hidropónico de plantas mayores con sustrato para un área de 10,004.58 m², a tresbolillo o con modalidad diente de sierra.

Área de trabajo: 87.3 m x 114.60m = 10,004.58 m², dividida en:

- 195 pasillos secundarios de 0.90 m de ancho por 26 m de largo

- 130 pasillos secundarios de 0.90 m de ancho por 12.50 m de largo

- Cuatro pasillos principales de 2.40 m de ancho por 87.30 m de largo

- Dos pasillos laterales de 1.00 m por 87.30 m

- 192 hileras de 0.45 m de ancho y 26 m de largo

- 128 hileras de 0.45 m de ancho por 12.50 m de largo

Área efectiva de siembra: (192 x 0.45 m x 26 m) + (128 x 0.45m x 12.50 m) = 2,966.4 m²

Porcentaje de área efectiva para siembra: 29.65%

Área de pasillos: (195 x 0.90 m x 26 m) + (130 x 0.90 m x 12.5 m) + (4 x 2.40 m x 87.3 m) + (2 x 87.30 m x 1m) = 6,659.10 m²

Porcentaje de área para pasillos: 70.34%

El total de plantas sembradas puede verse afectado por la distancia entre ellas en los contenedores.

Sembradas en modalidad tresbolillo: 31,872

Sembradas en modalidad diente de sierra: 40,986

Figura 35-9:
Caldera para calentamiento en invernadero hidropónico de 10,000 m². Distrito agrícola Taicang, China.

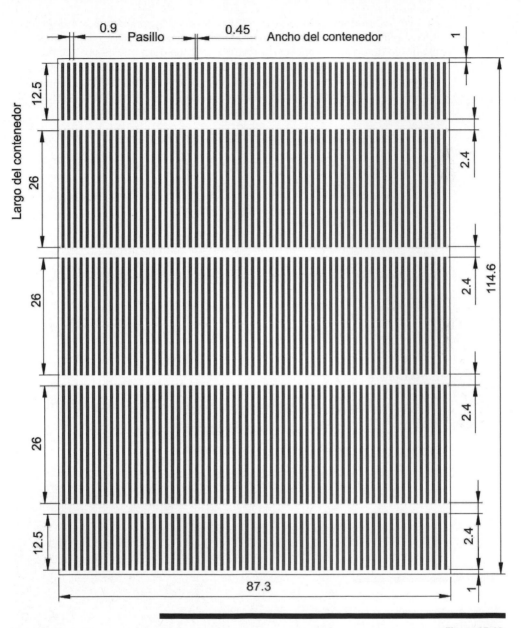

Figura 35-10:
Invernadero de 10,004.58 m² para plantas mayores con sustrato.

g) Invernadero para cultivo de plantas menores con el sistema raíz flotante a tresbolillo en un área de 10,026 m². Esta técnica se utiliza en especial para el cultivo de plantas menores; por tanto, se considera que es posible tener la misma distribución de pasillos y áreas efectivas de siembra que con la técnica de sustrato en los invernaderos de entre 500 m² y 1,000 m², donde el ancho de las áreas efectivas de siembra puede también tener las medidas de las hileras o contenedores, con un máximo de 1.2 m de ancho.

Área de trabajo: 90 m x 111.4 m = 10,026 m², dividida en:

• 240 pasillos secundarios de 0.70 m de ancho y 20.00 m de largo

• Cinco pasillos principales de 2.40 m de ancho y 90.00 m de largo

• Dos pasillos laterales de 0.9 m por 90 m

• 235 contenedores de 1.20 m de ancho por 20 m de largo.

Área efectiva de siembra: (235 x 1.2 m x 20 m) = 5,640.00 m²

Porcentaje de área efectiva para siembra: 56.25%

Área de pasillos: (240 x 0.7 m x 20 m) + (4 x 2.4 m x 90 m) + (2 x 0.90 m x 90 m) = 4,386 m²

Porcentaje de área para pasillos: 43.74%

Producción total de plantas con proyecto de treinta plantas por metro cuadrado:

(30 plantas / m²) x 5,640 m² = 169,200 plantas

Figura 35-11:
Polea electromecánica necesaria para el manejo comercial de un invernadero sembrado en sistema de raíz flotante con producción de 169,000 lechugas.

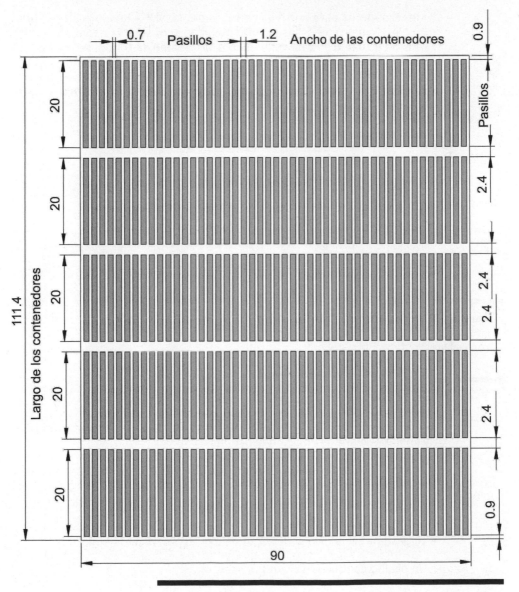

Figura 35-12:
Invernadero de 10,026 m² para plantas menores con raíz flotante.

h) Invernaderos para cultivos con el sistema NFT y siembra en tresbolillo. Con base en medidas ergonómicas es aconsejable acomodar los tubos de 0.10 m o 0.12 m de diámetro, o canales de 0.10 m de ancho, en módulos donde puedan caber de siete a once tubos, con una separación entre uno y otro de 0.08 a 0.12 m. En este caso, hablaremos de once tubos juntos con una separación entre ellos de 0.08 m. Así, el modulo mide 1.90 m de ancho.

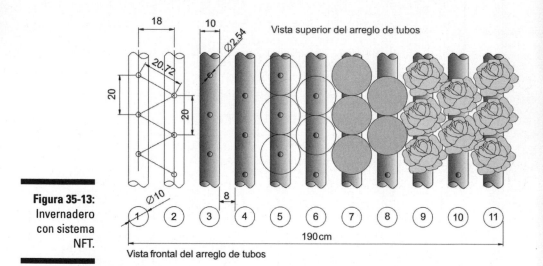

Figura 35-13: Invernadero con sistema NFT.

En una instalación de mayor longitud los tubos pueden unirse, ya que la longitud comercial de los tubos es de seis metros. En caso necesario puede solicitarse una fabricación especial.

i) Invernadero para cultivo de plantas menores con el sistema NFT en un área de 504.63 m².

Área de trabajo: 18.90 m x 26.70 m = 504.63 m², dividida en:

• 16 pasillos secundarios de 0.7 m de ancho por 12 m de largo

• Un pasillo central de 1.30 m por 18.90 m

• Dos pasillos de 0.70 m de ancho por 18.90 m de largo

• 14 módulos de 1.90 ancho y 12.00 m de largo.

Área utilizada por los módulos: 14 x 1.90 m x 12 m = 319.2 m²

Porcentaje de área ocupada por los módulos: 63.25%

Área de pasillos:

(16 x 0.70 m x 12 m) + (1 x 1.30 m x 18.90 m) + (2 x 0.70 m x 18.90 m) = 185.43 m²

Porcentaje de área para pasillos: 36.74%

Número de tubos: 14 módulos x 11 tubos / módulo = 154 tubos

Metros lineales de tubo: 154 x 12 m = 1,848 m

Producción total de plantas con proyecto de una planta cada 20 cm:

(1 planta / 0.2 m) x 1,680 m = 9,240 plantas

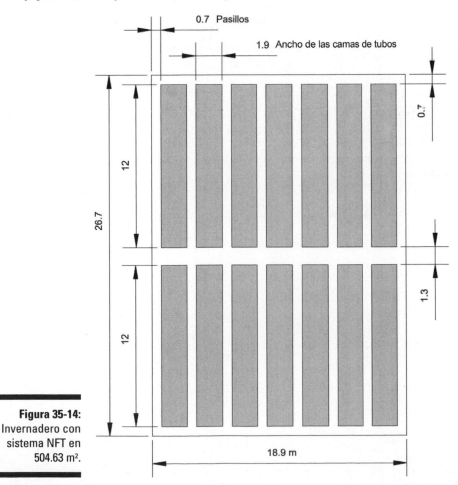

Figura 35-14: Invernadero con sistema NFT en 504.63 m².

j) Invernadero para cultivo hidropónico con sistema NFT en un área aproximada de 1,000 m².

Área de trabajo: 38.6 m x 26.7 m = 1,030.62 m², dividida en:

• 22 pasillos secundarios de 0.70 cm de ancho y 18.00 m de largo

• Un pasillo principal de 1.20 m de ancho y 26.7 m de largo

• Dos pasillos laterales de 0.7 m con una longitud de 26.7 m

• 20 módulos de 1.90 m de ancho y 18.00 m de largo

Área utilizada por los módulos:

20 x 1.90 m x 18 m = 684 m²

Porcentaje de área utilizada por los módulos: 66.36%

Área de pasillos:

(22 x 0.70 m x 18 m) + (1 x 1.20 m x 26.7 m) + (2 x 0.7 m x 26.7 m) = 346.62 m²

Porcentaje de área utilizada por pasillos: 33.63%

Número de tubos: 22 módulos x 11 tubos / módulo = 242 tubos

Metros lineales de tubo: 242 x 18.00 m = 4,356 m

Producción total de plantas con proyecto de una planta cada 20 cm:

(1 planta / 0.20 m) x 4,356 m = 21,780 plantas

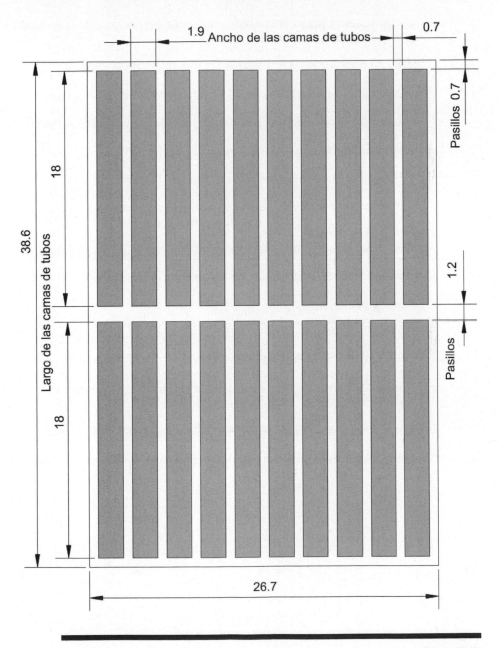

Figura 35-15:
Invernadero con sistema NFT en 1,030.62 m².

k) Invernadero para cultivo hidropónico de plantas menores con sistema NFT para un área de 9,982.10 m².

Área de trabajo: 115.4 m x 86.5 m = 9,982.10 m², dividida en:

- 204 pasillos secundarios de 0.7 m y 18 m de largo

- Cinco pasillos principales de 1.2 m de ancho por 86.45 m de largo

- Dos pasillos laterales de un metro por 86.45 m

- 198 módulos de tubos de 1.90 de ancho y 18 m de largo

Para hacer la recolección es recomendable tener más accesos de entrada y los pasillos principales pueden ser más anchos.

Área utilizada por los módulos: (198 x 1.90 m x 18 m) = 6,771.6 m²

Porcentaje de área utilizada por los módulos: 67.83%

Área de pasillos:

(204 x 0.7 m x 18 m) + (5 x 1.20 m x 86.5 m) + (2 x 0.7 m x 86.5 m) = 3,210.5 m²

Porcentaje de área utilizada por pasillos: 32.17%

Número de tubos de 18 m de largo: 198 módulos x 11 tubos / módulo = 2,178 tubos

Metros lineales de tubo: (2,178 x 18 m) = 39,204 m

Producción total de plantas con proyecto de una planta cada 20 centímetros:

(1 planta / 0.2 m) x 39,204 m = 196,020 plantas

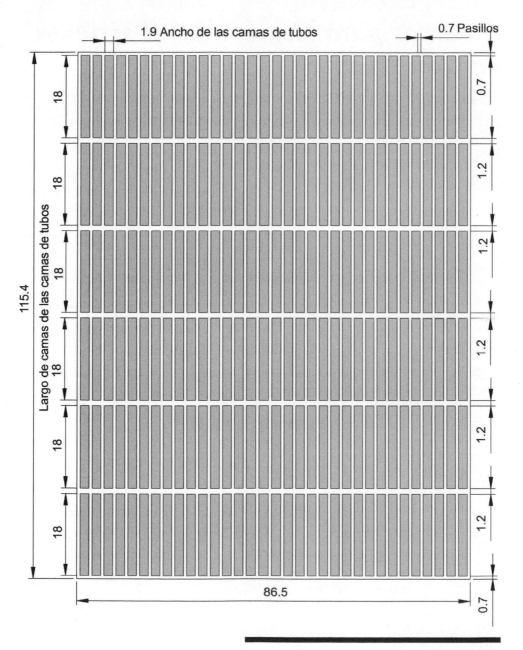

Figura 35-16:
Invernadero con sistema NFT en 9,982.10 m².

Albercas para siembra en el sistema de raíz flotante

Estos sistemas para cultivo varían en tamaño, pues pueden colocarse de dos a cuatro albercas en una hectárea a criterio del cultivador. Son grandes áreas de cultivo sin problemas para las plantas, siempre y cuando reciban suficiente aireación en las raíces. Las albercas también deben contar con automatización para el manejo de las placas de siembra.

Para la distribución del sistema de albercas solo se requieren los espacios necesarios para colocar las poleas y motores que harán la función de acercar y alejar las placas de siembra. Las albercas no necesitan pasillos para el laboreo y recolección, por lo cual el espacio dentro del invernadero es casi 90% utilizable para la siembra. Toda la alberca se cubre con placas de unicel u otro material flotante.

Cuando se cultivan lechugas precoces, la siembra se realiza en un extremo de la alberca y la cosecha se efectúa en el otro extremo, porque las placas de siembra se acercan al cosechador con ayuda de las poleas.

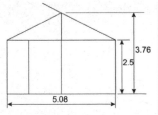

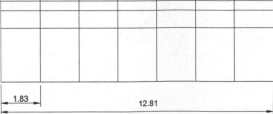

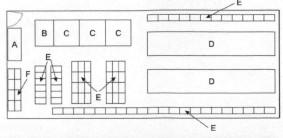

Invernadero de 5.08 m por 12.81 m con un área de 65 m²

A) Unidad aeropónica
B) Área de germinación
C) Unidades de raíz flotante
D) Unidades de NFT
E) Áreas de cultivo de tomate
F) Área de flores

Figura 35-17: Invernadero. Azotea Verde.

Figura 35-18:
Invernadero en Toluca, Estado de México.

Casos de éxito

a) Proyecto Azotea Verde, donde se ha cultivado desde 1995 hasta la fecha. Propiedad de Gloria Samperio Ruiz. Área: 65 m².

b) Invernadero sembrado. Macetas con sustrato de tezontle en un área de 1,100 m²; producción de once toneladas por cosecha.

• Área del invernadero: 1,100 m² (20 m de ancho por 55 m de longitud)

• Sistema de siembra: Diente de sierra

• 24 pasillos menores y un pasillo mayor central

• Cada pasillo tiene 24 macetas

• Total de macetas: 1,536, con dos plantas cada una

• Dueños: Carlos y Rubén de la Peña, Gaspar González y Rafael de Isla, alumnos de la Asociación Hidropónica Mexicana, A.C.

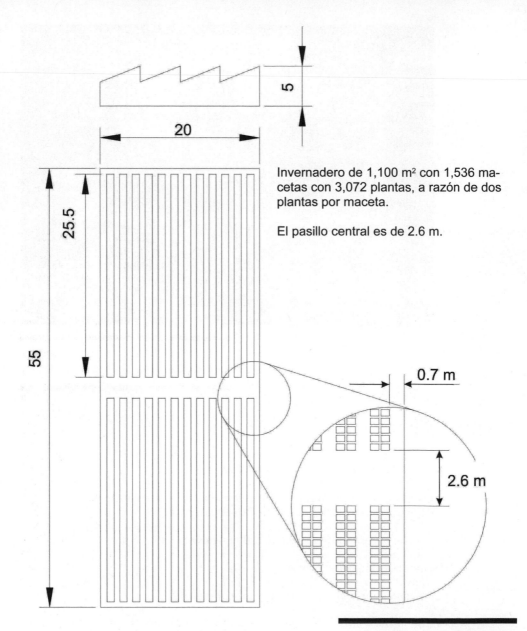

Invernadero de 1,100 m² con 1,536 macetas con 3,072 plantas, a razón de dos plantas por maceta.

El pasillo central es de 2.6 m.

Figura 35-19:
Invernadero sembrado de 1,100 m².

Figura 35-20:
Invernadero
con produc-
ción de tomate.

Figura 35-21:
Invernadero
hidropónico
en Sabinas,
Nuevo León,
México.

c) Invernadero sembrado con el sistema NFT.

• Área: 1,586 m²

• Producción: 36,000 lechugas

• Ubicación: Pachuca, Hidalgo, México

• Diseñado por el Ing. Ezequiel Hernández, alumno de la Asociación Hidropónica Mexicana, A.C.

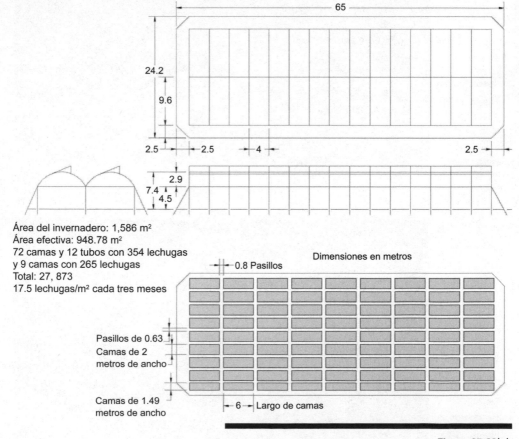

Área del invernadero: 1,586 m²
Área efectiva: 948.78 m²
72 camas y 12 tubos con 354 lechugas
y 9 camas con 265 lechugas
Total: 27, 873
17.5 lechugas/m² cada tres meses

Figura 35-22(a):
Invernadero sembrado con sistema NFT de 1,586 m².

Vista superior de las camas de tubos

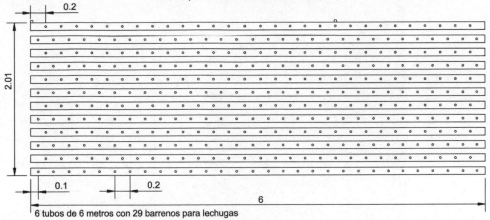

6 tubos de 6 metros con 29 barrenos para lechugas
6 tubos de 6 metros con 30 barrenos para lechugas
Total: 354 lechugas por cama

Vista frontal de las camas de tubos y las formas en
que se pueden obtener en el mercado

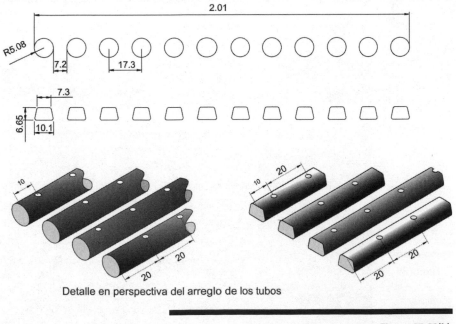

Detalle en perspectiva del arreglo de los tubos

Figura 35-22(b):
Invernadero sembrado con sistema NFT de 1,586 m².

Figura 35-23:
Canales
sembrados con
lechuga baby
sangría.

Figura 35-24:
Canales
sembrados con
lechugas baby
de diferentes
variedades.

Figura 35-25:
Canales
sembrados
con lechuga
baby brigade.
Pachuca,
Hidalgo,
México.

Glosario

A

Ácido nucleico: ácido desoxirribonucleico (ADN), material genético de todos los organismos celulares. El ADN contiene la información necesaria para dirigir la síntesis de proteínas y la replicación.

Aeroponia: proceso de cultivar plantas suspendidas en un entorno protegido; es decir, oscuro y vacío, sin hacer uso de suelo.

Agar o agaar: gelatina vegetal de origen marino; su uso principal es como medio de cultivo en microbiología.

Agrolita: sustrato de origen mineral.

Agua fácilmente disponible: contenido de agua presente en el sustrato, con variaciones continuas a lo largo del tiempo.

Aminoácidos: sustancias químicas orgánicas en cuya composición molecular entra un grupo amino y otro carboxilo. Son los componentes fundamentales de las proteínas.

Amonio: radical monovalente formado por un átomo de nitrógeno y cuatro de hidrógeno; en sus combinaciones es semejante a los metales alcalinos.

Análisis de savia: permite conocer la marcha de la fertilización con posibilidades de corrección de los problemas nutricionales detectados, como salinidad y excesos o deficiencias de nitrógeno, fósforo, potasio, calcio y magnesio.

Antocianina: (del griego *anthos*, "flor" y *kyáneos*, "azul") es el pigmento hidrosoluble que se halla en las vacuolas de las células vegetales y que da color rojo, púrpura o azul a las hojas, flores y frutos.

Arcilla expandida: también llamada arlita o ripiolita, es un árido cerámico de gran ligereza. Se emplea en construcción como relleno para formar pendientes en cubiertas planas, recrecidos para soleras y aislante térmico. En hidroponia se utiliza como sustrato.

Arena silícea o granítica: conjunto de partículas desagregadas de las rocas, sobre todo si son silíceas, y acumuladas en las orillas del mar o de los ríos, o en capas de los terrenos de acarreo.

Arúgula: variedad de lechuga con hojas parecidas a las de la espinaca, solo que más pequeñas. Su sabor es un poco amargo.

Autógamas: polinización por polen de la misma flor.

B

Botritis: hongo patógeno (*Botrytis*) de muchas especies vegetales, aunque su hospedador económicamente más importante es la vid. En viticultura se le conoce como podredumbre de *Botrytis*.

Brote: parte aérea de una planta vascular.

C

Capsaicina: componente activo de los pimientos picantes. Es irritante para los mamíferos, pues produce una fuerte sensación de ardor en la boca.

Cascarilla de arroz: subproducto de la industria molinera, muy abundante en las zonas arroceras de muchos países y con buenas propiedades para ser usado como sustrato, pero no en hidroponia, porque se degrada.

Chamuscada: algo indiciado o tocado.

Chayote: fruto de la chayotera, de aproximadamente diez centímetros de longitud, de color verde claro, forma alargada y superficie rugosa con algunos pelos punzantes. Es comestible.

Citocromo: proteínas que desempeñan una función vital en el transporte de energía química en todas las células vivas.

Clorofila: pigmento propio de las plantas verdes y ciertas bacterias que participa en el proceso de la fotosíntesis.

Cloroplasto: célula en las plantas vasculares verdes y algas donde ocurre la fotosíntesis.

Clorosis: amarilleo de las partes verdes de una planta debido a la falta de actividad de sus cloroplastos.

Coenzimas: molécula orgánica que se une a una enzima y es esencial para su actividad, pero no sufre una alteración permanente en la reacción. La mayoría de las coenzimas derivan de las vitaminas y cada tipo tiene una función bioquímica concreta: algunas son agentes de oxidorreducción, otras facilitan la transferencia de grupos, entre otras actividades bioquímicas. Por tanto, las coenzimas son la forma activa de las vitaminas.

Conductividad eléctrica (CE): propiedad que tienen los cuerpos de transmitir electricidad.

Conductivímetro: dispositivo diseñado para medir una característica de todos los materiales que es la conductividad, que se mide en unidades llamadas siemens (S).

Corchoso (*Scorch*): semejante al corcho en apariencia o condición.

Cornos: tallos subterráneos carnosos con pocos entrenudos.

D

Desoxirribonucleico: a menudo se abrevia ADN y también DNA, del inglés *deoxyribonucleic acid*. Es un ácido nucleico que contiene instrucciones genéticas para el desarrollo y funcionamiento de todos los organismos vivos conocidos.

Drene: extracción de líquidos de un sustrato por medio de ductos o espacios.

E

Elementos minerales: elementos presentes en forma iónica con los cuales la planta, ayudada por la luz solar, el agua y la atmósfera, produce su nutrición mineral. La falta o el exceso de alguno de ellos suelen causar graves alteraciones en el desarrollo de la planta, incluso su muerte.

Embrión: proyecto de una nueva planta contenido en una semilla.

Enzimas: proteínas que catalizan cada una de las reacciones bioquímicas del metabolismo.

Enzimas hidrolíticas: aceleran las reacciones de una sustancia al romperse en componentes más simples por reacción con moléculas de agua.

Esponja: esqueleto de ciertos espongiarios, formado por fibras córneas entrecruzadas en todas direcciones. En conjunto constituyen una masa elástica llena de huecos que, por capilaridad, absorbe los líquidos con facilidad.

Esqueje: tipo de producción agámica que consiste en enraizar porciones lignificadas o de ramas, tallo, hojas jóvenes, etcétera.

Estoma: minúscula abertura presente en el envés de las hojas, a través de la cual se desarrollan intercambios gaseosos.

Estrés hídrico: falta de agua que limita el funcionamiento óptimo de la planta.

Etileno: gas incoloro que producen los vegetales al madurar. Pueden afectar a otros vegetales y, a su vez, acelerar su maduración.

F

Ferredoxina: proteínas hierro-azufre que participan en el transporte de electrones en algunas reacciones del metabolismo. Intervienen en la fotofosforilación cíclica y acíclica durante la fotosíntesis.

Fibra de coco: residuo de la industria textil que se obtiene de las fibras del mesocarpio de los frutos del cocotero y se utiliza como sustrato.

Floating Root: (raíz flotante) sistema hidropónico que permite a la planta desarrollarse en forma definitiva con la raíz sumergida en agua de manera permanente.

Fotosistema: centros donde se agrupan los pigmentos fotosintéticos, como la clorofila. Estas moléculas son capaces de captar la energía lumínica procedente del sol.

Fototropismo: acción que presenta la planta en su búsqueda de luz y se orienta hacia ella.

Fungosis: enfermedades en las plantas causadas por hongos.

Fusarium: extenso género de hongos filamentosos muy distribuido en el suelo y en asociación con las plantas.

G

Geotropismo: tropismo producido por la acción de la gravedad, como el que experimentan las plantas.

Germinación: proceso de iniciación de los mecanismos de crecimiento de las semillas, en las yemas o en otras estructuras.

Golpe de frío o calor: trastorno que se presenta cuando un organismo vegetal no alcanza a disipar o absorber la temperatura ambiental por un diferencial abrupto.

Granulometría: parte de la petrografía que se enfoca en el tamaño de partículas, granos, rocas y arena.

H

Herbáceo: que tiene la naturaleza o las cualidades de la hierba.

Hidroponizar: cambiar las plantas de tierra al sistema hidropónico.

Hormona: secreción de ciertas glándulas que, transportada por el sistema circulatorio, excita, inhibe o regula la actividad de otros órganos.

Humedad relativa: porcentaje de humedad en el aire. Agua que impregna a un cuerpo o que, vaporizada, se mezcla con el aire.

I

Inter-veniales: entre las venas.

Iones: átomo o agrupación de átomos que adquiere carga eléctrica por pérdida o ganancia de uno o más electrones.

L

Lana de roca: perteneciente a la familia de las lanas minerales, es un material fabricado a partir de la roca volcánica. Gracias a que es un material con hebras que retiene el aire, es ideal para cultivar diferentes tipos de plantas y vegetales en hidroponia.

Leguminosas: hierbas, matas, arbustos y árboles angiospermos dicotiledóneos con hojas casi siempre alternas, por lo general compuestas y con estípulas, flores de corola actinomorfa o zigomorfa, amariposada en muchas especies, y fruto en legumbre con varias semillas sin albumen.

M

Macronutrientes: nutrientes que suministran la mayor parte de la energía metabólica del organismo.

Manejo Integral de Plagas (MIP): estrategia que usa una gran variedad de métodos complementarios físicos, mecánicos, químicos, biológicos, genéticos, legales y culturales para el control de plagas. Estos métodos se aplican en tres etapas: prevención, observación y aplicación. Método ecológico que aspira a reducir o eliminar el uso de pesticidas y a minimizar el impacto al medio ambiente.

Mantecoso: que se asemeja a la manteca en alguna de sus propiedades.

Masa atómica: masa total de protones y neutrones en un solo átomo.

Meristemáticas: células responsables del crecimiento vegetal.

Meristemo: tejido embrionario formado por células indiferenciadas, capaces de originar otros tejidos y órganos especializados mediante divisiones continuas.

Micras: unidad de longitud equivalente a una millonésima parte de un metro. Su símbolo científico es μm.

Microalgas: grupo de organismos de estructura simple que producen oxígeno al realizar la fotosíntesis. Como las plantas, la mayoría de las algas utilizan la energía del sol para crear compuestos orgánicos. Sin embargo, las algas no tienen raíces, hojas u otras estructuras propias de las plantas. Son los organismos fotosintéticos más importantes del planeta, pues capturan mayor cantidad de energía solar y producen más oxígeno (un subproducto de la fotosíntesis) que todas las plantas juntas. Las algas constituyen el primer eslabón de la mayor parte de las cadenas alimentarias acuáticas y sustentan una gran diversidad animal.

Micronutrientes: sustancias que el organismo de los seres vivos necesitan en pequeñas dosis. Son indispensables para los diferentes procesos bioquímicos y metabólicos de los organismos vivos.

Microporos: minúsculos espacios no ocupados por partículas sólidas; en algunos casos retienen humedad en cantidad tan mínima que la planta no puede absorberla.

Mili-siémens por cm (mS/cm): medida de conductividad eléctrica.

Monitorear: observar mediante aparatos especiales el curso de uno o varios parámetros fisiológicos o de otra naturaleza para detectar posibles anomalías.

mS: se denomina siemens (o siémens, símbolo S) para la medición de la conductividad eléctrica. Se nombró así por el ingeniero alemán Werner von Siemens. Mili (símbolo m) es un prefijo del Sistema Internacional de Unidades que indica un factor de 10^{-3}, o 1/1 000.

N

Nebulizar: transformar un líquido en partículas finísimas que forman una especie de niebla.

Necrosis: degeneración de un tejido por muerte de sus células.

New Growing System (NGS): sistema de cultivo que permite que las plantas desarrollen su sistema radicular en el interior de una multibanda, por la cual se hace recircular una solución nutritiva.

Nutrient Film Technique (NFT): técnica hidropónica en la que existe una muy pequeña cantidad de agua, con todos los nutrientes disueltos necesarios para el crecimiento vegetal, que circula entre las raíces desnudas de las plantas a través de canales plásticos.

0

Oxidasa: enzima que cataliza una reacción de oxidación/reducción y emplea oxígeno molecular (O^2) como aceptor de electrones.

Oxidativo: proceso metabólico que utiliza energía liberada por la oxidación de nutrientes.

Oxigenación: acción y efecto de oxigenar.

Ozonificación: proceso de desinfección del agua, a la cual se le agrega ozono. No es recomendable para ingesta humana ni para usarse en grandes cantidades en la solución nutritiva.

p

Paja de cereal: tallo seco de ciertas gramíneas (trigo, avena, cebada, arroz, etcétera).

Pedúnculo floral: ramita o rabillo que sostiene una inflorescencia o un fruto tras su fecundación.

Peletizado: alimento hidropónico fabricado con harinas diversas, al cual se le agrega vapor de agua para lograr una hidratación a temperaturas que oscilan entre 60 y 75 grados centígrados. Con lo anterior se logra una masa caliente con la que se forman pequeñas estructuras cilíndricas de diferentes diámetros y longitudes. Quedan libres de bacterias y aseguran mayor vida de anaquel para las plantas.

Perenne: que vive más de dos años.

Perlita: microestructura formada por capas o láminas alternas de las dos fases (a-sílice y b-cementita) elevadas a altas temperaturas, con enfriamiento lento. Recibe este nombre porque tiene la apariencia de una perla al observarse por microscopio a pocos aumentos.

Peso o masa molecular: se calcula sumando las masas atómicas de los elementos que componen la molécula.

pH: índice que expresa el grado de acidez o alcalinidad de una solución. Entre 1 y 6 es ácida, 7 es neutra y en adelante es alcalina, hasta llegar al final de la escala que es 14.

Plántula: planta joven, poco tiempo después de haber brotado de la semilla.

Polen: conjunto de granos diminutos contenidos en las anteras de las flores, cada uno de los cuales está constituido por dos células rodeadas en común por dos membranas resistentes.

Poliducto: un conducto de tubo, por lo general de plástico, para el transporte de productos de agua, gas o petróleo.

Poliestireno expandido (EPS): se prepara por polimerización en suspensión del estireno en presencia de agentes soplantes. A partir de él se obtienen espumas aislantes; también se utiliza para embalar productos alimenticios y objetos frágiles. Se le conoce como unicel (Ver unicel, p. 323)

Porosidad: indica la totalidad del volumen de la partícula no ocupada por sólidos. También puede referirse al tamaño de los poros del sustrato.

Potenciómetro: sensor utilizado en el método electroquímico para medir el potencial de hidrógeno (pH) de una solución; es decir, la acidez o la alcalinidad.

ppm: partes por millón. Unidad de medida de concentración. Se refiere a la cantidad de unidades de la sustancia que hay por cada millón de unidades del conjunto.

Proteína: sustancia constitutiva de las células y de las materias vegetales y animales. Es un biopolímero formado por una o varias cadenas de aminoácidos, fundamental en la constitución y funcionamiento de la materia viva, como las enzimas, las hormonas, los anticuerpos, etcétera.

Pudrición apical: en el extremo del fruto aparece una zona circular, de color blanco al principio. Evoluciona a un color más oscuro y se hunde. La causa de esta fisiopatía suele ser la falta de calcio.

PVC: Es un polímero por adición y además una resina que resulta de la polimerización del cloruro de vinilo o cloroeteno. Tiene muy buena resistencia eléctrica a la llama.

R

Radiculares: conjunto de raíces de una misma planta.

Rayos UV: radiación electromagnética que se encuentra entre el extremo violeta del espectro visible y los rayos X y provoca reacciones químicas de gran repercusión biológica.

Ribonucleico: ácido ribonucleico (ARN). Material genético; en los organismos celulares, molécula que dirige las etapas intermedias de la síntesis proteica.

Roca volcánica: roca ígnea que se forma por el enfriamiento de lava o magma en la superficie terrestre.

S

Solución nutritiva: sales minerales que se disuelven en agua para alimentación de las plantas.

T

Tester: significa "probador" y sirve para realizar mediciones, como el voltímetro o el amperímetro.

Tezontle: piedra volcánica porosa, muy ligera, de color rojo oscuro, usada en la construcción y como excelente sustrato hidropónico.

Translocación: proceso de liberación del ribosoma a la superficie de los orgánulos y la introducción de la proteína "inmadura" en su interior.

Traza: huella, vestigio.

Turba: combustible fósil formado de residuos vegetales acumulados en sitios pantanosos, de color pardo oscuro, aspecto terroso y poco peso.

Tutor: caña o estaca que se clava al pie o al lado del contenedor de las plantas. Sobre él se tienden hilos o rafias para sostener el peso de la planta y sus frutos.

U

Unicel: el poliestireno expandido (EPS) es un material plástico espumado, derivado del poliestireno y utilizado en el sector del envase y la construcción.

V

Vermiculita: mineral formado por silicatos de hierro o magnesio, del grupo de las micas.

Verticillium: género de hongos de la división *Ascomycota*, de la familia *Plectosphaerellaceae*. Suele incluir especies saprófitas y parásitas de plantas superiores.

Vitaminas: cada una de las sustancias orgánicas que existen en los alimentos y que, en cantidades pequeñísimas, son necesarias para el perfecto equilibrio de las diferentes funciones vitales. Existen varios tipos, designados con las letras A, B, C, etcétera.

Z

Zeolitas: rocas que cuando se calientan a altas temperaturas desprenden burbujas, que por lo general son de silicatos alumínicos e hidratos de metales alcalinos y alcalinotérreos.

Bibliografía

ADAM, J. Savage, *Planning a Profitable Hydroponic Greenhouse Business*, United Kingdom, Sovereign University Publishing House, 1996.

ALDRICH, R.A. y BARTOK, J.W., *Greenhouses Engineering*, Nueva York, The Northeast Regional Agricultural Engineering Service, 1992.

ANSORENA, J., *Sustratos, propiedades y caracterización*, Madrid, Ediciones Mundi-Prensa, 1994.

ARNON, D.R.A., *Comparison of Water Culture and Soil as Media for Crop Production*, California, Hoagland, 1939.

ATTOWE, Ellis, *Handbook of Natural Insect and Disease*, Pennsylvania, Rodale Press Emmaus, 1992.

AUGUST ROTTER, Hans, *Hydrokultur*, Berlin, Falken Verlag Gribh, 1980.

BENOIT, F., *Practical Guide for Simple Soiless Culture Techniques*, Belgium, European Vegetable R&D Center Waver, 1992.

BENTON, J., *Tomato Plant Culture*, USA, Library of Congress Publication Data, 1998.

BOLD, H.C., *Morphology of Plants*, Nueva York, Harper & Row, 1973.

BROADLEY H., Roger, *Project Your Strawberries*, Australia, National Library of Australia Publication Data, 1985.

CADAHÍA L., Carlos, *Fertirrigación. Cultivos hortícolas y ornamentales*, Madrid, Ediciones Mundi-Prensa, 1998.

CÁNOVAS DÍAZ, F., *Curso superior de especialización sobre cultivos sin suelo*, Almería, Instituto de Estudios Almerienses y Fundación para la Investigación Agraria, 1993.

CARRUTHERS, Steven, *Hydroponically Speaking of CO_2 Enrichment*, Australia, Publications Pty, Ltd., 1995.

_____ *Hydroponically Speaking. Lighting*, Australia, Publications Pty, Ltd., 1993.

CHALLA H., Ir y STANGHELLINI, Cecilia, *Analysis of Greenhouse Tomato Production in Relation to Salinity and Shoot Environment*, The Netherlands, Institute of Agricultural and Environmental Engineering (IMAG) Wageningen, 2000.

COOPER, Allan, *The ABC of Nutrient Film Technique*, Australia, Intl. Specialized Book Service, Inc., 1979.

DALTON, Lon y SMITH, Rob, *Hydroponic Crop Production*, New Zealand, NZ Hydroponics International Ltd., 1999.

DE VERE, Burton L., *Agriscience & Technology*, Singapore, Delmar Publishing, 1997.

FRYE, Robert W., *Estrategias básicas de mercadotecnia*, México, Ed. Trillas, 2004.

GOODE, J. M. y SASSER, M., *Prevention, the Key to Controlling Bacterial Spot And Bacterial Speck of Tomato*, USA, A. Phy, Inc., 1980.

HERSHEY R., David, *Plant Biology*, USA, John Wiley & Sons, Inc., 1987.

KRATKY, B.A., *Non Circulating Hydroponic Methods*, Hawaii, University St. Hilo, 1996.

MAAS, E.F. y ADAMSON, R.M., *Soilless Culture of Commercial Greenhouses. Tomatoes*, Ontario, Canadá, Department of Agriculture of Ottawa, 1971.

MARULANDA, César, *Hidroponia familiar*, San Salvador, Programa para el Desarrollo de las Naciones Unidas y Ministerio de Agricultura y Ganadería de El Salvador, 1999.

MATALLANA González, Antonio, *Invernaderos: diseño, construcción y climatización*, Barcelona, Ediciones Mundi-Prensa, 1989.

MOLYNEUX, J.C., A *Practical Guide to NFT*, Great Britain, Nutriculture Ltd Ormskirk Lancashire, 1993.

MORGAN, Lynnete y LENNARD, Simon, *Hydroponics Capsicum Production*, Australia, Casper Publication, Pty., Ltd., 2000.

PAPADOUPOULOS, P.A., *Growing Greenhouse Seedless Cucumbers in Soil and in Soilless*. Media Agriculture and Agri-Food, Ontario, Canada Publication, 1994.

PESSARAKLI, M., *Food Agriculture & Environmental*, Helsinki, Finland, WFL Publisher, 2005.

RESH, Howard M., *Hydroponics, Questions & Answers*, USA, Woodbridge Press Sta. Barbara, 1998.

RODRÍGUEZ S., Ana Cristina, *Guía práctica de productos agroquímicos*, Toluca, México, Asociación Hidropónica Mexicana, 2008.

_____ *Manual de sanidad vegetal*, Toluca, México, Asociación Hidropónica Mexicana, 2008.

_____ *Cómo producir con facilidad, rapidez y óptimos resultados forraje verde hidropónico*, México, Ed. Diana, 2003.

RODRÍGUEZ S., Gloria, *Manual de invernaderos. Principios y bases*, Toluca, México, Asociación Hidropónica Mexicana, 2008.

RUDOLF, Fritz, *Herbal Medicine*, London, Beaconsfield, 1998.

SAMPERIO R., Gloria, *Hidroponia fácil para jóvenes y no tan jóvenes*, México, Editorial Diana, 2008.

_____ *Un paso más en la hidroponia*, México, Editorial Diana, 2004.

_____ *Hidroponia comercial*, México, Editorial Diana, 1999.

_____ *Hidroponia básica*, México, Editorial Diana, 1997.

SÁNCHEZ PINEDA, María Teresa, *Procesos de conservación poscosecha de productos vegetales*, Madrid, España, A. Madrid Vicente, 2004.

SCHRÖDER, F.G., *Technological Development Environment of the Plan Plane Hydroponics System*, Calgary, International Society for Horticultural Science, 1993.

SONNEVELD, C.A., *Method for Calculating the Composition of Nutrient Solutions for Soilles Cultures*, The Netherlands, Glass Crops Research Station, Naaldwijk, 1998.

TAYLOR, T.M., *Secrets to a Successful Greenhouses and Business*, Melbourne, Australia, Green Earth, 1990.

TERRIL, Nell y RELD, Michael, *Poscosecha de las flores y plantas*. Estrategias para el siglo 21, Bogotá, Colombia, Ediciones Hortitécnica, 2002.

URRESTARAZU GAVILÁN, Miguel, *Tratado de cultivo sin suelo*, Madrid, Universidad de Almería, Ediciones Mundi-Prensa, 2004.

URRESTARAZU, Miguel y SAN JUAN, María del Carmen, *Técnicas de fertirrigación en cultivo sin suelo*, Almería, España, Universidad de Almería, Servicio de Publicaciones, 2001.

VALERA L., Martínez, Molina Aiz, *et al*, *Los invernaderos de Almería*. Tipología y mecanización del clima, Almería, España, Instituto de Estudios Almerienses, 1999.

VAN PATTEN F., George, *Gardening Indoors with CO$_2$*, Washington, Van Patten Publishing Washougal, 1997.

WALKER, J.C., *Enfermedades de las hortalizas*, Barcelona, España, Salvat Ediciones, S.A., 1994.